UNE INTRODUCTION
À LA COMMUNICATION

UNE INTRODUCTION
À LA COMMUNICATION

Danielle Charron

Télé-université
Sainte-Foy (Québec) Canada
1994

Collection COMMUNICATION ET SOCIÉTÉ

dirigée par Kevin Wilson, professeur à la Télé-université.

Ouvrages déjà parus

THÉORIES DE LA COMMUNICATION
Histoire, contexte, pouvoir
Paul Attallah

LA COMMUNICATION MASS-MÉDIATIQUE AU CANADA ET AU
QUÉBEC
Un cadre socio-politique
Alain Laramée

LES INDUSTRIES DE LA CULTURE ET DE LA COMMUNICATION
Au Québec et au Canada
Sous la direction de Gaëtan Tremblay

THÉORIES DE LA COMMUNICATION
Sens, sujets, savoirs
Paul Attallah

COMMUNICATION ET MÉDIAS DE MASSE
Culture, domination et opposition
Michèle Martin

Ce document est utilisé dans le cadre du cours
Introduction à la communication (COM 1000)
offert par la Télé-université.

ISBN 2-7624-0341-3 (2ᵉ édition, réimpression 1994)
ISBN 2-7624-0090-2

Dépôt légal — 4ᵉ trimestre 1991

Bibliothèque nationale du Québec
Bibliothèque nationale du Canada

Imprimé au Québec, Canada

Édité par :   Distribué par :
Télé-université   **Presses de l'Université du Québec**
2600, boulevard Laurier   2875, boulevard Laurier
Tour de la Cité, 7ᵉ étage   Sainte-Foy (Québec) Canada
Case postale 10700   G1V 2M3
Sainte-Foy (Québec) Canada   Tél. : (418) 657-4390
G1V 4V9   Télécopieur : (418) 657-2096

REMERCIEMENTS

Cet ouvrage constitue le document de base du cours *Intro-duction à la communication* offert par la Télé-université dans le cadre de son programme de baccalauréat en communication. La Télé-université a mis à ma disposition un ensemble de services qui ont facilité mon travail.

Je remercie particulièrement Kevin Wilson, professeur responsable du cours, pour son aide et ses conseils tout au long de la réalisation de *Une introduction à la communication.*

Alain Laramée, également professeur à la Télé-université, m'a fait profiter de son savoir en matière de communication organisationnelle.

Enfin, je voudrais remercier Jocelyn G. dont le support s'est manifesté sous diverses formes, trop nombreuses pour que je les énumère ici.

Danielle Charron
décembre 1988

TABLE DES MATIÈRES

INTRODUCTION GÉNÉRALE   1

PREMIÈRE PARTIE

**LES ASPECTS SOCIAUX ET CULTURELS DES MÉDIAS
D'INFORMATION ET DE COMMUNICATION**

INTRODUCTION   15

CHAPITRE 1

ÉTUDE DES EFFETS DES MÉDIAS DE MASSE
TRADITIONNELS   17
Introduction   19
La société de masse et le modèle du stimulus-réponse   21
    La société de masse   21
    Le modèle du stimulus-réponse   27
La remise en question des effets   30
    Le modèle du « two-step-flow communication »   31
    Le modèle du « uses and gratifications »   32
La redécouverte des effets   35
    Le modèle de l'« agenda-setting »   36
    La socialisation   37
    La définition et la construction de la réalité sociale   39
    Le contrôle social   42
Rappel   44

CHAPITRE 2

LES IMPACTS SOCIAUX DES NOUVELLES TECHNOLOGIES
D'INFORMATION ET DE COMMUNICATION   47
Introduction   49
Les caractéristiques des nouvelles technologies   52
    Les aspects techniques et pratiques   52
    Les aspects communicationnels   75
L'étude de la communication informatisée   80
    Des effets aux impacts   81
    L'adoption des nouvelles technologies   83
    Les impacts sociaux des nouvelles technologies 92
Un point de vue critique   100
Rappel   104

CONCLUSION   107

DEUXIÈME PARTIE

LE CONTENU DES MESSAGES MÉDIATISÉS

INTRODUCTION   111

CHAPITRE 3

L'ANALYSE DE CONTENU TRADITIONNELLE   115

Introduction   117

La petite histoire   118

Fonctions et objectifs de l'analyse de contenu   122
    Ce que l'analyse permet de faire   122
    Ce que l'on peut faire à partir de l'analyse   123

Les étapes successives de l'analyse   129
    Le choix des documents   129
    La formulation des hypothèses   131
    Le découpage du texte en unités d'analyse   132
    La quantification des thèmes   134
    Description des résultats   140

Rappel   142

CHAPITRE 4

L'ANALYSE SÉMIOLOGIQUE   145

Introduction   147

Le développement de la sémiologie   148

Les concepts de base de la sémiologie   152
    Le signe, le signifiant et le signifié   152
    La signification   159
    La valeur   161
    L'axe paradigmatique et l'axe syntagmatique   163
    La dénotation et connotation   168

Le message iconique publicitaire   174

Les particularités de l'analyse sémiologique   177

Rappel   182

CONCLUSION   185

TROISIÈME PARTIE

LA COMMUNICATION ORGANISATIONNELLE

INTRODUCTION   191

CHAPITRE 5

LA COMMUNICATION ORGANISATIONNELLE
SELON L'APPROCHE FONCTIONNALISTE   205

Introduction   207

Les références théoriques   207
    Le fonctionnalisme   207
    La théorie des systèmes   209

L'organisation comme système   211

La communication organisationnelle selon l'approche
fonctionnaliste   214
    Définition générale   214
    Le processus : une question de règles   215
    Le message : une question de fonctions   220
    Les réseaux de communication organisationnels 223
    L'équilibre : l'importance du climat et de la culture 231

Rappel   236

CHAPITRE 6

LA COMMUNICATION ORGANISATIONNELLE
SELON L'APPROCHE INTERPRÉTATIVE   237

Introduction   239

Le cadre de références théoriques   240

La réalité organisationnelle   245

La communication comme processus de construction de la
réalité organisationnelle   247
    La culture organisationnelle   248
    Les performances du directeur d'entreprise   253

Rappel   259

CONCLUSION   261

CONCLUSION GÉNÉRALE   263

BIBLIOGRAPHIE   265

INDEX   277

LISTE DES TABLEAUX ET DES FIGURES

Tableau 1.1	Récapitulation du chapitre 1	45
Figure 2.1	Courbe typique de l'adoption d'une innovation	86
Tableau 3.1	Fréquence d'un thème (1)	135
Tableau 3.2	Fréquence pondérée d'un thème (1)	137
Tableau 3.3	Fréquence d'un thème (2)	138
Tableau 3.4	Fréquence pondérée d'un thème (2)	139
Tableau 3.5	Valeur d'orientation d'un thème	139
Figure 4.1	Le signe	153
Figure 4.2	Le signe « table »	154
Figure 4.3	Point de convergence des axes	166
Tableau 4.1	Deux systèmes de signes	167
Figure 4.4	Processus de connotation d'un signe	169
Figure 4.5	Exemple de connotation d'un signe	170
Figure 4.6	Lecture d'un signe en fonction du code socioculturel	174
Figure 5.1	Les réseaux de communication organisationnels	224

Note. – Dans ce document, le générique masculin est utilisé sans discrimination, dans le seul but d'alléger le texte.

INTRODUCTION GÉNÉRALE

DEUX SITUATIONS

Une demi-heure dans la vie de madame Dupré

Il est 7 h 57. Madame Dupré vient de s'installer confortablement au salon pour regarder son téléroman préféré Monarchie, qui débutera à 8 h. En attendant, madame Dupré jette un œil distrait sur une publicité qui lui vante les mérites d'un nouveau détersif qui lave, javellise, assouplit, « antistatise » et conditionne les vêtements pour le séchage. Madame Dupré, qui a déjà vu la publicité trois fois cette semaine, lève les yeux au ciel, exaspérée, et fait une réflexion à son mari, qui lit le journal, à propos de « ce que peut inventer la publicité pour nous faire acheter ». Enfin, 8 h. Durant le générique, madame Dupré se remémore l'épisode de la semaine précédente. Il y était question de Christine qui divorcerait de Bernard pour refaire sa vie avec Denis. Le fera-t-elle cette semaine? « Si j'étais à sa place, se dit madame Dupré, il y aurait longtemps que j'aurais abandonné ce dictateur de Bernard. » Pendant toute la demi-heure que dure l'émission, madame Dupré suit les faits et gestes des personnages. Parfois, elle prévoit leurs actions et réactions, parfois elle en est étonnée, tantôt elle approuve leur comportement, tantôt elle le désapprouve. Elle passe quelques commentaires à voix haute, sans doute à l'intention de son mari, mais la plupart du temps, elle se les fait mentalement. Déjà 8 h 30. Christine s'est réconciliée avec Bernard. Madame Dupré, qui ne peut vraiment supporter cette homme-là, se dit que Christine se ment à elle-même. Enfin! Elle hausse les épaules en considérant qu'elle a d'autres chats à fouetter; elle met ses lunettes et retourne à sa complexe déclaration de revenus, qu'elle avait réussi à oublier complètement.

Janine, Marthe et les LT42

Du Design inc. *vend au détail des meubles — on l'aura deviné — très design.* Du Design *fabrique la majeure partie de ses produits et importe le reste d'Italie. Le siège social, l'entrepôt et la fabrique, de même qu'une des trois succursales, se situent à Montréal, les deux autres succursales se trouvant à Québec et à Sherbrooke. Janine est une personne très précieuse pour* Du Design inc. *C'est à peu près la seule à savoir où se trouvent tous les meubles* Du Design. *Elle tient l'inventaire de l'entrepôt et de chaque succursale, passe les commandes auprès des sociétés italiennes et fait parvenir les commandes des succursales à l'entrepôt ou à la fabrique. Les trois succursales sont reliées au siège social par une ligne téléphonique directe. Il est donc très simple pour les employés des succursales d'avoir recours à Janine pour savoir si tel article est en entrepôt ou à l'une des autres succursales. De fait, sa ligne est souvent occupée. Voici une conversation typique :*

– *Bonjour Janine, ici Marthe, succursale Sherbrooke.*

– *Bonjour Marthe, qu'est-ce que je peux faire pour vous?*

– *Un client achèterait quatre LT42 et nous n'en avons qu'un en magasin. Pourriez-vous me dire s'il y en aurait d'autres disponibles ailleurs?*

– *Un instant, je vérifie.*

Janine actionne son ordinateur à la recherche de l'article LT42 et, 30 secondes plus tard, revient à Marthe :

– *Il y en a un à Québec et un à l'entrepôt. Je peux vérifier à la fabrique pour savoir s'ils en sortiront bientôt.*

– *Oui, mais le client veut ça d'ici une semaine. Il faudrait qu'ils en sortent très, très bientôt.*

Janine contacte le coordonnateur des activités à la fabrique, qui lui apprend que les LT42 ne sont fabriqués que sur commande, ce qui signifie que le prochain LT42 ne serait prêt que deux semaines plus tard. Janine revient à Marthe et lui explique la situation.

– *Bon, écoutez, dit Marthe, j'essaie de proposer autre chose au client et je vous rappelle peut-être.*

Quelques minutes plus tard, nouvel appel de Marthe :

- *Bonjour, c'est encore Marthe. Le client prendrait deux LT42 et deux IC65. Il a vu le modèle dans le catalogue. Évidemment, je n'ai pas de IC65.*
- *D'accord, je vérifie... Il y a trois IC65 à l'entrepôt; je vous en réserve deux?*
- *S'ils n'ont pas été réservés par d'autres succursales...*
- *Personne ne me les a demandés, mais je vérifie au cas où on aurait téléphoné directement à la fabrique, et je réserve aussi les LT42.*

Nouvel appel au coordonnateur des activités, qui informe Janine que les IC65 sont disponibles et qu'ils pourront être livrés à la succursale de Sherbrooke en même temps que les LT42, le jeudi suivant, jour de livraison. Janine fait part de ces renseignements à Marthe qui soupire de soulagement.

- *Enfin! Ça me fait une belle vente ça, et une bonne commission. Il faut que je vous laisse, Janine, il y a un monde fou ici. On se voit à la réunion du syndicat lundi prochain...*
- *Probablement.*
- *... ou alors on se reparle avant, si j'ai autre chose à vous demander, ce qui est fort possible.*
- *C'est ça. Au revoir, Marthe!*
- *Au revoir!*

Nous venons de décrire deux situations où il y a eu communication, où il y a eu activité communicationnelle. Bien que de prime abord, elles semblent différentes, ces deux activités sont constituées des mêmes éléments : un destinateur qui émet un message; un destinataire qui reçoit le message; un message qui est l'objet de la communication; un code ou langage, commun au destinateur et au destinataire, qui leur permet de comprendre le message; un canal de communication, qui est le moyen, l'instrument par lequel est envoyé et reçu le message. De plus, dans les deux cas, il y a une intention de communiquer de la part du destinateur et la communication a des effets sur le destinataire et sur le destinateur.

Le destinateur et le destinataire

Comme nous venons de le mentionner, le destinateur est celui qui émet le message, alors que le destinataire est celui qui le reçoit.

Dans le cas de « Janine, Marthe et les LT42 », c'est Marthe qui enclenche le processus de communication en téléphonant à Janine. C'est donc Marthe le premier destinateur et Janine, le premier destinataire. Toutefois, comme il s'agit d'une conversation, d'un échange, et que chaque message de Marthe entraîne un message de Janine, Marthe et Janine sont tour à tour destinateur et destinataire.

Dans le cas de « Une demi-heure dans la vie de madame Dupré », c'est madame Dupré qui enclenche le processus de communication en décidant de regarder la télévision. Pourtant, elle est le destinataire puisque c'est elle qui reçoit le message, et ce pendant toute la demi-heure que dure l'émission. Même si madame Dupré fait des commentaires à haute voix, elle ne s'adresse sûrement pas aux gens du petit écran puisque ces derniers ne peuvent lui répondre... Madame Dupré ne peut avoir d'autre rôle que celui de destinataire, car, dans cette situation, il n'y a pas d'échange possible.

Qui est le destinateur dans « Une demi-heure dans la vie de madame Dupré »? Il peut sembler que ce soient les personnages de *Monarchie*. Or, ces personnages ne s'adressent pas à madame Dupré, ils se parlent entre eux. Il s'agirait alors de l'auteur de *Monarchie* qui, en écrivant son scénario, voudrait raconter une histoire à un certain public.

Toutefois, pour que cet auteur puisse, ce soir-là, raconter *Monarchie* au public — dont fait partie madame Dupré —, il faut qu'il ait vendu cette histoire à la chaîne de télévision qui la diffuse. C'est donc la chaîne de télévision ou, de façon plus générale, un média qui est le destinateur. C'est effectivement la chaîne (l'ensemble de ses représentants) qui a décidé d'acheter la série *Monarchie* et de la diffuser à telle heure, tel jour.

La situation de communication décrite dans « Une demi-heure dans la vie de madame Dupré » est typique des activités de communication où le destinateur et le destinataire ne peuvent changer de rôle : écoute de la radio, lecture du journal, visionnement d'un film. Dans ces cas, on dit que la communication est unidirectionnelle. Par contre, la situation de communication décrite dans « Marthe, Janine et les LT42 », est typique des activités de communication où le destinateur et le destinataire peuvent changer de rôle : dialogue, conversation, discussion de groupe. Dans ces cas, on dit que la communication est bidirectionnelle.

Le message

Le message est le contenu de la communication. Parce qu'il est composé de mots, de gestes, de signes assez tangibles, il est l'élément le plus matériel de la communication.

Dans le cas de « Janine, Marthe et les LT42 », le message est un ensemble de renseignements et de demandes de renseignements concernant les meubles Du Design.

Dans le cas de « Une demi-heure dans la vie de madame Dupré », le message est une histoire ou, plus exactement, une partie de l'histoire des personnages de *Monarchie*.

Que le message soit l'élément le plus manifeste de la communication ne revient pas à dire que sa signification est toujours claire (pour le destinataire). La signification du message dépend du code à partir duquel il est construit.

Le code

Un code est un ensemble structuré d'éléments et de règles de combinaison de ces éléments dont la connaissance permet de construire un message. Pour se comprendre, destinateur et destinataire doivent partager le même code. Notons également que, bien que l'on apprenne les éléments et les règles d'un code, on a souvent l'impression que cette connaissance est intuitive. De la même façon, l'entente entre destinateur et destinataire sur le sens des éléments et les règles est souvent tacite.

Dans le cas de « Janine, Marthe et les LT42 », le code qu'utilisent Janine et Marthe pour construire leurs messages et qui leur permet de se comprendre est la langue française parlée. En outre, elles partagent un autre code composé de lettres et de chiffres. On aura sans doute deviné que LT42 et IC65 font référence à des modèles de meubles. Toutefois, puisqu'on ne sait pas à quels modèles particuliers ils renvoient, on ne connaît pas le sens de ces combinaisons de chiffres et de lettres. Par ailleurs, Janine partage un certain code avec l'ordinateur; elle n'en connaît peut-être pas le langage de programmation, mais elle sait qu'en appuyant sur telle touche, elle obtiendra telle information.

Dans « Une demi-heure dans la vie de madame Dupré », le code que partagent le destinateur et le destinataire est le code télévisuel. Il s'agit d'un code audiovisuel lui-même composé de sous-codes complexes. Retenons-en trois. Il y a d'abord un *code technique*. Pour comprendre le message télévisuel, madame Dupré doit accepter que l'image télévisuelle, comme la photographie, reproduit la réalité en deux dimensions (alors que la réalité est en trois dimensions) et que les proportions de cette réalité sont réduites. Contrairement à la photo, l'image télévisuelle est en mouvement et reproduit le temps. Toutefois, ce temps est réduit et discontinu, ce que madame Dupré doit également accepter pour comprendre le message; ainsi, une demi-heure d'émission peut évoquer des heures et même des jours de la vie des personnages de *Monarchie*. Ensuite, il y a le *code langagier*. Madame Dupré doit comprendre la langue dans laquelle les personnages s'expriment pour saisir la partie parlée du message. Enfin, on peut parler d'un *code socioculturel*. Madame Dupré doit comprendre la façon dont la télévision représente certaines valeurs et idées; par exemple, durant le générique de *Monarchie*, la caméra se fixe sur un luxueux manoir situé sur un immense terrain; sans connaître l'histoire, on sait immédiatement que l'action se déroulera dans un contexte de richesse.

Le canal de communication

Le canal de communication est le support — instrument, appareil, moyen — qui permet aux messages de circuler entre le destinateur et le destinataire.

Dans le cas de « Une demi-heure dans la vie de madame Dupré », la chaîne communique un message, une histoire à madame Dupré par la télévision, c'est-à-dire l'ensemble des procédés et techniques employés pour la transmission des images à distance. Dans le cas de Janine, Marthe et les LT42, l'appareil qui permet à Janine et Marthe de communiquer est le téléphone.

L'ordinateur grâce auquel Janine obtient son information n'est pas un instrument de communication; il lui fournit tout simplement certaines informations et remplace avantageusement de nombreuses listes de modèles de meubles. Dans ce cas-ci, l'ordinateur est donc un outil d'information et non de communication.

L'intention

L'intention est la raison pour laquelle on communique. On l'attribue généralement au destinateur.

Dans « Janine, Marthe et les LT42 », les intentions sont assez simples. C'est parce que Marthe veut certains renseignements (lui permettant d'effectuer une vente) qu'elle communique avec Janine et c'est parce que Janine accepte de lui donner ces informations (cela fait d'ailleurs partie de son travail) qu'elle communique avec Marthe.

La chaîne de télévision diffusant « Une demi-heure dans la vie de madame Dupré » est une chaîne privée. Il s'agit donc d'une entreprise à but lucratif. Ses revenus proviennent principalement de la location de temps d'antenne aux divers fabricants et publicitaires. En diffusant *Monarchie*, la chaîne veut atteindre un auditoire — si possible un vaste auditoire — qui pourra éventuellement consommer toute la gamme de produits offerts, durant les pauses publicitaires, par les fabricants (qui ont payé la chaîne pour qu'elle présente les publicités). Par ailleurs, la chaîne peut aussi avoir des buts non commerciaux qui seraient de divertir, d'informer, d'éduquer, etc. [1]

---

1. Les médias à but non lucratif — les médias d'État par exemple — se préoccupent particulièrement de l'éducation et de la culture.

Les effets

Les effets sont les conséquences de la communication tant chez le destinateur que chez le destinataire. Comme nous l'avons vu dans « Une demi-heure dans la vie de madame Dupré », celle-ci a diverses réactions en regardant *Monarchie* : elle est étonnée, en accord, en désaccord, etc. Toutefois, l'effet principal semble être l'évasion[2] : madame Dupré a complètement oublié sa déclaration de revenus. Par ailleurs, la diffusion de *Monarchie* peut entraîner un effet à long terme sur la chaîne elle-même. Madame Dupré et les nombreux autres téléspectateurs de l'émission peuvent acheter ou non les produits qu'on leur a présentés durant les publicités. Ils peuvent, de ce fait, encourager ou non les publicitaires et les fabricants à louer du temps à cette chaîne et à faire en sorte que la chaîne diffuse ou ne diffuse plus *Monarchie*.

Dans le cas de « Janine, Marthe et les LT42 », la demande de renseignements (de la part de Marthe) a pour effet immédiat de faire travailler Janine. Cette dernière cherche les informations, téléphone à la fabrique, etc. En retour, les renseignements fournis par Janine ont pour effet d'informer Marthe et de lui faire réaliser une vente.

Toutes les activités communicationnelles comprennent au moins ces éléments essentiels. Mais il faut comprendre que la description de la communication en terme de destinateur, destinataire, message, canal, intention et effet est une description schématique, c'est-à-dire simplifiée et théorique. En réalité, la communication est beaucoup plus complexe. D'abord, elle n'est pas aussi isolée que la description le laisse croire; elle fait partie intégrante du reste des activités humaines et sociales. Ensuite, elle n'est pas une activité aussi

---

2. Dans la mesure où c'est madame Dupré qui a allumé la télévision pour regarder son émission, on peut justement supposer que son intention était de s'évader. De fait, l'intention n'est pas l'exclusivité du destinateur. C'est pourquoi, dans la section sur l'intention, nous avons précisé que c'est « généralement » et non « systématiquement » au destinateur qu'on l'attribue.

linéaire; ainsi, les rôles de destinateur et de destinataire ne sont pas toujours si bien délimités : à mesure que l'on émet un message, on peut être sensible à toutes sortes de signaux de la part d'un interlocuteur ou de l'environnement et être destinataire en même temps que destinateur.

La description schématique de la communication n'est donc pas le reflet exact de la réalité. Toutefois, la décomposition et la schématisation du phénomène global que constitue la communication sont indispensables à son étude.

De fait, ceux qui étudient la communication ne l'analysent pas en bloc, mais examinent plus particulièrement certains de ses éléments; les uns s'intéressent aux effets de la communication chez les destinataires, les autres aux messages et aux codes utilisés pour les construire, et d'autres encore aux nouveaux canaux de communication et d'information et aux changements qu'entraîne leur implantation dans la société.

C'est au tournant du XXe siècle que la communauté universitaire a commencé à examiner les processus communicationnels. Depuis, suivant leurs intérêts propres, des chercheurs ont graduellement ouvert divers domaines d'études en communication.

Un premier domaine concerne les aspects sociaux et culturels des médias de communication et d'information. Les chercheurs travaillant dans ce domaine s'intéressent à la façon dont les membres d'une société utilisent les médias de communication : les médias de masse (radio, télévision, grande presse, cinéma) et les médias d'information, dont font partie ce que l'on nomme les « nouvelles technologies » (ordinateur, vidéotex, télétex, etc.). Plus particulièrement, ils examinent et tentent de comprendre les effets et les impacts qu'a cette utilisation au niveau individuel tout autant que social et culturel.

Quels sont les effets d'une communication — la communication de masse — caractérisée par le fait qu'un destinateur diffuse un même message à un grand ensemble de destinataires qui, tout en étant relativement isolés les uns des autres, le reçoivent simultanément? Par ailleurs, l'utilisation de ce canal de communication que permettent les nouvelles technologies rend les communications plus efficaces et rapides, mais a aussi d'autres répercussions; quelles sont-elles? Voilà des questions auxquelles ces chercheurs tentent de répondre.

Un deuxième domaine porte sur le contenu des messages médiatisés. Les chercheurs travaillant dans ce domaine considèrent qu'en émettant un message, un destinateur produit du sens. Dans le contexte de la communication de masse, les messages ont un caractère particulier. Il s'agit de messages destinés à un large public; c'est donc dire qu'ils doivent être facilement reconnaissables. Par conséquent, ces messages sont construits à partir d'un code commun, ou supposément commun, à un très grand nombre de membres de la société.

À l'intérieur de ce domaine, les chercheurs analysent non seulement le contenu des messages médiatisés, mais aussi les divers codes utilisés pour transmettre ces messages : Quelles sont, par exemple, les particularités des codes verbal et iconique (c'est-à-dire les codes de la parole et de l'image) utilisés pour transmettre les messages publicitaires, les informations des journaux télévisés, les bulletins de nouvelles radiophoniques, etc.?

Un troisième domaine concerne la communication organisationnelle. À l'intérieur de ce domaine, les chercheurs n'étudient pas vraiment un élément particulier de la communication. Ils examinent plutôt les activités de communication sur un terrain précis : l'organisation, l'entreprise qui offre des biens ou des services. La communication est un aspect très important à analyser dans l'organisation, car c'est par elle que les membres de l'organisation obtiennent l'information dont ils ont besoin pour effectuer leur travail, faire des choix et agir. Les chercheurs qui s'intéressent à la communication organisationnelle examinent notamment les réseaux de communication qui se forment à l'intérieur de l'organisation. Par ailleurs, l'organisation est l'endroit par excellence pour la mise à l'essai de nouveaux systèmes d'information et de communication. Les chercheurs s'intéressent donc également aux changements qu'entraîne inévitablement l'implantation des nouvelles technologies dans le milieu du travail.

Cet aperçu des principaux domaines d'études en communication termine l'introduction de cet ouvrage entièrement consacré à l'explication des concepts et des idées reliés à l'étude de la communication. Nous présenterons ces notions en les regroupant par domaine d'étude. Ainsi, dans la première partie nous traiterons des concepts relatifs à l'étude des aspects sociaux et culturels des médias de communication et d'information; dans la deuxième partie, des concepts relatifs à l'analyse du contenu des messages médiatisés; enfin, dans la troisième partie, des concepts relatifs à la communication organisationnelle. Bonne lecture!

CANAL
(moyen, instrument)

(langage commun)
CODE

Destinateur
Émet le message

→ MESSAGE →
(objet de la comm'on)

Destinataire
Reçoit le message

effets

effets

INTENTION
de
communiquer

PREMIÈRE

PARTIE

LES ASPECTS SOCIAUX
ET CULTURELS DES MÉDIAS
D'INFORMATION
ET DE COMMUNICATION

INTRODUCTION

Dans cette partie, il sera question de la communication médiatisée, c'est-à-dire de la communication réalisée au moyen d'un canal de communication. À première vue, on pourrait croire que le canal n'exerce qu'un rôle accessoire, celui de favoriser la communication entre des personnes éloignées l'une de l'autre; or, son rôle est bien plus déterminant.

D'abord, on entend par communication médiatisée la communication effectuée par les canaux de communication électroniques. Ensuite, les particularités de ces canaux donnent lieu à une distinction entre deux types de communication médiatisée : les médias de masse favorisent une communication unidirectionnelle, la *communication de masse*, alors que les nouvelles technologies d'information et de communication favorisent une communication bidirectionnelle, la *communication informatisée*. Enfin, ces deux types de communication exigent de la part des chercheurs qui s'y intéressent deux perspectives d'analyse différentes.

Notons que même si c'est le canal de communication qui délimite les frontières de la communication médiatisée (à l'intérieur de la communication en général) et qui conditionne les problématiques de recherche, ce n'est pas le canal en tant que tel que l'on examine lorsqu'on étudie la communication médiatisée. Ce sont plutôt toutes les conséquences (aux niveaux individuel et social) du recours à ces canaux.

Cette première partie est divisée en deux chapitres, le premier s'intitulant « Étude des effets des médias de masse traditionnels » et le second « Étude des impacts des nouvelles technologies d'information et de communication ». Dans le premier chapitre, nous définirons plus précisément le concept d'effet et nous verrons pourquoi les chercheurs en communication se sont principalement intéressés aux effets qu'exercerait la communication de masse sur les individus. Nous présenterons également un certain nombre de modèles [1] qui rendent compte du processus de communication de masse, qui expliquent donc, comment les médias agissent pour produire des effets.

Puisque la communication de masse a précédé la communication informatisée, c'est donc à partir d'elle que l'on a développé une problématique générale de la communication médiatisée. Mais, comme nous l'avons dit plus haut, la communication de masse et la communication informatisée exigent deux perspectives d'analyse différentes. Aussi, dans le second chapitre, verrons-nous de façon plus particulière pourquoi et en quoi les chercheurs en communication qui s'intéressent à la communication informatisée doivent modifier leur perspective. Mentionnons, dès à présent, que ce changement d'orientation amène les chercheurs à étudier les impacts plutôt que les effets. Bien que ces deux termes semblent synonymes, nous verrons qu'ils correspondent à des réalités différentes. Nous présenterons enfin les principaux types d'impacts qu'a l'utilisation des « nouvelles technologies ».

---

1.   Un modèle est la représentation simplifiée d'un processus.

ÉTUDE DES EFFETS DES MÉDIAS DE MASSE TRADITIONNELS

INTRODUCTION

Les premiers chercheurs à s'intéresser à la communication se sont d'abord penchés sur la communication de masse. En effet, entre 1900 et 1930, quand sont apparus les premiers médias de masse (presse, radio, cinéma), les analystes ont voulu comprendre ce nouveau phénomène par lequel un seul destinateur pouvait diffuser un même message à un public très large.

Ils ont d'abord fait quelques constatations à propos de la communication de masse. Premièrement, elle se caractérise par le fait d'être médiatisée : le destinateur et le destinataire ne sont pas face à face, ils communiquent au moyen d'un média. Deuxièmement, elle est unidirectionnelle : les médias permettent à un unique destinateur (un seul individu ou un groupe perçu comme une entité) d'émettre un message qui atteint simultanément un très grand nombre de personnes, les destinataires, qui ne pourront *répondre* au destinateur (du moins pas par le même média et pas immédiatement)[1]. Troisièmement, les destinataires sont perçus comme un ensemble d'individus dont les similitudes de comportements et d'attitudes sont considérées comme plus importantes que leurs différences, d'où le terme de *masse*.

Ces trois aspects se combinent pour créer une relation destinateur-destinataire qui paraît à l'avantage du destinateur, c'est-à-dire des médias. En effet, dans la mesure où le public décide de participer à la communication de masse (en allumant la radio, la télévision, en ouvrant le journal ou en allant au cinéma), il n'a d'autre choix que d'accepter le message qu'on lui destine. On pourrait répondre que le média aussi n'a qu'un rôle, celui qui consiste à diffuser des messages. Peut-être, mais il a alors l'avantage de pouvoir diffuser les messages de son choix. Et malgré le fait que les individus puissent également choisir de recevoir certains messages plutôt que d'autres, il reste que leur sélection ne peut se faire que parmi les messages fournis par le média.

---

1. Comme nous l'avons mentionné dans l'introduction (voir : « Destinateur et destinataire »), c'est le média, compris comme une institution sociale, qui, en dernière instance, décide du message à diffuser. C'est pourquoi, dans l'étude de la communication de masse, le média lui-même est considéré comme destinateur.

Force est de reconnaître que la communication de masse est une communication en *déséquilibre*. Qu'ils le veuillent ou non, qu'ils en soient conscients ou non, les médias dominent la situation de communication. De l'autre côté, dans la mesure où les messages qu'ils reçoivent leur sont imposés, les destinataires *subissent* la communication.

Compte tenu de ces circonstances, les chercheurs ont rapidement supposé que la communication de masse, et plus précisément les messages des médias de masse pouvaient provoquer des effets chez les destinataires, c'est-à-dire des changements d'opinions, de comportements et d'attitudes. Par conséquent, ces messages pouvaient se révéler efficaces dans de multiples domaines, comme la politique, la publicité, l'éducation, la culture. Depuis ces premières constatations d'ailleurs, une bonne part des études sur la communication de masse porte sur les effets des médias sur les individus qui y ont recours pour s'informer et se divertir. Ces études consistent principalement à déterminer la nature et la portée des effets.

Dans les pages qui suivent, nous présenterons sept façons différentes d'interpréter les effets des messages médiatisés sur les membres de la société. Ces sept modèles sont regroupés en trois types dont chacun est associé à l'une des grandes phases de la recherche dans le domaine[2] :

– la société de masse et le modèle du stimulus-réponse (1900-1930);

– la remise en question des effets (1930-1960); et

– la redécouverte des effets (1960 à aujourd'hui).

Ces trois phases correspondent aux grandes tendances de la recherche en communication de masse ainsi qu'aux périodes durant lesquelles on a conçu ces modèles.

---

2. La répartition en trois types ne signifie pas qu'un modèle inventé durant la deuxième phase ne sera plus jamais utilisé durant la troisième. Le fait est plutôt que ce modèle sera davantage en vigueur dans une phase et un peu moins dans la phase suivante.

LA SOCIÉTÉ DE MASSE ET LE MODÈLE DU STIMULUS-RÉPONSE *1900 - 1930*

Avant même de présenter le premier modèle, il est indispensable d'expliquer le concept de société de masse. D'une part, c'est à l'intérieur d'une telle société que sont apparus la grande presse écrite, le cinéma, la radio et la télévision; d'autre part, les réflexions des sociologues du XIXe siècle sur l'émergence de cette nouvelle société fournissent l'information d'arrière-plan nécessaire pour comprendre la façon dont les médias ont été analysés et interprétés lorsqu'on a commencé à s'y intéresser scientifiquement.

La société de masse

L'avènement de la société de masse est fortement lié à la Révolution industrielle qui a eu lieu en Europe au siècle dernier. Et les pères fondateurs de la sociologie (notamment Auguste Comte, Émile Durkheim, Ferdinand Tönnies), qui ont vécu durant cette période de grands changements, l'ont observée attentivement. Leurs perceptions ne convergeaient pas toujours — certains considéraient les changements apportés par cette révolution avec optimisme, alors que d'autres l'envisageaient avec crainte —, mais tous se sont accordés pour témoigner d'une importante coupure dans l'évolution sociale : on parlerait désormais d'une société industrielle se démarquant nettement de la société préindustrielle.

Par ailleurs, ils se sont également entendus pour définir l'industrialisation comme un processus de transformation du système de production d'une société par l'application de la technique. C'est d'ailleurs cette *définition économique* qui nous permet, encore aujourd'hui, de reconnaître et de caractériser la Révolution industrielle. Or, la Révolution industrielle n'a pas été uniquement économique, elle a également affecté les champs politique et culturel de toute l'Europe. C'est justement l'analyse de ces effets non économiques qui aura des implications importantes dans l'étude des médias de masse. Dans les pages qui suivent, nous donnerons un aperçu des principaux facteurs sociaux que les sociologues du XIXe siècle ont associés ou attribués à l'industrialisation.

La division et la spécialisation du travail

La Révolution industrielle a amené la division et la spécialisation du travail. D'une part, il s'agissait d'une division du travail à l'échelle de toute la société; fonctionnant sur la base d'une nouvelle économie industrielle, la société exigeait la création de nouveaux postes, de nouvelles fonctions spécifiques. D'autre part, il s'agissait de la division d'un même processus de travail en plusieurs tâches. La fabrication artisanale (ou préindustrielle) d'un clou, par exemple, pouvait nécessiter une journée de travail et un certain nombre d'habiletés de la part d'un seul homme; en divisant le travail en plusieurs opérations précises et en faisant exécuter chacune de ces opérations par un homme différent, on en arrivait à fabriquer près de 5 000 clous par jour. En effet, chaque opération était rendue très simple et aucune qualification n'était requise pour l'exécuter; l'ouvrier pouvait apprendre très facilement celle qui lui était assignée et, en répétant les mêmes gestes des milliers de fois par jour, il devenait très rapide. Il est évident que la rentabilité d'une entreprise se trouvait fortement accrue par la division et la spécialisation du travail.

Durant les années 1830, Auguste Comte, à qui l'on doit la création du mot « sociologie », voit dans le principe de spécialisation et de division du travail le moyen d'assurer, selon les situations, la stabilité de la société ou, au contraire, de conduire à sa désorganisation. Selon Comte, en effet, la structure sociale n'est équilibrée que si ses constituants (les individus comme les institutions) ont des tâches, des rôles bien distincts, mais qui, en même temps, dépendent les uns des autres; ainsi, chacun à sa manière, les éléments peuvent contribuer au développement général de l'ensemble. Pourtant, Comte voit un danger dans la spécialisation poussée à l'excès; celle-ci peut entraîner des divergences entre les individus, tant sur le plan intellectuel que sur le plan moral, divergences pouvant à leur tour causer la diminution ou même la destruction de tout esprit collectif.

Pour Émile Durkheim, la division et la spécialisation du travail, telles qu'elles sont pratiquées à son époque (fin du XIX⁰ siècle), font effectivement de l'ouvrier une simple pièce dans l'immense machine industrielle et contribuent ainsi à l'isolement de l'individu. Or, Durkheim considère que cela est dû au fait que la division est inadéquate : les individus sont obligés d'effectuer des tâches pour lesquelles ils ont trop, ou trop peu, de compétences naturelles. Selon l'auteur, la solidarité et l'esprit collectif ne peuvent naître que d'une division du travail *spontanée*, c'est-à-dire une division tenant compte des inégalités naturelles.

L'urbanisation

Dans leur analyse de la Révolution industrielle, les sociologues du XIX⁰ siècle ont fait état d'un autre phénomène associé à l'industrialisation. Il s'agit de l'urbanisation. Durant le XIX⁰ siècle, le savoir médical s'est développé à un point tel que le taux de mortalité s'en est trouvé grandement diminué, ce qui a entraîné une véritable poussée démographique. Ainsi, entre 1850 et 1920, le taux d'augmentation de la population mondiale doublait. Les établissements industriels, nouveaux pourvoyeurs de travail, étant localisés dans les villes, les masses s'y sont graduellement concentrées.

Par exemple, la Grande-Bretagne, qui fut la première société à s'industrialiser, fut aussi la première à s'urbaniser : en 1801, huit villes — comparativement à deux en 1760 — comptaient plus de 50 000 habitants; de plus, alors qu'en 1851, le taux de population urbaine ne dépassait que de 1 % celui de la population rurale, en 1901, le recensement national démontrait que les trois quarts de la population britannique vivaient dans les villes.

Cette mobilisation générale a transformé la nature même de la ville. Bien sûr, la ville préindustrielle était caractérisée par une vie culturelle, politique et économique intense. Or, une ville de ce type restait relativement isolée du reste de la société; tout un lot d'activités se réalisaient et se poursuivaient indépendamment du mode de vie urbain. Avec la Révolution industrielle, la ville est devenue un modèle pour la société, le lieu même de l'élaboration des principes fondamentaux de la société moderne.

Georg Simmel voit dans le phénomène d'urbanisation la cristallisation d'un facteur central du développement de la société capitaliste : l'aliénation de l'homme, la désintégration de la société en ses atomes.

En effet, selon cet auteur, le mode de vie urbain permet à un grand nombre de personnes ayant des intérêts, des rythmes et des styles de vie différents de se côtoyer; l'homme de la ville doit constamment faire face à des stimuli de toutes sortes. Afin de conserver un minimum d'individualité, il doit développer une série de mécanismes de défense; réagissant intellectuellement et rationnellement plutôt qu'émotivement, l'homme de la ville se compose peu à peu une attitude faite de réserve et d'indifférence. Toutefois, en même temps qu'il préserve ce qui le distingue de ses contemporains, l'homme de la ville s'éloigne de plus en plus d'eux.

Toujours selon Simmel, l'hétérogénéité de la population urbaine atténue les distinctions de classe, mais aussi les sentiments d'appartenance que l'individu pourrait éprouver envers son groupe social. Bien sûr, la mobilité des gens vivant dans les grands centres leur permet de s'intégrer à différents groupes. Mais il reste que l'instabilité de leurs membres rend ces groupes fragiles, éphémères. Il en résulte que la ville en elle-même constitue un milieu instable.

Le déclin de la vie communautaire

Pour Ferdinand Tönnies, le déclin de la vie communautaire est le principe directeur de l'ensemble des changements apportés par l'industrialisation. Dans *Gemeinschaft und Gesellschaft* publié pour la première fois en Allemagne en 1887[3], Tönnies étudie deux types de sociétés, l'une préindustrielle, l'autre industrielle. Le *Gemeinschaft* correspond à un type d'organisation où les gens sont reliés par la

---

3. On peut traduire *Gemeinschaft* par « communauté » et *Gesellschaft* par « association contractuelle ».

parenté, la tradition, l'amitié ou tout autre facteur de cohésion sociale. Dans cette société où les relations sont informelles mais très fortes, les individus sont moins des êtres particuliers que les membres d'une totalité.

Avec l'émergence de la société industrielle, Tönnies voit l'avènement du *Gesellschaft*. La condition essentielle des relations sociales du *Gesellschaft* est le contrat, c'est-à-dire une entente formelle, conclue entre deux parties qui s'engagent à remplir certaines obligations. Toutes les activités qui, dans le *Gemeinschaft*, étaient basées sur une confiance réciproque se réalisent désormais, dans le *Gesellschaft*, au moyen d'une entente formelle et souvent écrite. Ainsi, l'employé signe un contrat d'engagement fourni par l'employeur, le vendeur remet à l'acheteur une facture attestant la vente, etc.

Dans ce type de société, l'individu ne donne pas mais échange; il n'est donc plus apprécié pour sa valeur personnelle, mais bien pour la façon dont il remplit les conditions de ses différents contrats. De fait, le *Gesellschaft* instaure un climat de compétition et de méfiance où chacun cherche à maximiser ce qu'il obtient et à minimiser ce qu'il donne. L'individu ne réalise pas ses activités pour le profit de l'ensemble, mais dans son propre intérêt.

La démocratisation et la centralisation

On peut enfin compter au nombre des phénomènes que les sociologues du XIXe siècle ont associés à l'industrialisation l'avènement de la démocratie. Certes, le régime démocratique assure la participation et la représentation du peuple dans la vie politique de la société. Il implique toutefois une certaine idéologie égalitariste où les individus sont forcément considérés de façon indifférenciée.

Par ailleurs, l'industrialisation, qui rend la vie de plus en plus complexe, exige une réglementation et une planification qui peuvent être exercées uniquement dans une société où le pouvoir est attribué à un petit nombre de personnes, c'est-à-dire centralisé. Le mouvement vers la centralisation, qui s'opère dans toutes les sociétés européennes au XIXe siècle, a pour effet de briser les barrières entre les régions et les classes. Mais, par le fait même, il y a un nivellement des différences entre les individus qui sont tous assujettis au même pouvoir centralisateur.

L'analyse des différents facteurs attribués à la Révolution industrielle nous renvoie une image très peu reluisante de la société du XIXe siècle : la spécialisation et la division du travail, l'urbanisation, le déclin de la vie communautaire, la démocratisation et la centralisation des pouvoirs s'associent pour faire de la société une organisation de plus en plus complexe, où les individus sont surtout préoccupés de leurs propres intérêts et perdent ainsi la faculté de s'identifier aux autres. Dans cette société, les relations sont régies par l'impersonnel, le formalisme, l'indifférence. C'est la société de masse : une société où les gens sont isolés les uns des autres parce qu'ils sont individualistes, mais où, paradoxalement, la plupart des institutions sont constituées de façon à traiter pareillement tous les individus, sans tenir compte de leurs différences.

Cette vision des choses peut sembler exagérée ou, du moins, peu objective à des observateurs du XXe siècle (voir par exemple K. Kumar : *Prophecy and Progress*, 1978). Or, il ne faut pas oublier que Comte, Simmel, Durkheim et Tönnies vivaient littéralement la Révolution industrielle. Leurs comptes rendus sont le fruit d'une pensée rationnelle, mais qui, sans doute, est mêlée de passion et d'émotion. Quoi qu'il en soit, il reste que c'est la société décrite par les sociologues du XIXe siècle qui a servi de toile de fond aux premières conceptions sur les médias de masse.

Mentionnons également que, vers la fin du XIXe siècle et au début du XXe siècle, on avait une idée assez limitée de la psychologie humaine. D'une part, on considérait que le comportement humain était, jusqu'à un certain point, gouverné par une série de mécanismes biologiques. D'autre part, on croyait que tous les individus possédaient à peu près le même bagage de mécanismes biologiques, qui leur fournissaient l'énergie et la motivation nécessaires pour faire face aux différentes situations. Bref, on pensait que les individus réagissaient de façon à peu près semblable au même stimulus.

Ainsi, à l'orée du XXe siècle, la conception de l'homme « psychologique » s'ajoutait à celle de l'homme « social » pour faire de l'individu un être isolé, vulnérable, soumis à toutes les influences et qui, de plus, vivait dans une foule anonyme où ne régnait aucun esprit d'entraide. C'est dans ce contexte qu'a été conçue la première théorie sur l'effet des médias. On comprend aisément pourquoi les théoriciens de l'époque ont attribué aux médias de masse — considérés comme des stimuli puissants — un très fort pouvoir de persuasion.

Le modèle du stimulus-réponse (chien de Pavlov)

De façon générale, le modèle du stimulus-réponse veut qu'à tout stimulus corresponde une réponse appropriée et prévisible. Ce modèle s'est imposé à la théorie psychologique du début du siècle comme le résultat d'une série d'expériences menées sur des chiens[4]. Le modèle de stimulus-réponse a bientôt été appliqué au comportement humain, ce qui n'est pas étonnant puisqu'on considérait, à cette époque, que l'homme réagissait selon une série de mécanismes biologiques. Ainsi, selon cette théorie, les individus pouvaient être soumis à des stimuli de toutes sortes qui, bien appliqués, entraînaient des réactions prévisibles.

C'est après la Première Guerre mondiale que l'on s'est mis à considérer les médias comme des stimuli très puissants. La Grande Guerre (14-18) a eu ceci de particulier qu'elle a mobilisé les efforts et les ressources de populations entières. Auparavant, les guerres étaient presque uniquement l'affaire des forces militaires, et les gens qui ne participaient pas directement aux combats n'étaient pas vraiment concernés

---

4. On constate d'abord qu'à la vue d'un morceau de sucre, un chien salive. Par la suite, on fait tinter une cloche en même temps que l'on offre le sucre au chien. En répétant ce processus, on entraîne le chien à réagir d'une seule façon (en salivant), à deux stimuli (la cloche et le sucre), c'est-à-dire à associer les deux stimuli. Enfin, on fait tinter la cloche sans présenter de sucre au chien et l'on constate que ce dernier salive quand même. On découvre ainsi qu'à un stimulus préparé adéquatement correspond un comportement prévisible. C'est ce qu'on a appelé l'« expérience du chien de Pavlov ».

par les conflits. Durant la Première Guerre mondiale, les armées dépendaient totalement de la production industrielle de leur pays, ce qui nécessitait la coopération et le soutien moral des civils. Or, cette solidarité était peu probable dans une société atomisée et anonyme comme l'était la nouvelle société de masse. La propagande s'est alors présentée comme le moyen de réveiller des sentiments patriotiques comme l'amour de la nation, la loyauté envers les partisans et la haine de l'ennemi.

Les médias de masse disponibles en ce temps — journaux, films, publicité, affiches, photographie, télégraphie sans fil — se sont révélés les meilleurs instruments pour faire circuler la propagande. En effet, les médias pouvaient atteindre chaque individu dans la rue ou même jusque chez lui; et chaque individu accordait d'autant plus de crédit aux messages des médias qu'il était isolé et, donc, incapable de les confronter avec d'autres opinions. Ainsi, de la même façon que la diffusion de la croix gammée, de l'image de Hitler et de ses discours a contribué à la montée du nazisme en Allemagne, le mythe de l'atrocité allemande, bien ancré dans le camp adverse, a encouragé la montée de la haine contre les Allemands[5].

C'est donc l'efficacité de la propagande qui a amené les premiers théoriciens de la communication de masse (notamment Harold Lasswell (1927), *Propaganda Technique in the World War*) à accréditer la puissance des médias. Par ailleurs, en temps de paix, un phénomène relativement nouveau comme

---

5. Dans leur ouvrage *Theories of Mass Communication* (1975), M. DeFleur et S. Ball-Rokeach citent un passage de *Spreading Germs of Hate* (1927) de George Sylvester Viereck, où il est question de la préparation de la propagande antiallemande. Dans le quartier général du British Intelligence Department, un général examine deux photographies, l'une montrant le rapatriement de cadavres de soldats allemands, l'autre, des cadavres de chevaux en route vers une manufacture allemande où l'on extraira, de leur carcasse, une substance permettant de fabriquer du savon. Selon Viereck, le général en question aurait envoyé en Chine la photographie du rapatriement des soldats allemands morts, avec en légende la phrase « Cadavres de soldats allemands en route vers une manufacture de savon ». Toujours selon Viereck, cette photographie aurait été au nombre des facteurs qui devaient conduire les Chinois à déclarer la guerre à l'Allemagne.

la publicité de masse, qui persuadait les gens de consommer sans compter, semblait confirmer quotidiennement l'influence des médias.

Le modèle du stimulus-réponse a dominé, en tant que théorie de la communication de masse, du tournant du siècle jusqu'aux années 30. On peut résumer cette théorie comme suit : le modèle du stimulus-réponse établit un lien direct entre les médias et les individus et présente les médias comme des stimuli tout-puissants et les individus comme des récepteurs faibles. Les messages des médias peuvent provoquer ou modifier les comportements des individus; qui plus est, les messages peuvent être construits de telle sorte que le comportement induit chez les individus soit celui que le destinateur avait prévu et souhaité. On attribue donc aux médias un extraordinaire pouvoir de manipulation qui leur permet d'injecter littéralement dans la tête des gens de nouvelles opinions, de nouvelles valeurs, de nouvelles croyances. D'ailleurs, généralement, les chercheurs craignaient cette influence des médias, car elle pouvait engendrer des attitudes et des comportements individuels ou collectifs socialement non désirables[6].

On constate que la découverte du modèle du stimulus-réponse s'était appuyée sur toutes les idées de la fin du XIXe siècle sur le contexte social et sur la psychologie de l'homme. En fait, comme nous le verrons dans les pages suivantes, notre conception des médias et de leurs effets varie en fonction de notre conception de l'homme et de la société. Le modèle du stimulus-réponse fut ainsi une première théorie que l'on critiqua et rejeta par la suite. Il reste toutefois que ce modèle a grandement orienté la recherche dans le domaine de la communication de masse : jusqu'à nos jours, la majeure partie de l'étude des phénomènes de communication de masse s'est basée sur le postulat selon lequel les médias ont des effets.

---

6. Dans cette ligne de pensée, on donne également un autre nom au modèle stimulus-réponse : le modèle hypodermique.

LA REMISE EN QUESTION DES EFFETS $1930-1960$

Un nouveau courant de pensée sur les effets des médias s'est développé, principalement aux États-Unis, des années 30 jusqu'au début des années 60. Il se distingue de celui engendré par le modèle du stimulus-réponse, d'une part, par la méthodologie utilisée dans les recherches et, d'autre part, par les résultats de ces recherches. Les tenants de ce courant (notamment Bernard Berelson, Elihu Katz, Joseph Klapper, Harold Lasswell, Paul Lazarsfeld) étaient d'avis que les conceptions antérieures sur les effets des médias n'étaient pas vraiment crédibles puisqu'elles étaient basées sur la simple spéculation. Pour leur part, ils ont plutôt eu recours aux sondages, aux enquêtes, bref, à des données empiriques (données basées sur l'expérience) pour évaluer les effets des médias.

Par ailleurs, ils considéraient que le lien médias-individus n'était pas aussi direct que le modèle stimulus-réponse voulait bien le laisser croire. D'abord, on devait tenir compte des différences individuelles : même si on avait pu croire que les messages des médias provoquaient des réactions similaires chez les membres d'une société, le degré et l'intensité de ces réactions variaient sans doute en fonction de la personnalité, de l'intelligence et de l'intérêt de chaque individu. Ensuite, on devait tenir compte de tout un ensemble de facteurs filtrant l'effet direct des médias : la crédibilité de la source des messages, le contenu des messages, le type de médias utilisé et surtout l'appartenance des individus-récepteurs à un groupe social.

Comme cela avait été le cas pour le modèle du stimulus-réponse, le courant de pensée américain dont nous traitons présentement s'inspirait des idées sur la société et la nature psychologique de l'homme. Même si la vision de la société de masse atomisée restait encore valide pour plusieurs, la sociologie des années 40-60 tentait de donner une autre image de la société. C'est à Kurt Lewin que l'on doit cette nouvelle conception.

Lewin a étudié le comportement de l'individu dans les situations courantes et a constaté que la personnalité individuelle est fortement déterminée par les influences sociales les plus immédiates et les plus quotidiennes, soit celles de la famille, du milieu de travail, du voisinage, du cercle d'amis, des différentes associations. Il a créé la notion de champ psychologique, qui désigne l'ensemble des relations d'une personne avec son environnement social, c'est-à-dire le groupe restreint (famille, voisinage, milieu de travail, etc.). Avec cette nouvelle vision d'une société composée, non pas d'individus isolés, mais bien de petits groupes d'individus, il devenait difficile d'admettre la toute-puissance des médias. Entre les messages des médias et les individus, il importait de tenir compte de tout un champ de relations interpersonnelles pouvant modifier la portée des médias.

Les chercheurs qui ont réalisé des études sur les médias durant les années 30-60 étaient toujours intéressés par les effets des médias sur les individus. Ils ont toutefois examiné les différents facteurs à l'œuvre dans le processus de communication de masse; cela les a amenés à attribuer aux médias des effets beaucoup plus modestes et surtout moins directs. Deux principaux modèles caractérisent cette période : le modèle du « two-step-flow communication » et le modèle du « uses and gratifications ».

Le modèle du « two-step-flow communication »

Le modèle du « two-step-flow communication » provient de la théorie de l'influence sociale, elle-même développée à partir d'études sur les réactions des voteurs aux campagnes électorales.

En 1940, Paul Lazarsfeld, Bernard Berelson et Hazel Gaudet mènent une étude dans l'Ohio sur les facteurs qui ont déterminé le choix des électeurs lors de la campagne présidentielle opposant Roosevelt à Wilkie. La campagne étant largement couverte par la radio, il y aurait donc lieu de trouver la confirmation du modèle stimulus-réponse. Or, les résultats de l'étude indiquent que le vote est une expérience de groupe. En effet, les gens qui travaillent ou qui vivent ensemble, qui sont de même niveau socio-économique ou qui ont la même conviction religieuse auront les mêmes opinions politiques et voteront pour la même personne. De plus, les personnes qui, au début de la campagne, sont indécises ou opposées aux opinions de leur groupe adopteront de plus en plus le point de vue du groupe; le jour du vote, elles voteront dans le même sens que leur groupe.

En fait, l'étude de Lazarsfeld, Berelson et Gaudet démontre que la campagne électorale, diffusée par les médias, ne fait que renforcer l'homogénéité des opinions des différents groupes sociaux. Ces derniers jouent un rôle important pour mitiger les effets des médias. Les messages ne sont pas absorbés tels quels par des individus isolés, mais reçus par un ensemble de personnes — réunies en vertu de valeurs et d'intérêts communs — qui les filtrent selon leurs normes.

En 1955, Paul Lazarsfeld et Elihu Katz raffinent la théorie de l'influence sociale en développant le modèle du « two-step-flow communication ». En s'appuyant sur l'étude de 1940 et sur quelques autres du même type (notamment sur celle de Berelson et Bernard (1955) : « Voting, a Study on Opinion Formation in a Presidential Campaign », qui en confirme les résultats), Lazarsfeld et Katz soutiennent qu'il existe dans la société des personnes capables de modifier ou de maintenir les opinions de leurs pairs : il s'agit des leaders d'opinions. Les leaders d'opinions sont également des individus parmi les mieux informés.

Selon les auteurs, les messages des médias atteignent d'abord les leaders d'opinions qui, à leur tour, les transmettent à leur groupe d'appartenance, composé de personnes plus ou moins *exposées* aux médias. Ainsi, dans le processus de communication de masse, le leader d'opinion constitue un relais entre les médias et le grand public. Selon le modèle du « two-step-flow communication », l'influence des médias se fait en deux étapes (d'où le terme « two-step-flow ») et n'est donc pas directe, mais médiatisée par l'influence personnelle. Ce modèle suppose également que l'influence personnelle est plus forte que celle des médias.

Le modèle du « uses and gratifications »

Jusqu'à maintenant, nous avons vu que, selon le modèle du stimulus-réponse, l'influence des médias sur l'individu est puissante et directe et que, selon le modèle du « two-step-flow communication », l'influence des médias sur l'individu est filtrée par le groupe d'appartenance de l'individu (et surtout par le leader d'opinion) et s'en trouve fort diminuée. Les conclusions sont différentes, mais, dans les deux cas, la façon d'appréhender les effets des médias est la même. On détermine l'influence des médias (qu'elle soit faible ou forte) en examinant les changements dans le comportement et l'opinion des individus après qu'ils aient été *exposés* aux médias.

Les chercheurs qui ont élaboré le modèle du « uses and gratifications » ont procédé autrement. Ils avaient constaté que même si les médias semblaient n'avoir que peu d'effets, ils étaient toujours aussi populaires; de plus en plus de gens écoutaient la radio, lisaient les journaux, allaient au cinéma. Ces chercheurs se sont donc demandé pourquoi les gens avaient recours aux médias. Autrement dit, ils se sont interrogés sur le comportement des individus avant qu'ils *s'exposent* aux médias. Pour répondre à ces questions, ils ont d'abord cherché à découvrir quels groupes de gens consommaient quel contenu des médias et ont ensuite demandé à ces individus pourquoi ils le consommaient.

En 1941, Herta Herzog effectue un sondage auprès des auditrices des feuilletons radiophoniques. Par cette enquête, Herzog cherche à connaître les raisons pour lesquelles ces auditrices écoutent ce genre d'émissions. Elle constate que 21 % des répondantes suivent les feuilletons pour se distraire. Par contre, 41 % des répondantes considèrent que les feuilletons leur apportent une aide; selon ces auditrices, les feuilletons leur indiquent comment s'y prendre avec autrui (mari, enfants, amant), leur apprennent ce qu'il faut dire dans certaines situations, leur donnent des conseils, etc. Bref, conclut Herta Herzog, les feuilletons ne sont pas seulement des instruments de distraction; ils ont également pour fonction de proposer aux auditrices des solutions à leurs problèmes, ainsi que des modèles de conduite.

En 1945, Bernard Berelson profite de la grève d'un journal de New York pour mener une étude du même genre. Au moyen d'un sondage, il interroge les lecteurs sur le manque

que crée chez eux l'absence du journal. Il constate notamment que certains lecteurs, parmi les mieux informés habituellement, sont grandement touchés par l'absence du journal : le manque que ces gens ressentent va jusqu'à rendre plus difficiles les relations avec leur pairs. De façon générale, Berelson conclut que le journal représente une source de sécurité.

Depuis ces premières enquêtes, plusieurs études ont été effectuées sur les motivations des individus face aux médias. Ces recherches ont permis de déterminer les fonctions des médias, c'est-à-dire les fonctions que le public attribue lui-même aux médias. Dans *Sociology of Mass Communications* (1972), Dennis McQuail dresse l'inventaire de ces fonctions; les gens *s'exposent* aux médias pour :

1. *S'informer.* Grâce aux médias, ils savent ce qui se passe dans leur environnement, leur société, le monde; ils obtiennent des conseils pour prendre des décisions; ils satisfont leur curiosité et apprennent; ils acquièrent un sentiment de sécurité par le savoir.

2. *Affirmer leur identité.* Dans les médias, ils trouvent des modèles de comportement et le renforcement de leurs valeurs; ils peuvent s'identifier à des personnages importants.

3. *S'intégrer et interagir socialement.* Ils ont une vision des conditions de vie des autres; ils s'identifient aux autres et acquièrent ainsi un sentiment d'appartenance.

4. *Se divertir.* Ils peuvent s'évader mentalement de leurs problèmes, relaxer, passer le temps et se libérer émotivement.

De façon générale, les gens *s'exposent* aux médias — ils lisent les journaux, écoutent la radio ou la télévision et vont au cinéma — parce qu'ils éprouvent des besoins d'ordre social ou psychologique (ils veulent s'informer, se divertir, s'intégrer à la société, affirmer leur identité, etc.) et parce qu'ils considèrent que les médias peuvent combler leurs besoins. Si les médias exercent une influence sur le comportement et les opinions des individus, cette influence ne peut être très forte puisque les individus *s'exposent* aux médias dans le but d'être influencés, c'est-à-dire informés, aidés, divertis, conseillés, etc. De plus, cette influence ne peut être vraiment néfaste pour l'individu : les gens ont tendance à accepter les messages (ce qui équivaut à dire : se laisser influencer par les messages) qui sont en accord avec leurs valeurs et leurs opinions et à rejeter les messages (ne pas être influencés par les messages) qui contredisent leurs valeurs et leurs opinions.

En résumé, donc, le modèle du « uses and gratifications » soutient que les gens font un usage (« uses ») conscient et volontaire des médias pour aller y chercher quelque chose de particulier : un conseil, une information, une aide, bref, une satisfaction (« gratifications »).

Au seuil des années 60, les chercheurs et les théoriciens de la communication de masse étaient à peu près convaincus que les médias n'avaient que peu d'effets directs sur les individus. Il apparaissait évident que ces derniers étaient en quelque sorte protégés des effets plus ou moins néfastes des médias par un ensemble de facteurs culturels, sociaux et psychologiques; ces facteurs jouaient d'ailleurs un rôle primordial dans la formation des opinions, des valeurs et des comportements. Au plus, l'effet des médias consistait-il à renforcer ces opinions, valeurs et comportements.

LA REDÉCOUVERTE DES EFFETS

À partir du moment où la communauté scientifique a semblé enfin accepter l'idée selon laquelle les médias de masse n'avaient que peu d'effets, il y eut un mouvement inverse et l'on reconsidéra la notion d'effets. Cependant, alors que, depuis les débuts de la recherche sur les médias jusqu'aux années 60, on cherchait à cerner des effets assez spécifiques (traduisibles en changements de comportements particuliers et en changements d'opinions sur des sujets particuliers), les études des quinze ou vingt dernières années se sont concentrées sur des effets à plus long terme, relativement aux systèmes de valeurs, aux croyances et aux schèmes de comportement à l'échelle de la société. On ne rejette pas les premiers modèles, mais on y intègre des éléments qui, avec les médias, contribuent à apporter des changements aux valeurs ou à renforcer celles qui existent déjà.

Dans cette dernière section, nous passerons en revue quatre conceptions des effets des médias : l'« agenda-setting », la socialisation, la construction de la réalité sociale, le contrôle social. Alors que la première conception, l'« agenda-setting », vient de la recherche empirique, les trois autres correspondent davantage à un ensemble d'idées et d'hypothèses exprimées à propos des médias. Il est en effet difficile pour les chercheurs de démontrer précisément et quantitativement (et dans une période de temps relativement courte) que les médias socialisent, construisent la réalité sociale et exercent un contrôle social.

Le modèle de l'« agenda-setting »

Le terme d'« agenda-setting » a été proposé, en 1972, par M. E. McCombs et D. L. Shaw pour décrire un phénomène qui avait déjà été observé dans les études sur les campagnes électorales. Le modèle de l'« agenda-setting » soutient que si les médias ne sont pas capables de modifier ou de modeler le comportement ou les opinions des individus, du moins réussissent-ils à leur faire partager leurs préoccupations. En effet, lorsqu'on demande aux gens de nommer les sujets ou les événements les plus importants dans leur société, ils énumèrent les sujets ou événements qui sont présentés par les médias, selon le même ordre d'importance. Les médias réussissent donc à établir l'ordre des priorités sociales (« set the agenda ») pour les membres d'une société donnée.

Il est à noter que les méthodes utilisées pour en arriver à ces résultats sont, d'une part, l'analyse du contenu des messages diffusés par les médias et, d'autre part, les sondages auprès des publics qui consomment ces messages. Généralement, les contenus analysés coïncident avec les articles de journaux et les émissions d'information et d'actualités — journaux télévisés, bulletins de nouvelles radiophoniques, émissions d'affaires publiques.

Dans leur étude, McCombs et Shaw avancent aussi que l'ordre d'importance des sujets et événements, tel que les médias le donnent, influencerait également le thème des programmes des partis politiques. Il y aurait donc une correspondance entre l'ordre d'importance accordé aux sujets par les médias et l'ordre d'importance accordé aux mêmes sujets par les politiciens. Bien que plausible, cette idée reste encore dans le domaine de la spéculation. Dans *The Effects of Mass Communication on Political Behaviour* (1976), S. Kraus et D. K. Davis considèrent d'ailleurs qu'il est tout aussi probable que ce soient les thèmes des programmes politiques qui influencent les sujets abordés par les médias.

La socialisation

La socialisation peut être définie comme l'apprentissage par les membres d'une société donnée des règles, des normes et des valeurs propres à cette société. Une partie des règles est explicite alors que l'autre est implicite. Les lois d'un pays, par exemple, sont des règles explicites puisqu'elles sont formulées dans des recueils (code civil, code pénal) prévus à cet effet. Les règles de la politesse, par contre, sont implicites; il ne s'agit pas de règles prescrites, mais d'un ensemble de conventions transmises oralement, informellement et, en général, par l'éducation familiale. Bien sûr, il existe des manuels de bienséance, mais ils n'ont jamais le caractère officiel des codes législatifs[7].

L'apprentissage des règles, des valeurs et des normes explicites et implicites se fait tout au long de la vie et de la même façon pour tous : par punition ou récompense plus ou moins symboliques et plus ou moins formelles. Ainsi, le non-respect du bien d'autrui — autrement dit le vol ou le vandalisme — entraîne un séjour en prison ou, à tout le moins, une amende. C'est dans le cas du respect ou de la violation des

---

7. Il est à noter que les règles et normes sociales — qu'elles soient explicites ou implicites — varient d'une société à l'autre. Par exemple, le code de la route québécois diffère de l'ontarien : alors que le virage à droite au feu rouge est interdit au Québec, il est permis en Ontario.

règles implicites que les récompenses ou les punitions sont les moins formelles. L'impolitesse, par exemple, peut entraîner des formes de sanctions qui varient en fonction de la personne qui est impolie, de celle envers qui on a été impoli, du contexte, etc. Toutefois, bien qu'elles constituent un ensemble beaucoup plus flou, les règles, normes et valeurs implicites peuvent devenir partie intégrante du comportement des membres d'une société au même titre que les règles explicites.

Plusieurs auteurs (notamment Melvin DeFleur, Gaye Tuchman, J. R. Brown, G. Noble) soutiennent que les médias ont un effet de socialisation, c'est-à-dire qu'ils enseignent aux lecteurs et auditeurs les normes et les valeurs propres à leur société. Que ce soit par le biais de représentations fictives (films, téléromans, etc.) ou de reportages de faits réels, les médias présentent constamment des modèles de comportement dans certaines situations, ainsi que les récompenses et les sanctions sociales qu'entraînent ces comportements.

Dans leurs recherches sur l'utilisation de la télévision par les enfants, Brown (1976) et Noble (1975) soutiennent que, par l'écoute de certaines émissions, les enfants tirent des leçons à propos de la vie en général, leçons qu'ils appliquent à leur propre expérience. Dans ce même ordre d'idées, Tuchman (1978) et DeFleur (1964) soulignent que les stéréotypes masculins et féminins systématiquement présentés par les médias (particulièrement dans les situations de travail) pourraient influencer les attentes et les aspirations des enfants.

Il est assez difficile pour les chercheurs de prouver que les médias exercent une forme de socialisation. En effet, plusieurs facteurs (éducation, enseignement scolaire, etc.), qui s'influencent les uns les autres, participent au processus de socialisation et il est quasi impossible de déterminer la portée exacte de chacun. Toutefois, l'existence d'organismes de contrôle des médias (le Conseil de la radiodiffusion et de la télédiffusion du Canada, dans notre cas) et la création de règles que s'imposent les médias eux-mêmes (par exemple, l'indication avant la diffusion d'une émission que cette émission comportera des scènes de violence) donnent à penser qu'ils participent effectivement au processus de socialisation.

La définition et la construction de la réalité sociale

Tout comme c'était le cas du modèle de l'« agenda-setting », l'hypothèse selon laquelle les médias définissent et construisent la réalité sociale convient particulièrement bien aux messages qui diffusent de l'information sur les événements réels (journaux télévisés, bulletins de nouvelles radiophoniques, articles de journaux), mais ne s'applique pas automatiquement à la fiction. Afin de comprendre ce qu'est la réalité sociale, faisons un effort d'imagination :

> Nous sommes tous conscients du problème de la faim dans le monde. Supposons toutefois, pour un instant, que les médias n'aient pu avoir accès aux pays où ce problème existe ou qu'ils n'aient pas alloué de temps d'antenne ni d'espace dans les journaux pour les campagnes d'aide à ces pays ou encore qu'ils aient tout simplement décidé de ne pas en parler. À moins que quelqu'un de notre entourage ou nous-mêmes, ayons constaté *de visu* le problème, nous n'aurions été au courant de rien. Pour nous, le problème de la faim n'existerait pas.

Il est clair qu'en ayant recours aux médias, les individus prennent connaissance d'une multitude d'événements qu'ils ne pourraient connaître autrement. En effet, la majeure partie des événements qui sont présentés aux bulletins d'information et dans les journaux se situent hors de l'expérience immédiate des individus, hors de leur réalité personnelle (qu'il s'agisse de conflits en Amérique centrale ou d'accidents sur l'autoroute X à l'heure de pointe). Parallèlement, ces événements diffusés par les médias constituent une réalité commune à tous ceux qui ont recours aux médias pour s'informer. Cette réalité qui n'est fournie que par les médias et qui est commune aux membres d'une société constitue ce que l'on appelle la réalité sociale.

Malgré le fait que les médias diffusent de l'information sur maints événements, ils ne peuvent évidemment pas couvrir tout ce qui se passe dans l'univers. Les événements présentés dans les journaux et les bulletins de nouvelles sont effectivement sélectionnés parmi une quantité d'autres. Or, quels sont les critères de cette sélection? Qu'est-ce qui fait que les médias choisissent de parler d'un événement plutôt que d'un autre?

Les journalistes et les représentants institutionnels des médias répondront que c'est parce qu'il est important. Il est fort probable que le public donnerait la même réponse. En effet, selon plusieurs auteurs (notamment Stewart Hall, le Glasgow University Media Group, J. Murdoch), ceux qui émettent les informations et ceux qui les reçoivent s'entendent sur ce qui est important. Cette entente repose d'ailleurs sur l'idée selon laquelle les membres d'une société partagent, jusqu'à un certain point, les règles, les normes et les valeurs de cette société (voir la section précédente).

Toutefois, il ne faut pas oublier que le processus de communication de masse est à sens unique : des médias vers le public. Même si, dans une certaine mesure, on peut considérer que c'est l'individu qui enclenche le processus de communication (en allumant la radio, la télévision, en ouvrant le journal), il reste que ce sont les médias qui diffusent l'information. Ils présentent aux gens une série d'événements dont ils ont choisi de parler parce qu'ils les considéraient comme importants. Ce faisant, ils indiquent aux gens ce qui est important, ce qu'il est important de connaître dans le monde[8].

D'une part, les événements dont on parle dans les médias sont souvent hors de l'expérience immédiate des individus;

---

8. Les professionnels de l'information ne présentent pas les événements en disant : « Voilà ce qui est important aujourd'hui ». De façon générale, le public accorde beaucoup de crédit aux émissions d'information et considère que la fonction de ces émissions est justement de parler de ce qui est important. D'ailleurs, le seul fait que l'on aborde un sujet au bulletin ou dans les journaux le rend important. C'est en ce sens que les médias indiquent aux gens ce qu'il est important de connaître. Il s'agit là d'un processus symbolique.

d'autre part, les médias sont, pour une bonne partie de la population, la seule source de renseignements à propos de ces événements. Par conséquent, le public accepte souvent la définition (offerte par les médias) de ce qui est important dans la société. C'est en ce sens que les médias définissent la réalité sociale des individus.

Jusqu'à maintenant, l'hypothèse selon laquelle les médias définissent la réalité sociale des individus s'apparentait au modèle de l'« agenda-setting ». Or, cette conception va un peu plus loin que le modèle de l'« agenda-setting ». Elle suggère que non seulement les médias définissent la réalité sociale, mais qu'ils la construisent. En effet, en présentant certains événements, les médias proposent également certaines façon de les interpréter.

Souvent, l'événement qui a été choisi pour être présenté au bulletin de nouvelles ou relaté dans les journaux ne peut être couvert dans son entier. Le bulletin de nouvelles radio-phoniques ou télévisuelles, qui dure peu de temps et pré-sente beaucoup de choses, exige la concision des reportages; l'article de journal est souvent écrit en fonction de l'espace disponible. On diffusera textuellement quelques phrases d'une déclaration et l'on résumera le reste; on ne montrera que quelques plans, quelques images d'un événement. Encore une fois, pourquoi cette phrase plutôt qu'une autre, ce plan plutôt qu'un autre? Les professionnels des médias répon-dront que ces phrases, ces plans et ces images sont les plus représentatifs de l'événement, les plus significatifs.

Dans *Communications and Demonstration* (1970), J. D. Halloran, P. Elliot et G. Murdoch donnent un exemple du résultat du processus de transformation d'un événement en topo de bulletin de nouvelles. En 1968, une grande manifes-tation contre la guerre du Vietnam se déroula à Londres. Alors qu'elle avait été en majeure partie calme et pacifique, les reportages l'ont plutôt présentée comme dramatique et violente. Ignorant les principaux aspects de la manifestation — le calme et le pacifisme — qui, sans doute, n'étaient pas assez spectaculaires, les caméras s'étaient concentrées sur certains moments où il y avait effectivement eu de la violence.

Cet exemple peut laisser croire que les tenants de l'hypothèse de la définition-construction de la réalité sociale jugent inexactes, mensongères ou biaisées les informations présentées par les médias. Or, tel n'est pas le cas. Ils remettent plutôt en question la fonction générale des bulletins de nouvelles, des journaux, etc. Pour le public et les professionnels de l'information, les médias ont le mandat de présenter les événements de façon objective et la réalité telle qu'elle est, bref, de refléter le réel. Les défenseurs de l'hypothèse de la construction de la réalité sociale soutiennent que l'objectivité de l'information est impossible parce que la réalité n'a pas qu'une seule dimension; en outre, les événements quels qu'ils soient sont toujours perçus et interprétés par des humains. Et la subjectivité est inhérente à toute activité humaine.

En conclusion, voilà ce qu'il faut retenir de l'hypothèse de la définition-construction de la réalité sociale : les événements présentés par les médias sont bien enracinés dans la réalité. Toutefois, l'image au petit écran, le reportage radiophonique ou l'article dans le journal ne peuvent pas correspondre exactement aux événements réels. Il s'agit de produits médiatisés, construits à partir de quelques éléments de la réalité : certains événements perçus selon certains points de vue.

Le contrôle social

L'hypothèse selon laquelle les médias exercent une forme de contrôle social découle des deux précédentes. En effet, si les médias participent au processus de socialisation (apprentissage des normes et des règles de la société) et s'ils réussissent à imposer au public une forme de réalité, il se peut effectivement qu'ils exercent un certain contrôle social.

Examinons d'abord quelques constatations que des théoriciens avançant cette hypothèse ont faites relativement à la représentation du pouvoir par les médias. Comme nous l'avons mentionné plus haut (voir la section « Socialisation »), les médias offrent au public des modèles de comportement dans certaines situations et font voir les punitions et récompenses liées à ces comportements. De ce fait, les médias montrent également qui a le pouvoir de récompenser ou de punir ou, tout simplement, quels sont les individus et les organismes qui ont le pouvoir de diriger la société.

Par ailleurs, parmi les événements susceptibles d'être présentés par les médias, il en existe une catégorie qui attire particulièrement l'attention des professionnels de l'information : les événements planifiés. Cette catégorie regroupe les conférences de presse, les discours politiques, les campagnes électorales, les activités sportives, etc. Quels sont les gens ou les organismes à l'origine de ces événements et qui réussissent à mobiliser les médias? Il s'agit évidemment de ceux qui peuvent exercer une certaine autorité dans la société.

Enfin, une des pratiques journalistiques — qui confère d'ailleurs à ceux qui l'exercent le statut de professionnel — consiste à vérifier l'exactitude des faits auprès de sources officielles avant de les diffuser. Ces sources officielles sont des représentants d'institutions sociales crédibles (gouvernements, police, syndicats, etc.), dont la crédibilité provient justement de la forme de pouvoir qu'on leur reconnaît.

Ces trois phénomènes sont différents, mais ils nous amènent à faire une même constatation : que ce soit directement, par le contenu des messages médiatisés, ou indirectement, par la façon dont les professionnels des médias travaillent, les médias montrent de façon constante au public comment le pouvoir est distribué dans la société. Encore une fois, les professionnels des médias ne disent pas explicitement : « Voilà ceux qui détiennent le pouvoir » ni « Voilà la façon dont le pouvoir est distribué ». Il s'agit, là encore, d'un processus symbolique.

Comme nous l'avons vu dans la section précédente, non seulement les médias présentent certains événements, mais ils proposent aussi certaines façons de les interpréter. Or, cette interprétation des événements provient justement de ceux qui détiennent le pouvoir. En effet, la diffusion de leur interprétation est grandement favorisée par certaines pratiques journalistiques (consistant à couvrir les événements planifiés, par ceux qui détiennent le pouvoir, ou à se référer aux sources officielles, qui représentent aussi ceux qui détiennent le pouvoir).

En fait, les médias n'exercent pas vraiment de contrôle social. Toutefois, ils constituent un instrument de visibilité très efficace pour ceux qui détiennent le pouvoir en se faisant le véhicule de leurs définitions et de leurs interprétations des événements. En somme, ils leur facilitent la tâche.

RAPPEL

Dans ce chapitre, nous avons d'abord défini la communication de masse. Il s'agit d'une communication unidirectionnelle qui se réalise au moyen des médias de masse. Ceux-ci permettent à un unique destinateur (qui, en fin de compte, est le média lui-même) d'émettre un message qui atteint simultanément un très grand nombre de personnes.

Ces caractéristiques se combinent pour créer une communication pouvant provoquer des effets chez les destinataires. Aussi, pour la plupart, les études sur la communication de masse visent-elles à déterminer la nature et la portée des effets chez les individus qui *s'exposent* aux médias.

Enfin, nous avons examiné sept modèles de la relation médias de masse/individus, dont nous résumerons les caractéristiques dans un tableau.

TABLEAU 1.1 **Récapitulation du chapitre 1**

MODÈLES	PRINCIPES DE BASE	SITUATION DES MÉDIAS Relations médias-individus	EFFETS DES MÉDIAS à court terme
1900-30 **Stimulus-réponse**	Stimuli puissants, les médias entraînent des réactions prévisibles chez les individus.	Lien d'influence direct et fort	Peuvent provoquer ou modifier des comportements.
1930-60 **« Two-Step-Flow »**	L'influence des médias s'exerce en deux étapes.	Influence filtrée par le groupe d'appartenance ou le leader	Effet de renforcement, surtout, ni très fort ni très négatif
« Uses and Gratifications »	Examine les causes du recours aux médias.	La fonction des médias est de répondre à certains besoins des individus.	

MODÈLES	PRINCIPES DE BASE	SITUATION DES MÉDIAS Relations médias-réalité sociale	EFFETS DES MÉDIAS à long terme
« Agenda-Setting »	Les médias fixent l'ordre d'importance des préoccupations sociales.	Schématisation de la réalité sociale	Construits petit à petit, ces effets portent sur les systèmes de valeurs, les croyances, les schèmes de comportement à l'échelle sociale.
1960 @ maint. **Socialisation**	Enseignent les normes et valeurs de la société.	Présentation de la réalité sociale	
Définition et construction de la réalité sociale	Présentent des produits médiatisés construits à partir de quelques éléments de la réalité.	Interprétation de la réalité sociale	
Contrôle social	Montrent comment le pouvoir est distribué.	Maintien d'une vision de la réalité sociale	

LES IMPACTS SOCIAUX DES NOUVELLES TECHNOLOGIES D'INFORMATION ET DE COMMUNICATION

INTRODUCTION

De façon générale, l'adjectif *nouveau, nouvelle* s'emploie pour qualifier une chose qui vient de paraître. Dans ce sens, le terme *nouvelles* ne serait pas tout à fait approprié pour caractériser des technologies dont le premier et principal représentant, l'ordinateur, a été inventé en 1946[1].

Pourtant, à l'instar de plusieurs auteurs, c'est le générique *nouvelles technologies* que nous utiliserons dans ce chapitre pour désigner l'ordinateur, les systèmes de vidéotex, de conférence par ordinateur, de courrier électronique, de base de données, ainsi que le magnétoscope, la télévision par câble interactif et le système de vidéodisque.

En effet, il faut entendre *nouvelles* dans un sens relatif. D'abord, dans l'histoire des technologies de communication, ces nouvelles technologies sont effectivement les plus récentes. Ensuite, ce n'est pas tant cet aspect que l'on veut souligner par *nouvelles* que leur différence par rapport aux technologies précédentes (notamment les médias de masse). Leur nouveauté (leur différence) réside dans le fait qu'elles permettent à une gamme croissante d'activités de communication d'être prises en charge par des appareils qui traitent désormais les informations sous forme numérique plutôt qu'analogique.

Que représente ce changement purement technique? Selon plusieurs théoriciens de la communication, il signifie une modification dans la nature même de la communication médiatisée. Pour eux d'ailleurs, tout nouveau moyen de communication modifie la nature de la communication qui prévalait avec les moyens précédents.

Ainsi, en fixant la parole, l'écriture a permis de communiquer en différé. Par la reproduction, l'imprimerie a ouvert la voie à la communication de masse, qui s'est totalement épanouie grâce aux technologies électroniques (notamment la radio et

---

1. Le premier ordinateur, l'E.N.I.A.C. (Electronic Numerical Integrator and Computer), qui occupait la surface d'une centaine de mètres carrés, a été construit par John Mauchly et Prosper Eckert à l'Université de Pennsylvanie.

la télévision); en favorisant une communication rapide entre destinateur et destinataires séparés par de très grandes distances, ces technologies ont permis à des personnes éloignées (géographiquement, mais aussi socialement) et isolées les unes des autres de vivre la même expérience de communication ou, du moins, de recevoir le même message.

À leur tour, les nouvelles technologies permettent à un employé d'une banque de vérifier le solde bancaire d'un client d'une succursale d'une autre ville, à un étudiant de consulter le fichier d'une bibliothèque d'une autre université, à un agent de voyage de réserver des places dans un avion, et tout cela, par la simple pression de quelques touches du clavier d'un ordinateur, sans parler à personne, sans téléphoner, sans manipuler de documents, mais en interagissant avec la machine. Il ne s'agit là que d'exemples parmi les plus ponctuels et les plus évidents. De façon globale, les nouveaux systèmes de communication remplaceront les systèmes plus traditionnels ou, du moins, en transformeront l'usage. Et tous ces bouleversements exigeront de la part des sociétés qui implantent ces nouvelles techniques la réorganisation des communications à une échelle tant nationale que locale.

Il est à noter que, de la part des chercheurs en communications, ces constatations et prédictions sont relativement récentes. En effet, ils n'ont commencé qu'au début des années 70 à s'intéresser aux nouvelles technologies. Ce sont des chercheurs de disciplines différentes, informatique, éducation et sciences sociales, qui, depuis le début des années 60, analysaient les nouvelles technologies.

Plusieurs chercheurs en sciences sociales (notamment Daniel Bell, 1973; Alain Touraine, 1969; Jean-Jacques Servan-Schreiber, 1967; Alvin Toffler, 1980) ont d'ailleurs vu dans les nouvelles technologies le principal agent d'une transformation sociale radicale. D'une société où l'élément central était l'énergie et où la majeure partie de la main-d'œuvre était employée à la production industrielle, nous allions passer à une société basée sur l'information et le savoir, où la majeure partie de la main-d'œuvre serait employée à traiter et à communiquer cette information et ce savoir. Nous allions passer d'une société industrielle à une société de l'information.

Bien que d'autres auteurs (notamment Braverman, Louis Quéré, Dupuy, Glodthorpe) mettent en doute la nouveauté de la société de l'information et en critiquent la vision idéalisée[2], ils s'entendent avec les précédents sur certains points : qu'une nouvelle forme d'organisation sociale émerge ou non, les nouvelles technologies ont et auront dans l'avenir des impacts importants au plan de l'économie, de la productivité, de l'organisation du travail, de l'allocation des ressources et, surtout, des modes de production et de transmission du savoir.

C'est donc non seulement au niveau communicationnel, mais au niveau social que l'on constate et que l'on prévoit des répercussions à la suite de l'implantation des nouvelles technologies. Le défi de la société est de taille : elle doit voir à ce que ces répercussions, ces impacts soient avantageux pour l'ensemble de ses membres. Et une des tâches de la recherche est justement d'évaluer la nature et l'étendue des impacts des nouvelles technologies, d'abord pour comprendre la transition que nous vivons, mais aussi dans le but d'élaborer des moyens d'intervention qui permettront de contrôler les impacts. Tâche difficile s'il en est : d'une part, nous sommes encore dans une phase d'implantation; d'autre part, les impacts que l'on prévoit sont à long terme et ceux que l'on constate maintenant n'ont pas fini d'évoluer.

Dans ce chapitre, nous donnerons un aperçu des principales préoccupations des chercheurs en communication au sujet de ce phénomène que constitue l'avènement des nouvelles technologies. Dans un premier temps, nous décrirons quelques-unes des nouvelles technologies. Ces descriptions de type technique et pratique nous permettront de rendre compte de leurs possibilités et nous amèneront à saisir leurs particularités communicationnelles. Autrement dit, à partir des caractéristiques techniques et pratiques des nouvelles technologies, nous déterminerons les caractéristiques du type de communication qu'elles permettent de pratiquer.

---

2. Vision idéalisée : société de l'information telle que la présentent non seulement plusieurs auteurs, mais aussi le discours politique, dans lequel seuls les aspects positifs des technologies sont envisagés.

Dans un deuxième temps, nous verrons que ces caractéristiques communicationnelles exigent de la part des chercheurs en communication qu'ils modifient leur perspective d'analyse. La recherche des effets ne convient plus vraiment à la communication informatisée[3]. Aussi, présenterons-nous les deux principaux sujets d'étude des chercheurs qui s'intéressent aux nouvelles technologies : la diffusion et l'adoption des nouvelles technologies et les impacts sociaux des nouvelles technologies.

Ces deux premières sections portent sur le courant de pensée dominant la recherche en communication lorsqu'elle traite des nouvelles technologies. Dans un troisième temps, nous présenterons brièvement une critique de ce courant.

LES CARACTÉRISTIQUES DES NOUVELLES TECHNOLOGIES

Dans cette section, nous décrirons d'abord quelques-unes des nouvelles technologies les plus connues : l'ordinateur, les systèmes de courrier électronique, de conférence par ordinateur, de base de données, la télévision par câble interactif, le système de vidéotex, le magnétoscope et le système de vidéodisque. Même si nous fournirons certains détails techniques, nous nous concentrerons davantage sur l'aspect fonctionnel de ces technologies, à savoir ce qu'elles permettent de faire. À partir de ces descriptions, nous dégagerons ensuite des caractéristiques communes qui nous permettront de cerner ce type de communication que nous avons appelé communication informatisée.

Les aspects techniques et pratiques

De façon générale, les nouvelles technologies d'information et de communication sont des technologies informatisées, c'est-à-dire que les données et les informations y sont traitées par

---

3. Désormais, nous emploierons le terme « communication informatisée » pour désigner le type de communication qui s'effectue grâce aux nouvelles technologies.

la micro-électronique. Il est fréquent d'entendre dire que c'est la recherche et le développement dans le domaine de l'électronique qui ont permis l'invention de technologies comme l'informatique. Or, si les premiers ordinateurs étaient effectivement électroniques, c'est à la miniaturisation des divers dispositifs électroniques — au développement de la micro-électronique, donc — que l'on doit, d'une part, le développement des nouvelles technologies dont on parle aujourd'hui et, d'autre part, leur diffusion rapide dans tous les secteurs de la société. Aussi, avant même de présenter et de décrire ces technologies, examinerons-nous sommairement les étapes du développement de ce qui les rend possibles : la micro-électronique.

Du tube à vide au microprocesseur

Jusqu'au début des années 50, la composante essentielle des appareils électroniques était le tube à vide. Le tube à vide est un amplificateur, un dispositif qui augmente l'amplitude des oscillations électriques d'un signal électrique, lui fournissant ainsi une puissance de sortie supérieure à sa puissance d'entrée. Cette augmentation de l'amplitude des oscillations électriques est le principe de base de l'électronique.

Or, ce type de tubes — communément appelés lampe — présentait quelques inconvénients : il produisait beaucoup de chaleur, utilisait beaucoup d'énergie électrique, sautait fréquemment et occupait beaucoup d'espace.

C'est en 1947, au laboratoire Bell (New Jersey, États-Unis) que trois ingénieurs — William Shockley, John Bardeen et Walter Brattain — ont découvert un nouveau dispositif, le transistor, qui, tout en remplissant les mêmes fonctions que le tube à vide, était d'une plus grande fiabilité, nécessitait moins de courant électrique, produisait peu de chaleur et, surtout, était de dimension beaucoup plus petite.

Un transistor est un morceau de silicium traité pour acquérir certaines caractéristiques électriques. Se trouvant en abondance dans la nature sous forme de caillou, le silicium à l'état pur n'est pas conducteur (il ne laisse pas passer l'électricité).

Toutefois, si l'on diffuse d'infimes quantités (des atomes, en fait) de bore et de phosphore dans des régions bien définies du morceau de silicium, on lui fait perdre sa neutralité électrique.

En effet, le courant électrique correspond à la circulation d'électrons d'une région où il y en a trop vers une région où il n'y en a pas assez. Et justement, l'association du phosphore et du silicium produit un surplus d'électrons, alors qu'au contraire, l'association du bore et du silicium produit un manque d'électrons. Le courant (les électrons) circule donc de la région contenant du phosphore à la région contenant du bore, mais non dans le sens inverse. Cette addition d'impuretés fait du silicium un semi-conducteur — sorte de minuscule interrupteur — qui n'a que deux états : il laisse le courant passer ou l'empêche de passer.

En remplaçant le tube à vide (ce qui n'a été possible commercialement qu'en 1952), le transistor a rendu les appareils électroniques un peu plus compacts. Pas tellement plus, toutefois, car un appareil était constitué de plusieurs transistors et d'un grand nombre d'autres composantes, comme les résistances, qui, une fois reliées, occupaient encore beaucoup d'espace.

C'est à la fin des années 50 que l'on a miniaturisé ces assemblages; c'était le début du circuit intégré. Le morceau de silicium traité pour former un transistor s'appelait une puce. Grâce à la miniaturisation, il a été possible de relier plus d'un transistor sur une même puce (sur le même morceau de silicium). Avec les années, on y a également intégré d'autres composantes électroniques, comme les résistances et les diodes (d'où le nom de circuit intégré). Alors qu'en 1960 une puce contenant un seul transistor occupait la surface d'un millimètre carré et coûtait environ dix dollars, aujourd'hui, une puce contenant plus de cent mille composantes et leurs interconnexions ne mesure pas plus de cinq millimètres carrés, et un transistor de cette puce coûte une fraction de cent.

Le microprocesseur[4] est une forme particulière de circuit à très forte densité d'intégration : il peut être programmé pour effectuer un grand nombre de fonctions fort complexes et, ce qui est très important, il tient sur une seule puce. C'est le microprocesseur — minuscule cerveau construit par l'homme et vendu à un prix abordable — qui est au cœur de la révolution de l'information.

Compatible avec toutes sortes de pièces d'équipement électronique, le microprocesseur a permis l'invention des technologies les plus diverses (du four à micro-ondes au guichet automatique) ainsi que la transformation (souvent dans le sens d'une augmentation de puissance et de vitesse) de technologies existantes.

Le microprocesseur est donc l'élément de base des nouvelles technologies. Chaque famille de nouvelles technologies a cependant certaines caractéristiques. Ainsi, bien que nous ayons défini les nouvelles technologies de communication et d'information comme des technologies informatisées, il serait plus précis de dire qu'elles résultent du mariage de l'informatique et des télécommunications (notamment le téléphone et la télévision).

Cette rencontre fait en sorte que des instruments que l'on pouvait considérer comme tout à fait indépendants — par exemple, le téléphone et le micro-ordinateur — sont désormais combinés pour former de nouveaux moyens de communication, par exemple, les réseaux informatisés. C'est cette intégration qui permettra et qui permet déjà d'offrir de nouveaux services de communication, de transformer des services plus traditionnels et même d'en abolir certains.

---

4. C'est en grande partie pour répondre aux besoins du secteur de la défense militaire des États-Unis que les chercheurs et les ingénieurs se sont penchés sur la miniaturisation des circuits électroniques. En effet, après la Seconde Guerre mondiale, les militaires ont eu recours aux laboratoires de recherche industrielle pour trouver le moyen de réduire le poids et le volume de l'équipement et de l'armement, principales préoccupations des militaires.

Mais n'anticipons pas : ces répercussions appartiennent au domaine de l'*impact* des nouvelles technologies — objet d'une section ultérieure du présent chapitre.

Pour le moment, examinons d'un peu plus près quelques-unes de ces nouvelles technologies d'information et de communication.

L'ordinateur

L'ordinateur seul n'est pas un instrument de communication, au sens où il permettrait à plusieurs personnes de communiquer, mais bien un appareil électronique de traitement de l'information avec lequel il est possible d'interagir. C'est lorsque plusieurs ordinateurs sont reliés entre eux qu'ils deviennent des outils de communication (nous y reviendrons). Toutefois, l'ordinateur est un élément essentiel des autres technologies que nous décrirons. C'est pourquoi nous donnons ici un aperçu de son fonctionnement. Le siège du traitement de l'information dans l'ordinateur est l'unité centrale (soit le microprocesseur qui, comme nous l'avons dit plus haut, peut tenir sur une puce). Cette unité centrale effectue des calculs et des opérations logiques selon des instructions fournies par deux types de programme.

Le premier type de programme — le système d'exploitation — se trouve dans la mémoire permanente (Read Only Memory, ROM) et est fourni avec l'ordinateur par le constructeur. Il comprend les instructions qui assurent le fonctionnement global de l'ordinateur.

Le second type de programme — le logiciel d'application — est chargé dans la mémoire à accès direct (Random Access Memory, RAM). Il comprend les instructions pour la réalisation d'une tâche spécifique, d'un traitement d'information particulier — le traitement de texte, la comptabilité, la gestion, par exemple — et, de ce fait, détermine (momentanément) la nature du traitement effectué par l'ordinateur. D'une certaine façon, la mémoire à accès direct constitue un espace vide prévu pour recevoir différents programmes, soit, comme c'est souvent le cas, ceux qui sont déjà faits et que l'on peut acheter sous forme de disquettes, soit les instructions de l'utilisateur qui connaît un langage de programmation. C'est également cette mémoire qui accepte les données à traiter.

Ces organes centraux (mémoires et unité centrale) sont reliés aux organes périphériques (le mot *périphérique* est d'ailleurs devenu un substantif) par des canaux, des dispositifs électroniques qui servent à faire circuler les informations. Les principaux périphériques sont les organes d'entrée et de sortie (généralement, le clavier, l'écran cathodique et l'imprimante) et les lecteurs de disquettes[5].

Un de ces lecteurs reçoit la disquette contenant le logiciel d'application (la disquette-programme); il y lit les instructions et en charge la mémoire vive. L'autre lecteur reçoit une disquette vide où seront enregistrées les données traitées; en quelque sorte, ce deuxième lecteur écrit sur la disquette des informations qu'il pourra ensuite lire.

Pour effectuer, par exemple, du traitement de texte avec un micro-ordinateur, l'utilisateur insère d'abord une disquette-programme dans un des deux lecteurs de disques. Ce lecteur charge la mémoire vive des instructions qui permettront à l'ordinateur d'effectuer certaines tâches (établir des marges, centrer un titre, mettre des notes en bas de page, déplacer des blocs de texte, etc.) lorsque l'utilisateur appuiera sur certaines touches du clavier (touches-fonctions). L'utilisateur entre ensuite les données à traiter (habituellement un texte), comme il le ferait avec une machine à écrire traditionnelle, c'est-à-dire en tapant sur les touches du clavier (touches-lettres).

---

5. Il est à noter que la description qui suit fait référence à une première génération d'ordinateurs qui contiennent deux lecteurs de disquettes. De nos jours, la majorité des ordinateurs qui sortent sur le marché (la deuxième génération) ne contiennent qu'un lecteur de disquettes. Les instructions des programmes contenues autrefois sur une disquette sont intégrées à l'ordinateur. On fait référence à ces ordinateurs en disant qu'ils possèdent un disque dur. Notons que ce disque dur a une mémoire très puissante et qu'il peut enregistrer les données traitées (autrefois enregistrées sur disquette).

Ces données sont conservées dans la mémoire vive de l'ordinateur jusqu'à ce que l'utilisateur ferme l'ordinateur (il perd alors ses données) ou jusqu'à ce qu'il appuie sur une touche de fonction particulière qui commandera à l'ordinateur d'enregistrer les données traitées sur la seconde disquette préalablement insérée dans l'autre lecteur de disquettes. C'est à ce moment que le lecteur écrira les informations sur la disquette.

Comme nous l'avons précisé plus haut, le second lecteur peut également lire. C'est le cas lorsque l'utilisateur veut, par exemple, consulter un texte enregistré sur une disquette-données : afin de mettre le texte en question à la disposition de l'utilisateur, le lecteur de disquettes doit d'abord le récupérer en le lisant.

Dans le processus de traitement de texte, l'utilisateur interagit avec l'ordinateur. Ainsi, tous les logiciels sur le marché ont programmé l'ordinateur de telle sorte que, avant d'effectuer certaines fonctions, il interroge l'utilisateur (ses questions apparaissent au bas de l'écran); on répondra alors en tapant sur le clavier (le plus souvent par « oui » ou par « non »). Pourtant, on ne saurait vraiment encore parler ici de communication avec l'ordinateur. C'est seulement lorsque plusieurs ordinateurs sont reliés en réseaux qu'ils deviennent vraiment des instruments de communication.

Les réseaux informatiques

L'idée de communiquer par l'ordinateur remonte au début des années 70. À cette époque, l'ordinateur coûtait trop cher pour que le simple consommateur puisse s'en procurer un. Seules les grandes entreprises, les institutions gouvernementales et sociales, ainsi que les universités en possédaient. Pourtant, cet instrument devenant de plus en plus nécessaire pour tous, il fallait trouver un moyen d'en élargir l'accès sans encourir de trop grandes dépenses. C'est ainsi que naquit l'idée de disposer des *terminaux* d'ordinateurs (ni plus ni moins un clavier et un écran) à divers endroits d'un immeuble où se trouvait un ordinateur et de relier ces terminaux à l'unité centrale de l'ordinateur.

Cette unité pouvait effectivement traiter les données provenant de différents terminaux de façon simultanée; en quelque
sorte, elle partageait son *temps de travail* entre les différents
utilisateurs. Un peu plus tard, on put même relier à l'unité
centrale d'un ordinateur des terminaux installés ailleurs que
dans l'immeuble où se situait cette unité centrale. Avec le
développement de la micro-électronique et la baisse du coût
des équipements informatiques, les micro-ordinateurs ont de
plus en plus remplacé les terminaux. Puisqu'on pouvait relier
les terminaux entre eux, on pourrait également relier les
micro-ordinateurs entre eux et s'en servir comme instruments de communication.

L'appareil utilisé pour relier les ordinateurs entre eux est le
modem (abréviation de modulateur/démodulateur). Dispositif
de la taille d'une boîte de cigares, le modem est un périphérique qui branche l'ordinateur aux lignes téléphoniques. Il agit
en quelque sorte comme traducteur des signaux informatiques (numériques) en signaux pouvant être transmis par
lignes téléphoniques (prioritairement construites pour la
communication analogique); telle est sa fonction de
modulateur. Une fois arrivés à destination (c'est-à-dire à un
autre ordinateur), les signaux téléphoniques sont retransfor-
més en signaux informatiques par un autre modem — c'est la
fonction de démodulateur — de sorte qu'ils pourront être
traités par le second ordinateur[6].

Voyons maintenant ce qu'il est possible de faire à partir d'un
ordinateur muni d'un modem (évidemment relié à un autre
ordinateur également muni d'un modem). Nous traiterons de
trois processus de communication : la communication avec
un autre individu par courrier électronique, la participation à
une conférence par ordinateur et l'accès aux bases de
données.

---

6. Un modem n'est nécessaire que pour relier les ordinateurs qui ne sont
   pas dans un même immeuble (par exemple, l'ordinateur du bureau et
   celui de la maison), puisqu'ils ne peuvent communiquer qu'en utilisant
   les lignes téléphoniques. Dans un même immeuble, un réseau particulier, différent du réseau téléphonique, assure la circulation des
   messages.

Ce n'est généralement pas de façon directe que l'utilisateur communique avec un autre individu, consulte une base de données ou participe à une conférence par ordinateur. Il doit le plus souvent passer par ce que l'on appelle un réseau transporteur (qui transmettra les données informatiques par *paquets*). Il s'agit d'une entreprise publique ou privée qui gère la transmission des données informatiques et dirige la circulation des messages. Le transporteur met l'utilisateur en contact avec un ordinateur *serveur*, qui offre divers services de communication, comme le courrier électronique, la conférence par ordinateur ou l'accès aux bases de données. L'utilisateur indique le service qu'il veut rejoindre au moyen d'un code numérique. Le transporteur le met ensuite en liaison avec ce service.

Dans le cas d'un service *grand public*, on demande alors à l'utilisateur de donner son nom. L'utilisateur compose alors non seulement son nom (ou un pseudonyme), mais aussi un mot de passe. Apparaît ensuite à l'écran un menu de services[7] qui pourra comporter le courrier électronique, la conférence, la conversation directe avec un autre abonné ou l'accès à des bases de données (vu l'envergure de ce dernier type de services, certains serveurs se spécialisent dans cet unique domaine).

L'utilisateur n'a alors plus qu'à sélectionner le service qui l'intéresse en appuyant sur une touche du clavier de son ordinateur (il s'agira habituellement d'un chiffre correspondant au service en question dans le menu affiché à l'écran). Notons que, dans le cas de services propres à un secteur professionnel et non au grand public, les options sont plus limitées et l'utilisateur n'aura souvent accès qu'à une seule fonction.

Le courrier électronique sert à faire circuler des messages entre des utilisateurs abonnés au même serveur; il s'agit ni plus ni moins d'un service postal sans papier ni délai de livraison. Lorsque l'utilisateur sélectionne la fonction *courrier*

---

7. « Menu » est le vocable informatique pour « Liste de services disponibles ».

électronique au menu offert par le serveur, ce dernier lui demande l'identité du destinataire. L'utilisateur donne le nom du destinataire ou son pseudonyme et tape un message. Le serveur enregistre alors le message et indique à l'utilisateur que son message a été envoyé. À l'autre bout, le destinataire sera en mesure de lire le message dès qu'il vérifiera s'il a reçu du courrier. Le cas échéant, il pourra répondre en utilisant la même méthode.

La marche à suivre est un peu plus longue dans le cas de la conférence par ordinateur, car l'utilisateur doit franchir un certain nombre d'étapes avant de participer à une conférence. Voyons comment cela se passe pour un utilisateur qui voudrait, par exemple, participer à une conférence portant sur le logiciel WordPerfect (traitement de texte). Lorsque, devant la liste des services que lui offre le serveur, l'utilisateur choisit la fonction *conférence,* le serveur fait apparaître à l'écran un menu des sujets généraux de conférence en cours, par exemple : informatique, éducation, philosophie, etc. Notre utilisateur, qui s'intéresse au logiciel WordPerfect, sélectionne donc le sujet *informatique*; un deuxième menu apparaît alors, qui offre la liste des sujets de conférences portant sur l'informatique : types d'ordinateurs, types de logiciels, applications, etc. (cette liste est évidemment purement fictive; elle n'est proposée qu'à titre d'illustration).

Dès que l'utilisateur sélectionne un point de ce deuxième menu, ici *types de logiciel,* un nouveau menu s'affiche, proposant une liste de sujets de conférences portant sur les types de logiciel : traitement de texte, comptabilité, etc. L'utilisateur sélectionnera *traitement de texte* et un quatrième menu remplacera le précédent pour indiquer une liste des sujets de conférences portant sur les traitements de texte : WordPerfect, WordStar, MicrosoftWord, etc. L'utilisateur n'aura qu'à choisir *WordPerfect* et, à supposer qu'il n'y ait qu'une conférence sur le logiciel WordPerfect, il pourra alors participer à cette conférence.

Lorsque, comme c'est le cas de notre exemple, le choix se fait du général au particulier, on parle d'une structure en *arbre.* On aura compris que plus il y a de conférences simultanées sur un même sujet, plus longue est la méthode pour accéder à une conférence particulière.

Dans la conférence par ordinateur, les participants s'échangent des messages en les tapant sur le clavier de leur ordinateur respectif. Ces messages apparaissent l'un à la suite de l'autre, sur l'écran de l'ordinateur de chaque participant. La source du message (le nom du participant ou un pseudonyme) ainsi que le moment (heure et date) de chaque intervention, sont indiqués. De plus, tous ces messages sont enregistrés dans la mémoire de l'ordinateur du serveur. Ainsi, un participant peut se retirer de la conférence à tout moment sans risquer d'en perdre le fil : lorsqu'il voudra y revenir, il pourra savoir ce qui a été dit depuis sa dernière intervention, par qui et à quel moment, en demandant au serveur de lui fournir la liste des échanges. L'un des avantages de la conférence par ordinateur consiste justement dans le fait que les participants n'ont pas à être *présents* en même temps.

Revenons à notre exemple. Puisque c'est la première fois que l'utilisateur participe à la conférence sur le logiciel WordPerfect, il est fort probable qu'il consulte d'abord ce qui a été dit jusqu'à ce moment. Ce faisant, il pourra connaître le nombre de participants, savoir qui ils sont, où ils sont, depuis combien de temps dure la conférence, qui est intervenu la dernière fois et quand cette dernière intervention a eu lieu. Notre utilisateur écrira alors ce qu'il a à dire, posera une question, etc. Si d'autres participants sont branchés sur la conférence en même temps que lui, ils pourront échanger leurs opinions avec lui et répondre à ses questions. Si personne d'autre n'est présent, il n'aura qu'à laisser son message et revenir plus tard. Une conférence par ordinateur peut ainsi s'étendre sur plusieurs jours, plusieurs semaines, voire plusieurs mois.

Notons enfin que la conférence de notre exemple est de type public. Dans ce cas, il s'agit d'individus partageant un intérêt commun qui se laissent des messages ou conversent librement plutôt que de participer à une véritable conférence. Il existe également des conférences de type privé dont l'accès est limité à certaines personnes et qui sont, pour la plupart, organisées à l'avance.

Par exemple, les membres de trois filiales d'une compagnie multinationale (situées à Montréal, Boston et Los Angeles) décident d'entreprendre un certain projet à long terme. Ils s'envoient mutuellement des documents relatifs à cette affaire et en prennent connaissance. Or, il ne s'agit là que de renseignements de base et chacun doit effectuer ses propres recherches. Puisque ce projet n'est pas urgent, il n'est pas nécessaire que les partenaires se rencontrent ou se téléphonent chaque fois qu'ils ont des éléments neufs à apporter. D'ailleurs, ce n'est qu'après avoir accumulé un certain nombre de renseignements qu'il vaudra la peine de négocier. Dans ce cas, la conférence de type privé sera tout à fait appropriée : elle servira de réserve d'informations, les participants pourront y avoir accès à leur guise, ils seront au courant des mêmes faits, ils pourront en discuter *en différé*, s'indiquer des pistes de recherche. Ils n'auront à se rencontrer qu'au moment des négociations plus serrées.

Dans la conférence par ordinateur, les participants sont relativement isolés : ils ne voient pas les autres participants et n'entendent même pas leur voix. Aussi, les messages fournis par les mouvements du corps, les expressions faciales ou le ton de la voix, par exemple, sont absents. Ce fait amène plusieurs chercheurs à s'interroger sur l'importance de la communication non verbale : Quand est-elle nécessaire? Quand son absence affecte-t-elle l'efficacité de la communication? Les rares études menées à ce jour dans ce domaine semblent démontrer que ce mode de communication est approprié à l'échange d'idées, mais non à des réunions ponctuelles visant, par exemple, la résolution de problèmes (Rogers, 1986).

Une base de données est une réserve d'informations organisée. Une bibliothèque est une base documentaire où les *données* (livres, périodiques, etc.) sont traitées (c'est-à-dire classées et consultées) manuellement. Pourtant, lorsqu'on parle de base de données, on sous-entend habituellement une réserve d'informations *informatisées* : les données y sont traitées par ordinateur; et ce sont non seulement les fichiers, mais les ouvrages eux-mêmes qui sont enregistrés dans la mémoire du serveur.

Alors que dans les précédents services, les utilisateurs produisaient eux-mêmes l'information, dans le cas des bases de données un producteur s'en charge. Le producteur est un organisme (une bibliothèque, une université, une institution scientifique, par exemple) qui fournit la documentation nécessaire à la création de la base de données. Selon le type de producteur, les bases de données sont destinées à l'usage du grand public ou à des usages plus spécialisés.

Lorsqu'un utilisateur veut avoir accès à une base de données particulière, il passe d'abord par le serveur spécialisé dans l'offre de ce service, en suivant le mode d'action que l'on a déjà exposé. Comme dans le cas des deux services décrits précédemment, l'utilisateur donne son identité (nom ou pseudonyme et mot de passe) et indique la base de données à laquelle il veut avoir accès. La recherche bibliographique qui suit correspond à une espèce de dialogue entre l'utilisateur et la base de données. L'utilisateur ne fait ni plus ni moins qu'interroger la base de données qui lui répond.

Notons que ce jeu de questions et réponses suppose chez l'utilisateur la connaissance d'un certain langage et d'une certaine syntaxe. C'est la banque de données qui fournit habituellement les indications concernant ce langage et la marche à suivre pour effectuer la recherche.

Par exemple, l'utilisateur peut procéder à une recherche par auteur : il demande à la base de lui indiquer le titre de tous les ouvrages écrits par tel auteur. Il peut aussi procéder à une recherche par sujet : il demande alors à la base de lui fournir le titre des ouvrages traitant d'un domaine particulier; l'utilisateur emploie alors des mots clés, dont l'ordinateur et la base de données se serviront pour circonscrire le domaine de recherche. Dans certains cas, l'utilisateur peut demander une copie des textes qui l'intéressent (ces textes sont alors imprimés sur sa propre imprimante ou on les lui envoie par la poste).

L'intérêt d'un système de base de données est évident. D'abord, la masse d'articles et d'ouvrages pouvant y être classés est aussi importante que dans une bibliothèque traditionnelle. Ensuite, le classement y est beaucoup plus précis et beaucoup plus fiable. Enfin, la consultation (et, souvent, l'obtention des documents) y est nettement plus rapide.

Les trois processus de communication que nous venons de décrire brièvement contribuent directement à la formation des réseaux informatisés. Dans les ouvrages américains, on réfère à la formation des réseaux informatisés en utilisant le terme *networking.* Par ce vocable, il faut entendre deux réalités bien distinctes : d'une part, il s'agit de réseaux matériels, c'est-à-dire des ensembles plus ou moins permanents de voies de communication électronique; d'autre part, de réseaux humains, c'est-à-dire, de groupes d'individus qui sont en relation (de façon plus ou moins permanente) en vertu de leurs intérêts communs et de leur intérêt pour la communication informatisée.

On imagine très bien qu'un réseau puisse se former à partir d'un simple échange par courrier électronique. Utilisant le courrier électronique, un individu A pose une question sur un sujet particulier à un individu B qui a de bonnes connaissances en la matière. B lui fournit non seulement une réponse, mais aussi des références. A recourt alors à une base de données, s'y documente et, son intérêt grandissant pour le sujet en question, décide de vérifier s'il n'y aurait pas une conférence par ordinateur à ce propos. Il découvre qu'il en existe plusieurs, participe à une de celles-ci, fait la connaissance d'autres amateurs et communique de nouveau avec B pour l'informer de l'existence de ces conférences. À son tour, B participe à une autre conférence, fait lui-même la connaissance d'autres amateurs et tient A au courant de ses découvertes. Ce dernier en informe les autres participants. Ceux-ci manifestent leur intention de participer à cette autre conférence et ainsi de suite. Peu à peu, tous ces individus en viendront à communiquer ensemble.

Bien sûr, de tels réseaux peuvent se former par d'autres moyens de communication : rencontre lors de colloques ou de congrès, poursuite des liens par téléphone et correspondance. Or, les interactions par le biais des colloques, des congrès et du téléphone nécessitent la présence simultanée de ceux qui interagissent. Les participants aux colloques doivent se déplacer et les destinataires de messages doivent être là quand le téléphone sonne. Quant aux interactions par courrier traditionnel, elles entraînent souvent de longs délais. Par la communication informatisée, des personnes très éloignées les unes des autres communiquent rapidement, sans avoir à utiliser le moyen de communication en même temps et, ce qui peut être important pour certains, en ayant la liberté de garder un certain anonymat. Le fait est que la communication informatisée décuple la possibilité de former des réseaux de communication.

Le câble interactif

Comme il en est de plusieurs nouvelles technologies de communication, le système de câble interactif est le résultat de l'application de l'informatique à une technologie plus traditionnelle. Ici, la technologie plus traditionnelle est le système de câble unidirectionnel. Nous décrirons d'abord ce dernier, car il faut d'abord savoir comment fonctionne le câble unidirectionnel pour comprendre le câble interactif.

Aux États-Unis, la câblodistribution existe depuis les années 40. Pendant trente-cinq ans, elle n'a eu pour fonction que d'améliorer la qualité de la réception télévisuelle des appareils installés dans les foyers situés aux frontières du périmètre de diffusion des stations émettrices. À partir de 1975 cependant, les câblodistributeurs ont pu offrir à leurs abonnés une toute nouvelle programmation en leur donnant accès à des chaînes supplémentaires (moyennant des frais). Voyons comment cela est possible.

Tout système de câblodistribution comprend quatre éléments : la programmation disponible, le système central, le système de distribution et le point de chute.

Seule une faible partie de la programmation offerte par câble provient des studios appartenant au câblodistributeur; cette partie de la programmation est composée d'émissions d'informations locales ou de bulletins météorologiques. La plus grande partie des programmes provient de stations de télévision travaillant, par ailleurs, pour leur propre compte.

Ces stations sont souvent trop éloignées de la région que dessert le câblodistributeur pour que les signaux qu'elles émettent puissent être captés par les antennes d'un téléviseur. C'est justement la tâche du câblodistributeur d'amener ces signaux jusque dans les foyers. Pour y parvenir, il a recours aux micro-ondes — système de communication à haute fréquence, semblable à celui dont se servent les compagnies de téléphone pour transmettre un appel interurbain. Il peut aussi se servir du satellite de communications. Le satellite, qui est fixé dans l'espace à environ 37 000 kilomètres (23 000 milles) au-dessus de la terre, agit comme relais : il capte des signaux émis à un endroit de la Terre, notamment par une station de télévision, amplifie ces signaux, en change la fréquence et les retransmet à un autre point de la Terre, où les câblodistributeurs les reçoivent par antenne parabolique.

Cette antenne transmet les signaux à un système électronique (système central), qui les traite — notamment en filtrant l'interférence et en réduisant ou augmentant l'amplitude des signaux — avant de les diriger vers le câble central d'où ils pourront être distribués.

Le système de distribution est composé de ce câble central qui traverse la région desservie par le câblodistributeur, de ses embranchements qui acheminent les signaux vers des sous-régions (quartiers, grands immeubles à bureaux ou à logements) — jusqu'à des *points de chute*[8] qui relient l'embranchement au récepteur de télévision de chacun des abonnés.

Notons enfin qu'à mesure que les signaux s'éloignent du système central, ils perdent de leur puissance. Pour contrer cet effet, des amplificateurs doivent être disposés à divers points du système de distribution (notamment à la jonction du câble central et de chaque embranchement).

---

8. Un point de chute est, en fait, un câble qui entre dans la maison et est branché à l'antenne du récepteur de télévision par un dispositif appelé transformateur. Lorsque le système de câblodistribution offre plus de douze chaînes, le point de chute est relié à un décodeur qui, à son tour, est branché à l'antenne du téléviseur. Dans ce cas, c'est le décodeur qui permet de sélectionner les chaînes.

Dans un système de câblodistribution traditionnel, les signaux ne circulent que dans une direction : du système central au récepteur de télévision. Dans un système de câble interactif, les signaux peuvent circuler dans les deux directions. Cela est rendu possible par l'ajout de quelques éléments au système traditionnel ou par la transformation de certaines de ses composantes.

D'abord, les amplificateurs sont bidirectionnels. Il s'agit en fait d'amplificateurs doubles : un segment dirige les signaux vers le récepteur de télévision alors que l'autre dirige les signaux vers le système central.

Ensuite, un ordinateur est placé dans le système central. Cet ordinateur gère le flux d'informations qui entre dans le système central (en provenance des récepteurs de télévision) ou qui en sort (en direction des récepteurs). Il est muni d'un modem qui transforme les signaux en provenance des récepteurs (il s'agit d'ondes radio) en signaux numériques. À l'inverse, quand l'ordinateur est prêt à envoyer des messages en direction des téléviseurs, un autre modem transforme les signaux numériques en ondes radio.

Enfin, le décodeur branché au téléviseur de l'abonné dépasse sa fonction de simple sélectionneur de chaînes du système traditionnel; il devient un véritable terminal d'ordinateur, auquel est relié un mini-clavier[9] de la taille d'une calculatrice (certains mini-claviers effectuent un contrôle à distance; ils ne sont reliés par aucun fil au décodeur).

Voyons maintenant à quoi servent ou peuvent servir tous ces dispositifs. Comme le lien téléviseur/système central est bidirectionnel, le téléspectateur peut envoyer des signaux (en fait, des messages) au système central. Par exemple, durant certaines émissions des questions apparaîtront à l'écran, auxquelles le téléspectateur pourra répondre en appuyant sur les touches du mini-clavier. Notons que le mini-clavier numérique suffit pour répondre à des questions à choix multiples ou à des questions de type *oui/non*, mais non à faire

9. Mini-clavier : traduction libre de l'anglais *key-pad*.

des phrases. Par ailleurs, ce système permet également au câblodistributeur de mener des sondages d'opinion.

Le terminal auquel est relié le téléviseur envoie des signaux à l'ordinateur du système central de façon continue. Ces signaux contiennent des informations sur les chaînes sélectionnées, la durée d'écoute, etc. À un terminal un peu plus perfectionné, on peut également brancher des dispositifs de sécurité, comme le détecteur de fumée, le système d'alarme, le régulateur de chauffage. En l'absence des abonnés, ce terminal enregistre l'état des instruments et, de façon régulière, le rapporte à l'ordinateur central. Celui-ci a été programmé de sorte que, s'il constate une anomalie (baisse ou hausse importante de la température, déclenchement du détecteur de fumée ou du système d'alarme), il puisse faire le nécessaire : régler la température de la maison, communiquer avec la police ou les pompiers.

Par l'intermédiaire du câble interactif, il est aussi possible d'avoir accès à des services de renseignements ou de téléachat. Ces applications du câble en sont toutefois encore au stade expérimental. C'est davantage le système de vidéotex qui est en mesure d'offrir ce genre de services.

Le système de vidéotex

Le système de vidéotex établit un lien bidirectionnel entre un ordinateur offrant divers services d'information et, au choix, un terminal (par exemple, le Minitel, en France, ou Alex de Bell Canada) ou un micro-ordinateur muni d'un modem et d'un logiciel de télécommunication ou encore un récepteur de télévision adapté pour la télécommunication au moyen d'un décodeur. Les principales caractéristiques du vidéotex sont de deux ordres : d'une part, il fournit des informations graphiques, d'autre part, il vise le grand public. Par conséquent, il est facile à utiliser et occasionne des frais raisonnables. En effet, des études de marché ont démontré que les gens sont prêts à payer jusqu'à 20 dollars pour utiliser le vidéotex pendant cent minutes.

Examinons brièvement l'histoire du vidéotex. Depuis le début des années 70, un groupe de chercheurs du British Post

Office (l'équivalent britannique de Postes Canada, qui gère également le système téléphonique de la Grande-Bretagne) était préoccupé par le fait que, malgré l'existence des bases de données, le grand public n'avait pas vraiment accès aux services d'information (informatisés). Peu d'individus dits à revenus moyens possédaient un ordinateur (et encore moins un ordinateur relié à une base de données) et étaient prêts à payer l'abonnement à une base de données (jusqu'à 60 dollars l'heure) pour obtenir une information, d'ailleurs souvent trop spécialisée.

C'est pour résoudre ce problème que les chercheurs du British Post Office ont imaginé d'utiliser les lignes téléphoniques pour relier un ordinateur aux récepteurs de télévision, auxquels on ajouterait quelques composantes électroniques et un clavier. En 1974, ils lançaient le premier système de vidéotex : Prestel. À la suite de la Grande-Bretagne, le Canada, la France et le Japon ont développé leur propre système national de vidéotex. Il s'agit respectivement de Télidon, d'Antiope et de Captain. Les États-Unis, pour leur part, testent les systèmes étrangers dans certaines villes; le développement d'un système de vidéotex américain dépendra du succès de ces essais.

Le cœur d'un système de vidéotex est constitué d'un ordinateur central qui contient des milliers de pages d'informations fournies par diverses entreprises commerciales. Ainsi, dans le système de vidéotex français Télétel (le plus développé au monde), il existe présentement plus de 6 000 fournisseurs de services. N'importe quel type d'information (continuellement mise à jour) peut s'y trouver : des petites annonces aux horaires de cinéma et de théâtre, en passant par les conditions météorologiques, les résultats sportifs, les cours boursiers, des menus de restaurants, etc.

Pour obtenir de l'information par le système de vidéotex, l'utilisateur procède à peu près comme lorsqu'il veut avoir accès à une conférence par ordinateur. Ainsi, après avoir appuyé sur une touche de son clavier, il voit apparaître un menu à l'écran. Il sélectionne une rubrique à l'intérieur de ce menu, supposons *immobilier*; un deuxième menu lui présente une série de sujets — appartements à louer, maisons à louer, maisons à vendre, condominiums — parmi lesquels il choisira celui qui l'intéresse, disons *appartements à louer*; cette sélection fait apparaître un troisième menu : les appartements à louer sont classés par tranche de prix, par secteur géographique, par superficie, etc. L'utilisateur poursuivra ainsi jusqu'à ce qu'il trouve la page d'information qu'il cherchait : une liste d'appartements pouvant lui convenir, avec leur description. Évidemment, il faut payer pour avoir accès à ces renseignements.

Les possibilités du vidéotex ne résident pas dans le seul fait qu'il donne accès à des milliers de pages d'information. Ce système peut aussi proposer des services de téléachat. Quelques magasins offrent leur marchandise de cette façon. Le consommateur choisit parmi des produits qu'il voit à l'écran; si l'un d'eux lui plaît, il le commande par téléphone. Bientôt, il n'aura même pas besoin de téléphoner, car il pourra le commander directement par le système de vidéotex. De plus, les développements dans le domaine du transfert électronique de fonds lui permettront bientôt, toujours à partir du système de vidéotex, d'avoir accès à son compte de banque et de payer automatiquement le magasin.

Le magnétoscope

Le magnétoscope est sans doute l'une des nouvelles technologies les plus populaires. Au Québec seulement, plus de 60 % des propriétaires de téléviseurs possèdent un magnétoscope et les ventes ne cessent de s'accroître chaque année [10].

C'est depuis l'apparition de la télévision (dans les années 40) que l'on cherche à développer un appareil capable d'enregistrer et de reproduire des images télévisuelles. On savait que le principe d'enregistrement des images était essentiellement le même que celui de l'enregistrement sonore. À cette différence près que quelques secondes d'émission télévisuelle

---

10. Dans un magnétoscope l'information n'est pas traitée sous forme numérique. On considère néanmoins que cet appareil appartient à la nouvelle technologie, parce qu'il en possède certaines caractéristiques communicationnelles, comme nous le verrons plus loin.

contiennent mille fois plus d'informations électroniques que quelques secondes d'émission sonore. On ne pouvait donc utiliser le même système d'enregistrement pour ces deux types de messages.

Résolvant des problèmes techniques qui semblaient insurmontables même pour des géants comme RCA, la société américaine Ampex, alors peu connue, a inventé le premier magnétoscope en 1956. Le prototype avait la taille d'un réfrigérateur et pesait environ une tonne. Les développements en micro-électronique ont permis de réduire considérablement la taille des magnétoscopes et de les offrir au grand public au début des années 70.

Pour l'utilisateur, l'emploi du magnétoscope (vidéo) est similaire à celui du magnétophone (audio). Afin d'enregistrer une émission, il insère une cassette dans l'appareil, sélectionne la chaîne en se servant du cadran du magnétoscope (et non du téléviseur) et appuie sur la touche d'enregistrement. Cela peut être exécuté au moment même où l'émission est diffusée ou, au moyen d'une minuterie intégrée, des heures, des jours, voire des semaines à l'avance.

De fait, la plupart des magnétoscopes peuvent être programmés pour enregistrer des émissions diffusées plus tard, même à des chaînes différentes. Pour présenter à l'écran l'émission enregistrée, l'utilisateur n'a qu'à appuyer sur les touches appropriées, qui font revenir en arrière le ruban magnétique et reproduire les images et les sons. Enfin, avec le magnétoscope, l'utilisateur peut geler l'image ou en accélérer le déroulement.

Outre l'enregistrement d'émissions de télévision, l'utilisation la plus courante du magnétoscope est la présentation de vidéocassettes préenregistrées, que l'on peut louer dans les boutiques vidéo. Le contenu de ces vidéocassettes va de la reproduction de films long-métrage aux sessions d'apprentissage en divers domaines (gymnastique, art culinaire, etc.).

Notons enfin qu'il est possible, en recourant à une caméra vidéo, de créer ses propres documents que l'on peut regarder aussitôt à l'écran du téléviseur, grâce au magnétoscope.

Le vidéodisque

Tout comme la vidéocassette, le vidéodisque est utilisé pour enregistrer et reproduire images et sons au moyen d'un appareil, que nous nommerons lecteur de vidéodisque[11], branché au téléviseur. Il est toutefois d'une plus grande capacité que la vidéocassette. En outre, joint à un micro-ordinateur, on peut l'utiliser de façon interactive.

Le premier lecteur de vidéodisque, produit conjointement par les compagnies Philips et MCA Records, est apparu aux États-Unis en 1979. De son côté, MCA s'est jointe à IBM pour former la DiscoVision, société manufacturière de vidéo-disques. Ces produits, destinés au grand public, n'ont pas suscité l'enthousiasme attendu. Au bout de deux ans à peine, Philips-MCA cessaient la production des lecteurs de vidéodisque, alors que MCA-IBM vendaient la DiscoVision à la compagnie Pioneer.

Désormais, Pioneer, qui fabriquait déjà des lecteurs de vidéodisques (semblables à ceux de la version Philips-MCA), fournirait également les disques. Mais, à la différence de ses prédécesseurs, elle destinerait ses produits à une clientèle industrielle et institutionnelle plutôt qu'au grand public (qui ne serait plus qu'un marché secondaire). À peu près à la même époque, la compagnie Sony fabriquait également des lecteurs de vidéodisques, mais d'un type plus perfectionné que ceux de Pioneer. L'ajout d'un microprocesseur au lecteur en faisait un appareil permettant l'interaction avec l'utilisa-teur. De plus, Sony aidait ses clients (industries, entreprises et établissements d'enseignement) à produire des vidéo-disques en fonction de leurs besoins : sessions d'entraîne-ment ou activités de marketing, notamment. Aujourd'hui, Sony et Pioneer sont les plus importantes compagnies productrices de systèmes de vidéodisque et leurs principaux clients restent encore les grandes entreprises, les industries et les établissements d'enseignement. Le coût de ces systèmes fait en sorte qu'une faible partie seulement du grand public

---

11. Lecteur de vidéodisque : traduction libre de l'anglais *videodisc player*.

peut s'en porter acquéreur. Examinons maintenant brièvement comment fonctionne un système de vidéodisque.

Le cœur du lecteur de vidéodisque est un laser de néon de faible intensité. Ce laser émet un rayon microscopique qui est dirigé vers le vidéodisque, puis réfléchi sur un dispositif photosensible. La structure lumineuse imprimée sur ce dispositif est convertie en signaux télévisuels standard, eux-mêmes transmis au récepteur par un ensemble de fils reliés à l'antenne.

Les éléments d'information visuelle contenues sur un vidéodisque ont la forme de minuscules dépressions à la surface du disque. Ces petites dépressions de profondeur variable se suivent en constituant des espèces de sillons sur le disque. Ces dépressions font varier l'intensité du rayon laser qui les rencontre dans sa course à travers les sillons. À leur tour, ces variations de l'intensité du rayon laser donnent sa particularité à la structure lumineuse réfléchie sur le dispositif photosensible.

Le vidéodisque occupe une surface à peine plus grande que celle d'un microsillon traditionnel. Il est recouvert d'un mince revêtement de plastique (à travers lequel passe le rayon laser) qui lui évite les dommages causés par la friction. Ainsi, un vidéodisque ne s'use à peu près jamais. C'est également l'absence de friction qui permet à l'utilisateur d'arrêter le mouvement du rayon laser sans risquer d'endommager le disque, cette manœuvre ayant pour but de geler l'image.

Comme nous l'avons mentionné plus haut, lorsqu'il est couplé à un microprocesseur, le système de vidéodisque permet l'interaction avec l'utilisateur. Il se révèle alors tout à fait indiqué dans des situations d'apprentissage. Un individu peut suivre un cours complet au moyen de ce système. Il lit la matière à l'écran du téléviseur et répond à des questions à choix multiples en appuyant sur une touche du terminal de l'ordinateur intégré au système. L'ordinateur vérifie la réponse et, en fonction de la compréhension de l'étudiant, indique au vidéodisque s'il doit reprendre la matière ou poursuivre le déroulement.

C'est sur cette description du système de vidéodisque que nous terminons notre revue des aspects techniques et fonctionnels des nouvelles technologies les plus courantes. Passons maintenant aux aspects communicationnels.

Les aspects communicationnels

Dans cette section, nous examinerons les nouvelles technologies d'un point de vue purement communicationnel. Nous décrirons trois caractéristiques essentielles, communes à l'ensemble de ces technologies. Nous en arriverons ainsi à déterminer de façon générale ce qu'est la communication informatisée.

Comme nous l'avons mentionné dans l'introduction, plusieurs chercheurs en communication considèrent que les particularités techniques des nouvelles technologies entraînent des changements dans la nature même de la communication, particulièrement dans la nature de la communication médiatisée. Aussi, partant de cette affirmation et afin de comprendre de quels changements il s'agit, nous comparerons la communication informatisée avec l'autre type de communication médiatisée : la communication de masse.

La plus importante caractéristique des nouvelles technologies est l'interaction. *Interaction* est le terme employé pour désigner, d'une part, la forme que prend le dialogue entre l'utilisateur et l'appareil, de l'autre, le fait que plusieurs personnes puissent communiquer par l'intermédiaire de ces appareils.

Ainsi, nous avons vu que l'utilisateur interroge littéralement les systèmes de base de données et de vidéotex qui, en retour, sont programmés pour lui fournir des réponses. L'ordinateur (utilisé pour le traitement de l'information), la télévision par câble interactif et le système de vidéodisque, quant à eux, sont conçus de sorte qu'ils requièrent constamment la participation de l'utilisateur (souvent sous forme de questions auxquelles il doit répondre). Enfin, nous avons pu constater que, lorsqu'ils sont reliés en réseaux, les ordinateurs peuvent devenir de véritables instruments de communication interpersonnelle.

Évidemment, le type d'interaction utilisateur-appareil ne correspond pas exactement à l'échange qui se produit dans une conversation entre individus. Pourtant, le type de réponses que fournissent le vidéotex et la base de données est plus qu'une simple réaction mécanique, comme celle de la machine distributrice qui, après qu'on y a inséré la monnaie nécessaire, remet une friandise, ou celle du téléviseur, qui fait apparaître une image à la pression d'un bouton (Rafaeli, 1984). Si ces réponses ne sont pas intelligentes au sens où on l'entend pour un être humain, elles obéissent néanmoins à une certaine forme de logique. En outre, les questions en provenance de l'ordinateur, de la télévision par câble interactif et du système de vidéodisque ne sont pas comparables à la sonnerie du téléphone, par exemple. Elles ne provoquent pas un réflexe, mais exigent vraiment une réponse intelligente. L'interaction propre aux nouvelles technologies fait donc de la communication informatisée un processus.

> De façon générale, la communication peut être définie comme l'échange de messages. Lorsqu'on la désigne comme processus, toutefois, on souligne le fait qu'il s'agit d'une suite d'échanges en évolution. Ainsi, lorsque deux personnes — A et B — communiquent entre elles, le message de A est, dans une certaine mesure, déterminé par le message précédent de B qui, à son tour, avait été partiellement déterminé par le message précédent de A, et ainsi de suite. Cette influence réciproque des participants (de leurs messages) fait de la communication une activité qui se construit à mesure qu'elle se déroule. En ce sens, la communication n'est pas tant l'échange d'un message particulier que le phénomène qui englobe ces échanges en construction et qui tend vers la compréhension mutuelle des participants. C'est pourquoi on parle de *processus*.
>
> La communication informatisée ne possède pas toutes les caractéristiques du processus de la communication interpersonnelle (face à face). Toutefois, en tant que communication médiatisée interactive, elle s'en rapproche sensiblement. Autrement dit, c'est par opposition à la communication de masse unidirectionnelle que la communication informatisée peut être considérée comme un processus.

Par l'interaction, la communication informatisée se distingue très nettement de l'activité linéaire que constitue la communication de masse. La communication n'est plus unidirectionnelle (du média vers le public), mais bien bidirectionnelle. L'utilisateur n'est pas un récepteur plus ou moins passif, mais un participant actif. Son attention est régulièrement requise et, souvent, il lui arrivera d'envoyer autant de messages à l'instrument qu'il en recevra (notamment lors du recours aux bases de données ou au vidéotex). De plus, les messages échangés dépendent, dans une certaine mesure, des deux *interlocuteurs*. Par exemple, c'est en fonction du message de l'utilisateur (choix d'un sujet particulier au menu) que le système de vidéotex émettra un message de réponse adapté (présentation d'un deuxième menu) qui, à son tour, entraînera un autre message de la part de l'utilisateur (choix d'un sujet au deuxième menu), et ainsi de suite.

Selon certains auteurs (notamment Rogers, 1986, et Rice *et al.*, 1984), l'interaction distingue les nouvelles technologies des autres technologies de communication à un point tel qu'ils les désignent plutôt comme des *technologies interactives* ou comme des *systèmes interactifs de communication* et qu'ils qualifient la communication que ces systèmes permettent comme interactive. À ce titre, ils considèrent qu'en s'éloignant de la communication de masse, la communication informatisée se rapproche davantage de la communication interpersonnelle.

De l'interaction découle directement la deuxième caractéristique de ces systèmes : l'individualisation. L'individualisation signifie que chacun des individus qui utilisent les nouvelles technologies peut avoir une interaction particulière. Dans le cas des systèmes permettant aux utilisateurs de communiquer entre eux (conférence par ordinateur et courrier électronique), ce fait est incontestable : la possibilité que s'y produise une interaction unique est *presque* aussi élevée que dans le cas où les individus sont face à face. Nous précisons bien : *presque* aussi élevée, parce que la communication n'y est que verbale, alors que la communication non verbale toujours présente dans un échange face à face influence la communication verbale, la modifie, la nuance et, évidemment, en accroît encore le caractère unique.

Dans le cas où les systèmes permettent une interaction utilisateur-appareil, le contenu et surtout le déroulement de la communication différeront (seront individualisés) en fonction des intérêts de chaque utilisateur. Ainsi, face au même menu offert par le système de vidéotex, un individu choisira le sujet *immobilier* alors qu'un autre préférera *arts et spectacles*; même s'ils choisissent un sujet identique, leur cheminement à travers les menus subséquents ne le sera pas nécessairement; la même base de données remplira des fonctions différentes selon les utilisateurs. De même, l'utilisateur du magnétoscope ou du système de vidéodisque a le pouvoir de geler l'image, de revenir en arrière, d'accélérer certains passages.

Par cette caractéristique que constitue l'individualisation, la communication informatisée s'oppose tout à fait à la communication de masse. En effet, même si les destinataires d'un large auditoire ont des attitudes très différentes (une plus ou moins grande réceptivité, une plus ou moins grande appréciation, etc.) face au contenu d'un message provenant des médias de masse (émission de télévision, émission de radio ou film), le fait que l'on ne leur attribue que le seul rôle de destinataire les place devant cette alternative : recevoir ou refuser le message (en éteignant la télévision, la radio ou en sortant de la salle). En aucun cas, ils ne peuvent le modifier individuellement pour l'adapter à leurs besoins, leurs propres intérêts. Ce message est et restera le même pour tous les destinataires, un message dont le contenu a été déterminé exclusivement par le destinateur.

La troisième caractéristique, l'asynchronie, renvoie à la possibilité qu'a l'utilisateur des nouvelles technologies de différer sa communication et, plus particulièrement, de consulter les messages au moment qui lui convient. Par exemple, les messages envoyés à une personne par un système de courrier électronique demeureront stockés dans la mémoire de l'ordinateur jusqu'à ce que cette personne regarde s'il y a effectivement des messages à son intention. Ou encore, les participants d'une conférence par ordinateur n'ont pas à en suivre le déroulement en même temps : conservés dans la mémoire de l'ordinateur, les échanges y seront constamment accessibles. Quant au magnétoscope, il permet notamment à l'utilisateur d'organiser à sa guise le temps qu'il passera à regarder la télévision : il pourra voir et revoir une émission quand il le souhaitera ou amener le cinéma chez lui sans s'inquiéter des horaires de cinéma (pourvu que le film soit disponible sur vidéocassette au moment même où il sort en salle, ce qui n'est pas encore le cas).

Cette troisième caractéristique des nouvelles technologies libère l'utilisateur de certaines contraintes de temps que peut engendrer la simultanéité de l'envoi et de la réception des messages propre aux médias de masse électroniques[12]. En effet, la télévision et la radio n'attendent pas pour diffuser leurs messages; les destinataires doivent donc se conformer à l'horaire. De même, il faut être là au moment où le téléphone (non muni d'un répondeur) sonne, pour recevoir un message au moyen de cet appareil.

Par leurs propriétés techniques, les nouvelles technologies font de la communication médiatisée une communication interactive, individualisée et asynchronique. En effet, parce qu'elles favorisent une rétroaction rapide de la part de l'utilisateur, les nouvelles technologies font de lui un participant actif au processus de communication. Le choix des informations auxquelles l'utilisateur a accès est à ce point étendu et varié que ce dernier peut en arriver à déterminer le contenu de la communication en fonction de ses propres intérêts et besoins. Enfin, parce que ces nouvelles technologies peuvent se souvenir de l'information traitée, l'utilisateur peut interrompre à tout moment la communication sans danger de *perdre* ces informations et, conséquemment, déterminer le moment et la durée de la communication.

Everett Rogers (1986) considère que l'avènement de la communication informatisée a fait passer une partie du contrôle de la communication médiatisée des mains des producteurs

---

12. La simultanéité de l'envoi et de la réception des messages n'est pas l'apanage de tous les médias de masse. Ainsi, les médias écrits conservent très bien leurs messages : le lecteur qui ne lit pas son journal au moment même où il le reçoit ne ratera pas pour autant l'information qu'il contient.

de messages à celles des utilisateurs. Nous sommes d'avis, toutefois, qu'il ne faut pas trop miser sur cette notion de contrôle. Si la marge de manœuvre de l'utilisateur est effectivement plus large que celle du destinataire des médias de masse, elle reste délimitée par les producteurs de messages, ceux qui offrent différents services et ceux qui y donnent accès.

Tout interactifs qu'ils soient, les systèmes de bases de données et de vidéotex qui ne contiennent pas l'information recherchée par l'utilisateur ne lui confèrent aucun pouvoir. Bien que l'utilisateur du magnétoscope puisse regarder une émission de télévision au moment qui lui plaît et passer outre les réclames, c'est encore l'émission produite par le média qu'il reçoit. Dans cette perspective, il nous semble plus juste de dire que l'utilisation des nouvelles technologies opèrent une transformation de la communication qui se traduit par une plus grande liberté de choix pour l'utilisateur plutôt que par une prise de contrôle de sa part.

Quelle que soit la façon dont on le nomme, il demeure qu'il y a effectivement changement dans la nature de la communication médiatisée, changement d'ailleurs assez important pour que des chercheurs de diverses disciplines le considèrent comme l'amorce d'une révolution de l'information. Dans la section suivante, nous verrons comment ces chercheurs évaluent une pareille révolution.

L'ÉTUDE DE LA COMMUNICATION INFORMATISÉE

Cette section porte essentiellement sur les deux principaux champs d'intérêt des chercheurs qui analysent la communication informatisée, d'un côté, la diffusion et l'adoption des nouvelles technologies et de l'autre, leurs impacts sociaux. Pour étudier les impacts des nouvelles technologies, ces chercheurs ont dû modifier leur perspective d'analyse de la communication médiatisée, perspective largement orientée en fonction de la recherche des effets des messages des médias de masse. Aussi, commencerons-nous par examiner brièvement les étapes du raisonnement qu'ils ont effectué pour en arriver à analyser les impacts sociaux des nouvelles technologies plutôt que les effets de leurs messages sur les utilisateurs.

Des effets aux impacts

Le champ des études en communication s'est développé, dans l'entre-deux-guerres, à partir des travaux des premiers théoriciens qui se sont penchés sur la communication de masse. Au cours des quelque quarante années qui ont suivi, l'intérêt pour ce type de communication n'a fait que s'accroître. Par ailleurs, pendant tout ce temps, les chercheurs ont réalisé des études consistant à déterminer la présence (ou l'absence), la nature et la portée des effets des médias de masse sur les individus, ces effets se manifestant par des changements de comportement, d'attitudes ou d'opinions. D'une certaine façon, la recherche sur les effets était devenue un réflexe chez les chercheurs en communication.

Aujourd'hui, certains chercheurs et théoriciens de la communication (notamment Rogers et Kincaid, 1981; Rice *et al.*, 1984) déplorent cet état de fait et considèrent qu'en s'acharnant sur la recherche des effets, leurs prédécesseurs et collègues ont ignoré plusieurs autres aspects de la communication. Toutefois, ils expliquent ce comportement par le fait que les technologies en cause dans la communication de masse favorisent un type d'échange qui incite fortement la recherche à s'orienter vers les effets.

Or, justement, les technologies utilisées aujourd'hui sont très différentes. La recherche des effets, développée pour analyser une communication réalisée par les médias de masse, ne convient qu'à ce type de communication : une communication unidirectionnelle, collective et simultanée. Il est clair qu'elle ne convient pas au type de communication que permettent de pratiquer les nouvelles technologies : une communication, nous l'avons vu, bidirectionnelle, asynchronique, dont le contenu des messages est individualisé.

On ne peut parler d'effets des messages dans le cas des nouvelles technologies, parce que la relation *nouvelles technologies-utilisateur* n'est absolument pas du même type que la relation *médias de masse-récepteur*. La première tend vers la réciprocité alors que la seconde tend vers le déséquilibre. Ces deux relations sont d'ailleurs très bien synthétisées par la façon dont on les désigne : on *utilise* les nouvelles technologies, mais on *s'expose* aux médias.

En outre, les modèles théoriques de la communication conçus pour les besoins de la recherche des effets seraient difficilement applicables à la communication informatisée. À cause de la très grande diversité et de la nature même des messages offerts par les nouvelles technologies ou échangés avec elles, on conçoit mal, par exemple, que les nouvelles technologies puissent établir l'ordre des priorités sociales (modèle de l'« agenda-setting »). Par ailleurs, s'il est facile de soutenir que l'utilisation des nouvelles technologies est fonction des besoins des utilisateurs (modèle du « uses and gratifications »), il est beaucoup plus difficile de dresser l'inventaire de ces mêmes besoins, tant sont variés justement les contextes d'utilisation.

Il semble donc que le type de communication que permettent de pratiquer les nouvelles technologies ne se prête pas à une recherche des effets. Autrement dit, on ne peut logiquement entamer une recherche sur la communication informatisée en partant d'une hypothèse selon laquelle les messages des nouvelles technologies auraient des effets sur les individus qui les utilisent, effets qui se traduiraient par des changements de comportements, d'attitudes ou d'opinions[13].

---

13. Ce qui ne veut pas dire que les messages des nouvelles technologies n'ont pas d'effets sur les usagers, au contraire. Toutefois, comme ces messages peuvent être très spécifiques (individualisés), il en résultera autant d'effets différents qu'il y aura de messages émis et de contextes d'utilisation. Il devient alors à peu près impossible de généraliser les effets. Or, une recherche des effets n'est pertinente que dans la mesure où l'on peut les généraliser. C'est bien parce que les individus reçoivent tous le même message, dans la communication de masse, qu'il est intéressant de voir si ce message aura le même effet sur tous.

D'abord, on n'étudierait là qu'une partie du processus que constitue la communication informatisée. Dans cette perspective, on devrait aussi tenir compte des effets que peut avoir l'utilisateur sur la technologie. Mais peut-on sensément parler des effets des messages de l'homme sur la machine? Ensuite, ce serait réduire à bien peu de choses les effets réels que peut entraîner l'utilisation des nouvelles technologies. Car, il s'agit bien de cela lorsqu'on parle des impacts sociaux des nouvelles technologies : les impacts que peut avoir le fait que les êtres humains utilisent et utiliseront de plus en plus ces nouvelles technologies pour communiquer, s'informer et se divertir.

L'expression *utilisation des nouvelles technologies* est une autre façon de désigner la communication avec ou par les nouvelles technologies. C'est en cela que les chercheurs en communication modifient leur perspective d'analyse : alors qu'auparavant, ils ne considéraient qu'une partie du processus, la réception du message, ils examinent désormais l'ensemble du processus et ses conséquences.

Toutefois, avant de comprendre et d'évaluer les impacts sociaux des nouvelles technologies, les chercheurs en communication se demandent si les nouvelles technologies sont déjà suffisamment utilisées pour avoir des impacts. Une partie des chercheurs se concentre ainsi sur les processus d'adoption des nouvelles technologies; ce type de recherche permet de vérifier combien de gens adoptent les nouvelles technologies, mais aussi quels types d'individus les adoptent, pourquoi et en combien de temps. Aussi, avant de présenter certains types d'impacts des nouvelles technologies, traiterons-nous de leur adoption.

L'adoption des nouvelles technologies

Les études sur l'adoption des nouvelles technologies sont basées sur le modèle général de diffusion et d'adoption des innovations. Ce modèle, développé au début des années 40 (mais largement diffusé par Everett Rogers, durant les années 60), permet d'expliquer comment les membres d'une société en arrivent à s'approprier une idée, une pratique ou un objet perçu comme nouveau[14].

Au cours des années, ce modèle a été utilisé pour comprendre la diffusion d'innovations aussi diverses que la motoneige, certains médicaments ou des types d'engrais. Ce n'est toutefois que tout récemment que l'on a pensé à l'appliquer à la diffusion des technologies de communication. Dans les pages qui suivent, nous décrirons d'abord le modèle général de la diffusion et de l'adoption des innovations. Nous verrons ensuite en quoi ce modèle doit être révisé pour expliquer le processus d'adoption des nouvelles technologies. Nous présenterons enfin une étude où le modèle révisé a servi à expliquer la diffusion du micro-ordinateur.

La diffusion des innovations

On appelle *diffusion d'une innovation* le processus par lequel les membres d'une société connaissent et évaluent l'innovation, utilisant pour ce faire certains canaux de communication. Au terme de ce processus, l'innovation est adoptée ou rejetée.

Voici qu'une innovation apparaît sur le marché. Alors que c'est par les médias de masse que les individus apprennent son existence, c'est en discutant entre eux qu'ils se forment une opinion à son propos. C'est à partir de cette opinion subjective qu'ils décideront d'adopter ou de rejeter l'innovation. C'est donc la communication interpersonnelle et non la communication de masse qui influence directement l'adoption ou le rejet.

Une fois qu'un individu a pris la décision d'adopter l'innovation, il s'écoule un laps de temps plus ou moins long avant qu'il en fasse l'acquisition. Durant cette période, il continue de s'informer sur l'innovation, afin de réduire l'incertitude qui

---

14. Bien que le concept d'innovation englobe effectivement les idées, pratiques et objets nouveaux, les études traitent davantage de la diffusion des objets concrets.

lui est liée; autrement dit, il poursuit son évaluation de l'innovation. Notons que l'adoption d'une innovation dépend également des avantages que l'éventuel acquéreur en perçoit : utilité, compatibilité, simplicité, fiabilité, visibilité.

Deux types d'individus jouent un rôle considérable dans le processus de diffusion d'une innovation : l'innovateur et le leader d'opinion. L'innovateur est parmi les tout premiers individus (plus précisément un premier segment de 10 %) à adopter une innovation. Bien que l'innovateur contribue sans doute à mettre en marche le processus de diffusion, c'est pourtant grâce au leader d'opinion que le taux d'adoption grimpe le plus rapidement. Comme nous l'avons vu au chapitre précédent, le leader d'opinion est un individu qui a le pouvoir d'influencer le comportement et les opinions de ses pairs ; son propre comportement incarne les normes de la société à laquelle il appartient et constitue, de ce fait, un modèle pour les autres.

Si les normes de la société sont accueillantes à l'égard d'une innovation particulière, les leaders d'opinions seront enclins à l'adopter et les autres individus ne tarderont pas à les imiter. C'est d'ailleurs très peu de temps après l'adoption d'une innovation par les leaders que commence son adoption massive. Précisons que, si un innovateur est également un leader d'opinion, la société adoptera rapidement l'innovation en question. Le processus d'adoption — rapide ou non — peut être représenté par une courbe ayant la forme d'un S allongé et penché, comme on peut le voir à la figure 2.1.

Pendant un certain temps, très peu d'individus adoptent l'innovation. Lorsque le leader d'opinion intervient, son influence fait en sorte qu'en une brève période de temps l'innovation est adoptée par la majorité des individus en mesure de le faire. Par exemple, alors que deux ans après l'apparition d'une innovation sur le marché, seulement 10 % des individus l'auront adoptée, 80 % des individus l'adopteront au cours des cinq années suivant l'intervention des leaders d'opinion. Lorsque cette période d'adoption massive sera terminée, il restera encore une minorité d'individus pour qui l'adoption sera très lente ou ne se fera jamais (0-5 %).

FIGURE 2.1 **Courbe typique de l'adoption d'une innovation**

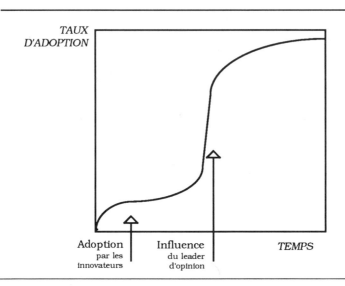

Le modèle général de la diffusion et de l'adoption des innovations que nous venons de décrire n'est pas en mesure d'expliquer parfaitement le processus de diffusion et d'adoption de
ces innovations bien particulières que constituent les nouvelles technologies. Tout comme elles ont exigé de la part des
chercheurs en communication qu'ils changent leur perspective d'analyse, les caractéristiques des nouvelles technologies
requièrent une révision du modèle d'adoption qui leur sera
alors applicable.

Les facteurs particuliers du processus d'adoption des nouvelles technologies

Outre la participation du leader d'opinion, l'utilisation de
canaux de communication et le laps de temps nécessaire à
l'adoption, trois autres facteurs influencent le processus de
diffusion et d'adoption des nouvelles technologies : l'utilisation réelle que l'on en fait, la masse critique des acquéreurs et
le degré de réinvention de la part des utilisateurs. Par ailleurs,
alors que dans le cas des autres innovations, l'innovateur a
surtout de particulier son attrait pour la nouveauté, dans le
cas des nouvelles technologies, il possède des caractéristiques plus précises.

La simple apparition des nouvelles technologies dans une société ne signifie pas qu'elles auront un impact. La pertinence de l'étude de l'adoption des nouvelles technologies réside d'ailleurs dans le fait qu'elle permet, d'abord de savoir combien de personnes ont adopté les nouvelles technologies et, le cas échéant, quelles sont les caractéristiques des acquéreurs. En effet, ce n'est qu'à partir d'un taux d'adoption significatif qu'il peut y avoir des impacts réels et que l'on peut les examiner, les évaluer. Or, contrairement à ce qui se produit fréquemment avec les innovations, il ne suffit pas de dénombrer les acquéreurs pour connaître le taux d'adoption des nouvelles technologies dans une société donnée. Le nombre de propriétaires de nouvelles technologies ne renseigne que sur le nombre de personnes susceptibles d'y avoir recours; encore faut-il savoir combien de personnes parmi ces propriétaires s'en servent réellement.

N'oublions pas que c'est l'impact de l'utilisation des nouvelles technologies sur la société qui intéresse les chercheurs. Dès lors, une évaluation de l'utilisation réelle de ces technologies parmi les acquéreurs est indissociable de toute étude portant sur leur adoption. On ne peut vraiment parler d'adoption tant qu'il n'y a pas utilisation. Ce premier facteur à ajouter au modèle de l'adoption des innovations pour qu'il rende compte de l'adoption des nouvelles technologies détermine d'ailleurs la présence des deux autres.

Si le concept de masse critique est secondaire dans le modèle général de diffusion des innovations, il s'avère, en revanche, essentiel pour expliquer le processus d'adoption des nouvelles technologies considérées comme instruments de communication (c'est le cas, notamment, de la conférence par ordinateur et du courrier électronique). La masse critique est le nombre minimum d'utilisateurs que requiert une nouvelle technologie pour se révéler efficace. Parce qu'ils ne peuvent être utiles qu'en situation d'interaction (individu-individu), les systèmes de conférence par ordinateur et de courrier électronique doivent être adoptés par plus d'un individu pour que l'on puisse parler d'adoption dans leur cas : la toute première utilisation d'un de ces systèmes exige la participation d'au moins deux individus. Mais justement, la nécessité d'une masse critique d'acquéreurs-utilisateurs est un facteur qui ralentit le processus d'adoption des technologies interactives.

Le concept de réinvention s'applique à la participation active de l'utilisateur des nouvelles technologies. Ces technologies ont un fonctionnement relativement complexe. Souvent, l'individu qui vient d'acquérir une nouvelle technologie doit passer un certain temps à en apprendre le fonctionnement. De plus, la majeure partie des nouvelles technologies n'est pas destinée à un usage fixe; on peut les utiliser dans diverses situations et pour diverses fins. Par conséquent, l'individu doit adapter l'usage de la nouvelle technologie à ses propres besoins. C'est en ce sens qu'il en réinvente l'utilisation. Ce n'est d'ailleurs qu'après cette période d'initiation et d'adaptation que l'utilisateur exploite vraiment les possibilités de sa nouvelle technologie, et c'est à partir de ce moment-là que l'on peut dire qu'il l'a adoptée.

Examinons enfin les caractéristiques des premiers acquéreurs des nouvelles technologies, en quoi ils diffèrent de ceux qui leur emboîteront le pas. Les innovateurs occupent un rang élevé dans l'échelle sociale, tant par leur revenu, leur scolarisation que leur occupation professionnelle (on trouvera souvent ces trois caractéristiques chez le même individu).

L'achat d'une nouvelle technologie représente un investissement considérable que les individus à faible revenu ou même à revenu moyen ne peuvent se permettre. Ceux qui ont à leur actif plusieurs années de scolarité (ils ont habituellement un diplôme universitaire), adopteront les nouvelles technologies avant ceux qui n'ont que peu d'instruction, parce qu'ils reconnaissent davantage l'importance de l'information dans la société et considèrent les nouvelles technologies comme un atout en ce sens. Enfin, les individus qui ont une position assez élevée dans la hiérarchie des professions considèrent les nouvelles technologies comme un autre symbole de leur position sociale.

Par ailleurs, les innovateurs ont aussi certains traits de personnalité en commun : ils sont plus cosmopolites, s'exposent davantage aux médias de masse, sont au centre d'un réseau de communication interpersonnelle et, par leur contact direct avec des personnes ressources (techniciens, chercheurs, experts), peuvent mieux s'informer sur les nouvelles technologies. Bref, comparativement aux individus qui adopteront les nouvelles technologies plus tard, les innovateurs sont plus riches (sont plus instruits ou occupent un meilleur emploi), mieux informés (et cherchent plus activement à l'être), ont plus d'amis et voyagent davantage.

Le modèle de l'adoption des nouvelles technologies étant maintenant précisé, examinons comment il peut s'appliquer à un cas particulier : la diffusion et l'adoption du micro-ordinateur.

La diffusion et l'adoption du micro-ordinateur

En 1982, Everett Rogers (1983) a mené une étude sur la diffusion et l'adoption du micro-ordinateur dans une région du nord de la Californie, Silicon Valley, en interviewant 77 personnes représentatives du *propriétaire moyen* d'un micro-ordinateur. L'âge et le revenu moyens de ces sujets étaient respectivement de 36 ans et de 38 000 dollars; 89 % étaient de sexe masculin. Par ailleurs, 28 % avaient terminé des études de troisième cycle et 20 % étaient chercheurs ou ingénieurs. Des études subséquentes sur la diffusion des nouvelles technologies ont démontré qu'il s'agissait là du profil type des premiers acquéreurs d'un micro-ordinateur aux États-Unis[15].

L'étude a d'abord démontré que, même si les micro-ordinateurs avaient été largement annoncés dans les campagnes publicitaires, ce sont les réseaux de communication interpersonnelle, et non la communication de masse, qui ont véritablement permis aux futurs acquéreurs de découvrir ce nouvel outil. Ainsi, au moment de leur achat, les acquéreurs connaissaient en moyenne cinq personnes qui possédaient

---

15. Précisons que ces 77 sujets étaient représentatifs du propriétaire moyen d'un micro-ordinateur dans la région de Silicon Valley en 1982. Il est fort probable qu'ils ne seraient plus représentatifs du propriétaire moyen d'aujourd'hui.

déjà un micro-ordinateur et qui leur en avaient vanté les mérites. En outre, durant un an, en moyenne, chaque propriétaire de micro-ordinateur a parlé de son appareil à chaque mois, à treize personnes, l'a montré à cinq personnes et a encouragé huit personnes à en acheter un. Le propriétaire satisfait était d'ailleurs celui qui influençait le plus efficacement ses pairs en faveur de l'achat d'un appareil.

L'étude a également démontré la nécessité de réinventer l'utilisation du micro-ordinateur. En effet, peu de temps après avoir acquis leur micro-ordinateur, les deux tiers des propriétaires s'en sont montrés insatisfaits. Ils s'attendaient à ramener leur appareil à la maison, à le brancher et à commencer à l'utiliser aussitôt pour effectuer des tâches bien spécifiques. Ils ont vite déchanté. Une période d'environ un mois d'initiation, d'apprentissage, d'essais et d'erreurs leur a été nécessaire avant qu'ils puissent se sentir à l'aise avec leur nouvelle acquisition [16].

Qu'en a-t-il été de l'utilisation du micro-ordinateur dans la région étudiée? Rogers (1982) rapporte que, en moyenne, chaque personne utilisait son micro-ordinateur dix-sept heures par semaine (principales utilisations : traitement de texte et jeux). Ce taux d'utilisation était considérable pour de récents acquéreurs et laissait prévoir une constance dans la hausse. Qui plus est, en généralisant les résultats de l'étude de la région californienne à l'ensemble des États-Unis, on pouvait faire l'hypothèse que le micro-ordinateur serait rapidement adopté par une majorité de gens.

Pourtant, après avoir effectué une rapide montée dans la première moitié des années 80, la courbe d'adoption a

---

16. Rogers (1986) mentionne qu'un grand nombre d'associations d'utilisateurs du micro-ordinateur se sont formées dès le début des années 80. Les propriétaires d'un micro-ordinateur s'y réunissent régulièrement pour discuter de problèmes techniques, s'échanger des logiciels, se conseiller quant à certaines procédures, etc. De façon générale, les utilisateurs assistent à ces réunions dans le but de se familiariser avec leur appareil et d'en exploiter toutes les possibilités, phénomène qui tend bien à démontrer qu'une période d'apprentissage et d'adaptation est nécessaire à l'adoption des nouvelles technologies.

plafonné en 1985 : 15 % seulement des foyers américains possédaient alors un micro-ordinateur. Rogers (1986) et Caron *et al.* (1988) considèrent que ce faible taux d'adoption est dû au fait que, en tout état de cause, bien peu d'individus ont vraiment besoin d'un micro-ordinateur à la maison : dans la plupart des cas, une machine à écrire un tant soit peu perfectionnée remplirait de façon satisfaisante les fonctions pour lesquelles on a acheté le micro-ordinateur et le logiciel de traitement de texte.

En outre, un examen plus attentif de l'utilisation du micro-ordinateur dans la région californienne a démontré que c'est grâce à l'utilisation massive (50 à 60 heures par semaine) d'une minorité d'utilisateurs que la moyenne des heures d'utilisation était relativement élevée. Des études subséquentes ont d'ailleurs confirmé cette constatation : de façon générale, sur 100 utilisateurs, les 10 premiers ont un taux d'utilisation qui est 9 fois plus élevé que celui des 90 autres; ces 10 utilisateurs recourront à leur ordinateur 60 heures par semaine en moyenne, alors que les 90 autres l'utiliseront 6 ou 7 heures par semaine en moyenne. En ne considérant que l'ensemble du groupe, sans effectuer cette segmentation, on obtiendrait un taux moyen d'utilisation d'environ 12 heures.

Ainsi, l'étude de Rogers (1983) tend effectivement à démontrer que, malgré la présence des conditions nécessaires à l'adoption des nouvelles technologies — réseau de communication interpersonnelle permettant de diffuser les connaissances sur la nouvelle technologie, leaders d'opinions, réinvention de l'utilisation —, il reste que c'est le *taux d'utilisation* qui, en fin de compte, détermine l'adoption réelle de ce type d'innovation.

Il semble que l'étude de Rogers (1982) soit assez représentative du taux général d'adoption des nouvelles technologies aujourd'hui. Ainsi, en 1985, au Québec, ce taux était de 13 % (Caron *et al.*, 1988). De fait, les nouvelles technologies sont encore des innovations mystérieuses pour bien des gens et c'est surtout dans quelques milieux de travail et dans le milieu universitaire que l'on trouve la majorité de ceux qui les ont adoptées et les utilisent.

Pourtant, le fait qu'il y ait relativement peu d'acquéreurs-utilisateurs des nouvelles technologies ne doit pas être un obstacle pour les chercheurs qui veulent en évaluer l'impact. Des tendances se dessinent déjà et c'est à partir d'elles que l'on peut prévoir certains effets. En ce sens, l'analyse des impacts sociaux des nouvelles technologies est surtout de type prospectif.

Les impacts sociaux des nouvelles technologies

Dans cette section, nous décrirons de façon globale cinq types d'impacts sociaux des nouvelles technologies prévus ou déjà constatés par les chercheurs en communication. Alors que l'impact sur la structure du travail, la structure des classes, la répartition sociale du savoir et la vie privée concerne l'ensemble de la société, l'impact en matière de centralisation/décentralisation et sur la fonction des médias concerne des secteurs particuliers de la société, l'entreprise dans le premier cas, les médias de masse dans l'autre.

Structure du travail et structure des classes

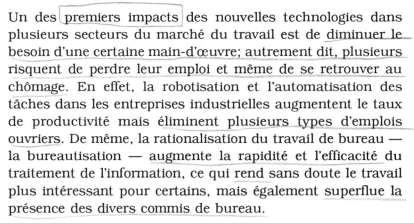

Un des premiers impacts des nouvelles technologies dans plusieurs secteurs du marché du travail est de diminuer le besoin d'une certaine main-d'œuvre; autrement dit, plusieurs risquent de perdre leur emploi et même de se retrouver au chômage. En effet, la robotisation et l'automatisation des tâches dans les entreprises industrielles augmentent le taux de productivité mais éliminent plusieurs types d'emplois ouvriers. De même, la rationalisation du travail de bureau — la bureautisation — augmente la rapidité et l'efficacité du traitement de l'information, ce qui rend sans doute le travail plus intéressant pour certains, mais également superflue la présence des divers commis de bureau.

Quelques-uns de ces travailleurs trouveront peut-être un emploi dans les industries de pointe qui construisent précisément les nouvelles technologies. Mais ces industries sont elles-mêmes hautement perfectionnées, robotisées, automatisées, bureautisées et génèrent surtout des emplois nécessitant un haut degré d'instruction ou de spécialisation, ce que les ouvriers d'usine ou les commis de bureau ne possèdent pas.

On estime qu'à la fin des années 80, les industries américaines de technique de pointe auront créé trois millions d'emplois, mais en auront fait perdre vingt-cinq millions. Dans cette mouvance, 22 % des emplois dans les secteurs des assurances et 10 % des emplois dans les banques auront été éliminés (Roessner, 1985).

Si certains emplois ne disparaissent pas, du moins sont-ils ou seront-ils *déqualifiés.* La déqualification est ce processus qui réduit au minimum le besoin d'aptitudes humaines, autrefois indispensables à l'accomplissement d'un travail, en automatisant certaines opérations du travailleur. Le travail nécessite encore la présence humaine, mais il est fait en grande partie par la technologie. Ainsi en est-il, par exemple, du travail des caissières dans les supermarchés. Alors qu'autrefois elles devaient mémoriser le prix de certaines marchandises, savoir compter pour remettre la monnaie et posséder une certaine dextérité manuelle, elles n'ont plus qu'à passer la marchandise au-dessus d'un appareil qui déchiffre le prix codé (imprimé sur la marchandise), l'enregistre dans la caisse, fait le total des achats et indique le montant à remettre.

Selon Rogers (1986), cette situation (perte ou déqualification du travail) entraînera inévitablement une transformation de la structure des classes. Ainsi, à l'époque de la société industrielle, la répartition des membres de la société nord-américaine en fonction de leur revenu pouvait se concevoir comme un losange : deux minorités d'individus se situant aux pointes inférieure et supérieure du losange avaient le revenu le plus faible et le plus élevé, alors que la majorité des individus se situait dans la partie médiane et avait un revenu moyen.

Avec l'avènement des nouvelles technologies et d'une société de l'information, le phénomène sera inversé : la classe moyenne s'effacera devant les classes supérieure et inférieure et la structure sociale aura alors la forme d'un sablier. Une très forte concentration d'individus dont l'emploi aura été déqualifié ou qui l'auront tout simplement perdu iront rejoindre les plus démunis au bas de l'échelle sociale. À l'autre extrême, on retrouvera un groupe de travailleurs de l'information (tout de même moins volumineux que le groupe du bas), des gens qui posséderont un haut degré de scolarisation, seront chercheurs, professeurs ou propriétaires d'entreprises et constitueront l'élite socio-économique.

La distribution du savoir

Selon Katzman (1974) et Rogers (1986), l'utilisation des nouvelles technologies augmentera de façon directe (pour ceux qui les utiliseront) et indirecte (pour les autres qui en profiteront) le niveau de connaissances de l'ensemble d'une population donnée. Toutefois, les individus déjà riches d'un certain bagage de connaissances seront parmi les premiers à adopter les nouvelles technologies; ils auront tendance à s'informer toujours plus et utiliseront justement les nouvelles technologies dans ce but. À l'inverse, les individus moins bien informés adopteront les nouvelles technologies relativement tard, bénéficiant à retardement de toute l'information qu'elles peuvent fournir; du reste, parmi les individus moins bien informés qui auront adopté les nouvelles technologies assez tôt, nombreux sont ceux qui en exploiteront davantage les possibilités de divertissement, laissant de côté l'aspect informationnel. Par un phénomène d'accumulation, les individus relativement bien informés le seront de plus en plus, alors que les individus peu informés par rapport aux premiers le seront de moins en moins.

On peut supposer que cet écart entre les gens abondamment et pauvrement informés diminuera à mesure que les gens adopteront les nouvelles technologies. Or, d'une part, ces deux groupes n'en feront pas la même utilisation; d'autre part, avant que cet écart se referme, d'autres nouvelles technologies apparaîtront qui seront d'abord et exclusivement adoptées par les plus informés, ce qui aura pour conséquence de créer d'autres écarts dans le degré de connaissances. Enfin, tant que le prix des nouvelles technologies restera élevé, il ralentira le processus général d'adoption, favorisant l'accès aux mieux nantis qui, souvent, sont aussi mieux informés.

En fait, dans la société de l'information, la distribution du savoir reflétera la structure des classes. Les monopoles créés seront des monopoles de savoir, de connaissances, d'exper- tise. Cela n'a rien d'étonnant quand on considère que les innovateurs sont parmi les plus riches, les plus informés et les plus instruits. Bien sûr, on peut espérer que, les nou- velles technologies devenant un jour plus accessibles et la population dans son ensemble, généralement mieux informée, la situation se rétablira. Entre-temps, toutefois, les nouvelles technologies et les avantages qu'elles procurent resteront aux mains de l'élite qu'elles auront créée.

La vie privée

Du fait qu'elles sont interactives et qu'elles possèdent une mémoire, les nouvelles technologies mettent à la disposition de ceux qui les contrôlent certaines données sur les utilisateurs. Ainsi, nous avons vu, plus haut, que l'ordinateur central d'un système de câble interactif relève régulièrement des renseignements sur les chaînes sélectionnées par les abonnés et sur le temps qu'ils passent à regarder les émis- sions. De même, l'utilisateur des réseaux informatiques doit payer, outre le coût de l'abonnement, des frais d'utilisation du système. L'ordinateur central de ce système tient donc un registre de toutes les communications effectuées par l'utilisa- teur : sa durée, le type d'information recherchée, le nombre et le type de pages consultées.

De plus, bien que les utilisateurs des systèmes de conférence par ordinateur puissent garder l'anonymat dans leurs com- munications, les serveurs connaissent la provenance et la destination des messages et peuvent facilement reconstituer les réseaux d'échanges. Enfin, le contenu des messages échangés est conservé dans la mémoire de ces ordinateurs. Qu'advient-il de toute cette information? Et qui, mis à part les premiers concernés (serveurs, câblodistributeurs) peut y avoir accès?

Pour certains utilisateurs cette forme d'intrusion dans la vie privée apparaîtra sans conséquence. Pour d'autres, selon Rogers (1986), elle peut au contraire entraîner une modi- fication dans l'utilisation qu'ils font des nouvelles techno- logies. En effet, sachant que ceux qui gèrent les systèmes de communication peuvent connaître leurs goûts et habitudes en matière d'émission télévisuelle, savoir quels types d'information ils recherchent ou avec qui ils communiquent, ces utilisateurs auront tendance à adopter des comportements (d'écoute ou de recherche d'information) s'accordant avec les normes établies par la société.

La rapidité du progrès technologique des quinze dernières années laisse prévoir que les technologies de communication et d'information développées dans un avenir prochain seront de plus en plus perfectionnées, efficaces et puissantes, permettant un accès toujours plus direct à un ensemble d'informations toujours plus variées et précises. Il est clair que cette situation pourra profiter à l'ensemble de la population. Mais en même temps, dans certaines conditions, ces systèmes auront tout ce qu'il faut pour servir d'instruments de contrôle et de surveillance sociale (Wilson, 1988). Il s'agit là de problèmes d'éthique sociale que l'on ne fait qu'entrevoir et de risques, que seule une réglementation appropriée, élaborée dès maintenant, pourrait éviter.

Centralisation et décentralisation

Un système [17] sera considéré comme décentralisé si le pouvoir décisionnel est partagé entre les différents membres, par opposition à un système centralisé, où certains membres seulement, habituellement situés au sommet de la hiérarchie, détiennent le pouvoir décisionnel. Selon plusieurs auteurs (notamment Pool, 1983; Rice *et al.*, 1984; Rogers, 1986), l'implantation des nouvelles technologies dans une organisation peut amener tant la centralisation que la décentralisation des pouvoirs.

En principe, un système de courrier électronique permet aux employés de tous les niveaux d'une organisation de s'échanger des messages, ce qui devrait faciliter la communication directe entre ceux qui sont séparés tant hiérarchiquement

---

17. Le mot « système » doit s'entendre de tout ensemble social ordonné, qu'il s'agisse de la société dans son ensemble, des organisations ou des entreprises. L'impact centralisation/décentralisation dont il sera question ici se rapporte plus particulièrement aux organisations.

que géographiquement. Les employés (particulièrement ceux situés aux niveaux inférieurs de la hiérarchie) ne dépendent plus d'un ensemble d'intermédiaires pour accéder aux personnes ressources de l'organisation — c'est-à-dire à celles qui détiennent les informations clés et qui se situent souvent près du sommet. Ils obtiennent ainsi, de façon beaucoup plus rapide, une information plus fiable : n'ayant pas eu à passer entre plusieurs mains, les messages risquent peu d'avoir été déformés[18]. Si le type de travail s'y prête, il est tout à fait probable que, grâce à ce nouveau système de communication, les employés prendront plus d'initiatives et deviendront, par le fait même, plus autonomes.

De plus, les employés qui travaillent au traitement de l'information et possèdent un micro-ordinateur à la maison pourront y effectuer plusieurs tâches. L'autonomie se présentera sous la forme d'une organisation assez libre du temps de travail.

Ces exemples d'impacts de l'implantation des nouvelles technologies dans le milieu de travail sont parmi ceux que l'on pourrait souhaiter. Mais ces outils peuvent, à l'inverse, avoir un effet centralisateur. Revenons au système de courrier électronique. N'ayant plus vraiment besoin de se retrouver en face à face pour communiquer, les employés risquent de se confiner à leur bureau, isolés les uns des autres, ce qui pourrait favoriser une surveillance plus étroite de la part des supérieurs. En effet, à tout moment, ces derniers peuvent (sans avoir à se déplacer) s'assurer de la progression du travail de leurs employés ou exiger un compte rendu du travail en cours. Quant à l'employé qui travaille à la maison, il est certain qu'il participe beaucoup moins à la vie organisationnelle et, partant, aux prises de décision.

Tandis que les premiers exemples décrivaient des cas où l'employé se trouvait dans une position favorisant son épanouissement personnel au travail, ces derniers exemples nous

---

18. Lorsqu'un message arrive à destination après avoir été transmis le long d'une chaîne de plusieurs personnes, il est souvent différent de celui qui avait été conçu à la source.

montrent des situations où le stress et l'isolement du personnel augmentent. Les uns et les autres peuvent sembler exagérés. Cependant, ils démontrent que l'utilisation d'un même système de communication peut avoir des impacts négatifs et ils soulignent l'importance du contexte de l'utilisation.

La fonction des médias

Nous avons commencé cette présentation de quelques nouvelles technologies en les décrivant globalement comme le résultat d'un mariage entre l'informatique et les télécommunications et en les opposant aux médias de communication de masse. De fait, dans plusieurs cas, la nouvelle technologie se présente comme un média de masse modifié ou amélioré. Ainsi, bien que, dans le cas du vidéotex, la télévision n'ait qu'un statut de périphérique (elle sert d'écran pour lire les pages d'informations), on pourrait, au contraire, toujours la tenir pour l'élément central de ce système et considérer que ses fonctions et possibilités sont tout simplement élargies.

On peut qualifier ce type d'impact des nouvelles technologies sur les médias de masse de direct; cependant, cet impact n'a trait qu'à l'apparence des nouvelles technologies et à l'idée (personnelle) que l'on se fait du mariage de l'informatique et des télécommunications. Les impacts moins imaginaires sont les plus importants; ils sont aussi moins visibles, moins directs.

C'est le cas lorsque les nouvelles technologies sont utilisées dans les diverses opérations d'un travail appartenant à l'industrie des mass média. La conception graphique, la photocomposition et le montage cinématographique par ordinateur sont, entre autres, des nouveaux procédés qui permettent de travailler non seulement plus rapidement, mais avec une plus grande précision; par conséquent, la qualité du produit final s'en trouve améliorée.

Par ailleurs, lorsque les nouvelles technologies sont utilisées dans le processus de distribution, elles peuvent augmenter le nombre de destinataires d'un média particulier. C'est le cas, notamment, dans le domaine de la presse écrite. L'édition informatisée d'un quotidien, produite dans une ville donnée, peut être transmise simultanément aux succursales de la maison d'édition localisées dans des régions périphériques. Celles-ci peuvent remplacer des parties du contenu du journal par un contenu plus local et d'un plus grand intérêt pour les lecteurs régionaux. Le quotidien qui, avant l'avènement des nouvelles technologies, était principalement destiné aux lecteurs de la ville où il était produit, peut ainsi augmenter considérablement son tirage.

Notons enfin que dans son étude sur la diffusion du micro-ordinateur (citée dans la section sur l'adoption des nouvelles technologies), Rogers (1983) a noté que les propriétaires d'un micro-ordinateur regardent moins la télévision qu'ils le faisaient avant cette acquisition (en moyenne, 34 minutes de moins par jour). De fait, on peut supposer que les médias de masse comme la télévision et le cinéma souffriront de la présence de certaines nouvelles technologies (le cinéma souffre déjà du fait que les propriétaires de magnétoscope peuvent visionner des copies de longs métrages sur vidéocassettes). Toutefois, comme ce fut le cas de la radio [19] à l'époque de l'adoption massive de la télévision dans les années 50, la télévision et le cinéma pourront éviter l'élimination s'ils ne cherchent pas à entrer directement en compétition avec les nouvelles technologies, c'est-à-dire s'ils redéfinissent leurs fonctions.

On peut dire que le premier et principal impact des nouvelles technologies est de permettre aux utilisateurs d'accéder de façon plus efficace à l'information. En tant que tel, cet impact est plutôt avantageux. C'est d'ailleurs l'impact le plus souhaitable et le plus prévisible. Cependant, il n'y a pas d'impact isolé. Les nouvelles technologies sont indissociables de leur contexte d'utilisation ; la connaissance qu'elles amènent peut servir plusieurs fins.

---

19. L'avènement de la télévision a grandement affecté le taux de fréquentation des cinémas, qui a baissé de façon proportionnelle au taux d'adoption de la télévision. Or, si la radio a semblé, elle aussi, menacée (pendant un certain temps sa cote d'écoute a diminué), elle s'est réajustée, passant du média de divertissement qu'elle était avant l'arrivée de la télévision à un média d'information, avec prédominance pour l'information ponctuelle.

De fait, c'est le contexte social dans lequel sont utilisées les nouvelles technologies qui détermine en grande partie leur impact. Or, ce contexte regroupe des éléments fort divers : l'utilisateur lui-même, sa position socio-économique, la raison pour laquelle il cherche de l'information ou, du moins, utilise les nouvelles technologies, la situation dans laquelle il s'en sert, le type de société à laquelle il appartient, etc.

D'ailleurs, selon les chercheurs dont les idées dominent et orientent la recherche sur la communication informatisée (chercheurs dont nous avons repris et résumé les idées dans les sections précédentes) [20], le contexte d'utilisation est le principal facteur à prendre en considération dans l'analyse des impacts sociaux des nouvelles technologies.

Pourtant, selon d'autres chercheurs en communication — que nous qualifierons de « critiques » —, le contexte d'utilisation et le contexte d'émergence des nouvelles technologies constituent le talon d'Achille des considérations de ce courant dominant. C'est en présentant sommairement ce point de vue critique que nous terminerons le présent chapitre.

UN POINT DE VUE CRITIQUE

L'intérêt pour l'analyse des impacts sociaux des nouvelles technologies repose sur l'hypothèse selon laquelle l'utilisation de ces dernières a et aura des impacts qui se répercuteront dans l'ensemble de la société. Selon les auteurs critiques (notamment, Jennifer D. Slack, 1984a, 1984b; Vincent Mosco, 1982; L. Mumford, 1970; Herbert I. Schiller, 1981; Raymond Williams, 1975; Kevin Wilson, 1988), derrière cette hypothèse s'en profile une autre, plus générale. À leur avis, le véritable postulat de base des chercheurs du courant dominant serait

---

20. Jusqu'à la fin de ce chapitre nous désignerons les chercheurs dont les idées dominent et orientent la recherche sur la communication informatisée par l'expression plus commode de « chercheurs du courant dominant ».

que les technologies de communication déterminent les conditions d'existence et de développement de la société dans laquelle on les utilise.

Cette conception n'est ni une nouveauté ni l'exclusivité des théoriciens de la communication. Elle est partagée par des chercheurs et des théoriciens d'autres disciplines, comme l'histoire et la sociologie. Ainsi, pour Walter J. Ong (1967), historien, les cultures contemporaines ou les cultures de différentes époques se distinguent selon leurs modes de communication dominants. Pour Marshall McLuhan (1964), théoricien de la communication, c'est la nature des technologies par lesquelles les hommes communiquent, beaucoup plus que le contenu de leurs communications, qui modèle la société. Pour Daniel Lerner (1958), sociologue, les technologies de communication constituent la mesure du progrès social[21].

D'une façon ou d'une autre, ces auteurs et plusieurs autres de différentes époques et appartenances disent que les technologies de communication jouent un rôle central dans la constitution de l'ordre culturel et social. Qui plus est, leur discours sous-entend ou énonce même explicitement que tout ce qui entoure les technologies de communication (notamment, les autres types de technologies, les institutions, la société globalement) doit se conformer à leurs impératifs. Slack (1984a) mentionne que c'est d'ailleurs dans le discours sur les nouvelles technologies que cette position déterministe est la plus manifeste. Dans cette perspective de situation centrale et de causalité, le concept d'impact est non seulement logique, il est inévitable.

Ce n'est donc pas tant l'hypothèse des impacts elle-même que le postulat déterministe qui la sous-tend que l'on remet en question. En effet, selon les auteurs critiques, il découle de ce postulat un autre corollaire qui influence davantage (en la faussant) la façon d'envisager les nouvelles technologies. En

---

21. Même Platon opposait les sociétés orales aux sociétés dont le mode de communication était l'écriture.

posant la relation *nouvelles technologies-société* comme une relation de cause à effet, le postulat déterministe (et celui qui y adhère) conçoit les nouvelles technologies comme un point de départ antérieur à toute société; elles sont là tout simplement, autonomes ou, tout au plus, le produit d'un esprit génial, se développant selon leur propre rythme, suivant leur propre logique.

De fait, il est vrai que dans le courant dominant on ne se pose à peu près jamais la question de l'origine des nouvelles technologies, à savoir de quelle dynamique sociale, politique ou économique elles sont le résultat, à quels besoins elles répondent, comment et pourquoi elles ont été conçues de telle ou telle façon, bref, de quelle causes elles sont elles-mêmes les effets.

Certes, comme nous l'avons dit dans la partie précédente, les chercheurs du courant dominant prônent-ils de tenir compte du contexte d'utilisation des nouvelles technologies dans l'analyse des impacts. Selon eux, en effet, les nouvelles technologies ne sont pas isolables de ce contexte; il est le facteur qui permet d'évaluer vraiment la nature et la portée des impacts. Or, ce contexte que les chercheurs du courant dominant prennent en considération, afin d'éviter une conception des nouvelles technologies *sans racines sociales*, n'est pas le contexte d'émergence; comme concept, il n'intervient qu'après l'apparition des nouvelles technologies, qu'après les premiers et inévitables impacts (qu'on les nomme accès plus efficace à l'information ou autrement). Pour les auteurs critiques, cette façon de voir ne remet pas en question la position déterministe, mais, au contraire, la renforce : le contexte d'utilisation, qui peut être vu comme un ensemble de forces sociales, ne peut que contrôler ou modifier des impacts qui, de toute façon, se produiront en vertu de la force autonome des nouvelles technologies.

Le paradoxe dans tout cela, selon les auteurs critiques, est que les chercheurs du courant dominant se disent eux-mêmes non déterministes. Pourtant, en se concentrant sur le contexte d'utilisation au détriment de celui d'émergence, ils agissent justement comme si le contexte d'émergence n'existait pas, et

contribuent ainsi à répandre l'idée de l'autonomie des nouvelles technologies.

Il est clair, que pour les auteurs critiques, les technologies de
communication ne sont pas autonomes (tant les nouvelles
technologies dont nous avons parlé au cours de ce chapitre
que les technologies de communication de masse). De fait, ils
tentent d'expliquer le lien entre technologies de communication et société autrement que par le principe de causalité.
Pour eux, les technologies sont des productions sociales.
Elles proviennent d'un ensemble complexe d'intentions, de
dispositions, d'idées, de projets qui, à un moment donné de
l'histoire d'une société, reflètent ses principales préoccupations. Aussi, pour les auteurs critiques, importe-t-il avant
tout de comprendre le contexte social d'émergence des nouvelles technologies et les mécanismes sociaux, politiques,
économiques et idéologiques, qui ont fait en sorte qu'elles
existent et se développent d'une certaine manière.

Pour Jennifer D. Slack (1984a), le contexte social d'émergence
des nouvelles technologies (autrement dit, la société à l'époque où les nouvelles technologies apparaissent) est une
totalité constituée de plusieurs niveaux : l'économique, le
politique, l'idéologique et le théorique, qui interagissent au
sens où la position et le développement de l'un est fonction de
la position et du développement des autres. Par exemple, une
société est à prédominance économique, parce que le niveau
économique s'y est développé de façon plus efficace que les
autres niveaux, mais aussi parce que ces autres niveaux ont
permis ce développement.

Selon cette vision structuraliste de la société, l'existence des
nouvelles technologies est prédéterminée par la conjoncture
des niveaux constitutifs de la société à un moment donné.
Les raisons pour lesquelles les nouvelles technologies sont
inventées, adoptées, utilisées peuvent être comprises en examinant justement cette conjoncture. Slack (1984b) a d'ailleurs
entrepris une telle étude où elle démontre qu'une configura-
tion particulière des niveaux favorise un développement
technologique spécifique et, par conséquent, l'émergence de
technologies de communication nouvelles. À leur tour, ces

nouvelles technologies participent à l'interaction des différents niveaux, interaction qui pourra, un jour, se traduire par un changement de la structure sociale existante.

De façon générale, les auteurs critiques rejettent l'idée que les nouvelles technologies aient des impacts, parce que cette conception présuppose l'autonomie des nouvelles technologies. Pour eux, les technologies qui émergent sont plutôt le résultat et la manifestation d'un contexte social particulier. Avec d'autres éléments, elles participent aux conflits, aux contradictions, aux changements aussi bien qu'à l'harmonie de la société.

RAPPEL

Dans ce chapitre, nous avons vu que la structure technique des nouvelles technologies leur confère certaines caractéristiques communicationnelles. La communication pratiquée au moyen des nouvelles technologies, que l'on appelle la communication informatisée, est interactive, individualisée et asynchronique.

Ces caractéristiques obligent d'ailleurs les chercheurs en communication à modifier leur perspective d'analyse de la communication médiatisée. Auparavant, ils analysaient toute communication médiatisée pour déterminer les effets que les messages de cette communication pouvaient provoquer chez les individus. Or, par les caractéristiques des nouvelles technologies, la communication informatisée est un tout autre type de communication médiatisée. Dorénavant, les chercheurs en communication examinent le processus communicationnel dans son ensemble et non plus seulement au niveau de la réception des messages. Plus précisément, ils tentent d'évaluer les impacts sociaux de l'utilisation des nouvelles technologies. La nature de ces impacts sociaux constitue d'ailleurs présentement, avec le processus d'adoption des nouvelles technologies, le principal centre d'intérêt de la majorité des chercheurs en communication. Si cette problématique domine la recherche sur la communication informatisée, elle est symptomatique d'une vision plus globale et largement répandue de la relation technologie de communication-société. Selon cette vision, les technologies de communication déterminent la structure sociale.

Dans la dernière partie de ce chapitre, nous avons présenté une critique de cette position déterministe qui laisse croire à l'autonomie des nouvelles technologies. En outre, nous avons vu comment les auteurs critiques considèrent le rapport *nouvelles technologies-société* : pour eux, les nouvelles technologies sont des productions sociales, c'est-à-dire qu'elles sont le produit d'un ensemble complexe d'intentions, de dispositions, d'idées, de projets qui, à un moment donné de l'histoire d'une société, a reflété ses principales préoccupations. Intégrées à la dynamique sociale, les technologies de la communication participent évidemment au développement et à la transformation de la société.

CONCLUSION

Comme on a pu le constater au cours de la lecture de cette première partie, la communication de masse et la communication informatisée sont deux types de communication bien différents. Ainsi, la communication de masse est unidirectionnelle, collective et simultanée, alors que la communication informatisée est interactive, individualisée et asynchronique. Ces différences font d'ailleurs en sorte que les chercheurs qui analysent ces deux types de communication n'étudient pas la même chose : alors que les uns s'intéressent aux effets des messages des médias de masse sur les individus, les autres analysent les impacts sociaux de l'utilisation des nouvelles technologies et les problèmes de leur intégration. Malgré ces distinctions, les chercheurs abordent les deux types de communication selon une conception similaire du rapport technologie de communication-société.

On remarque d'abord qu'ils associent l'apparition des médias de masse et des nouvelles technologies à deux révolutions sociales ou, si l'on veut, à l'émergence de deux types de société.

Dans le premier cas, l'avènement des médias de masse suit immédiatement la Révolution industrielle; il semble évident, pour les premiers chercheurs du moins, que les effets des médias renforcent et favorisent à la fois les effets de l'industrialisation. Par le phénomène d'industrialisation, les gens se trouvent isolés les uns des autres (déclin de la vie communautaire, urbanisation); par conséquent, ils ont constamment recours aux médias de masse pour s'informer et se divertir, ce qui a pour effet de les isoler encore plus et, donc, de les rendre encore plus vulnérables aux effets de l'industrialisation. Dans le second cas, les nouvelles technologies constituent la cause directe de l'émergence d'une société dite de l'information.

Dans l'une et l'autre situation, le média ou la technologie de communication joue un rôle considérable dans l'émergence de la nouvelle société.

Par ailleurs, nous avons souvent insisté sur le fait que les chercheurs intéressés à la communication informatisée ont dû modifier leur perspective globale d'analyse de la communication médiatisée. Effectivement, au lieu de s'attarder à une partie du processus de communication — la réception des messages — ils ont dû considérer tout le processus, l'échange utilisateur-nouvelles technologies. Or, s'il s'agit là de perspectives fort différentes dans l'analyse de la communication, la façon de considérer le rapport technologie de communication-société demeure la même : la technologie de communication — qu'on l'utilise (dans le cas des nouvelles technologies) ou que l'on s'y expose (dans le cas des médias de masse) — a des effets ou des impacts sur l'ensemble de la société (qu'on la considère globalement ou comme un regroupement d'individus). On le constate, le postulat déterministe sous-tend non seulement la majeure partie des études sur la communication informatisée, mais encore la majeure partie des études sur la communication de masse. Aussi, la brève critique de la recherche sur la communication informatisée présentée à la fin du deuxième chapitre peut également s'appliquer à la recherche sur la communication de masse.

En effet, comme cela s'est produit avec les nouvelles technologies, on a considéré les médias de masse comme un point de départ; on ne s'est pas posé de questions sur leur origine, et leurs effets semblaient inévitables[1]. Par ailleurs, bien qu'à une certaine époque (1930-1960), on ait remis en cause le fait que les médias aient des effets, il reste que ce sont tout de même les effets qui intéressaient la recherche.

Bref, une grande partie de la recherche sur la communication médiatisée repose sur le postulat déterministe, alors qu'une autre partie est marquée par la critique de ce postulat. Ajoutons, en terminant, qu'il en va ainsi dans plusieurs secteurs des sciences sociales. Les courants critiques se constituent à partir d'une remise en question des prémisses des courants dominants, et particulièrement de celles qui ont trait à leur vision de la société et de l'organisation sociale.

---

1. Précisons que la description de la société d'où sont issus les médias de masse, que l'on retrouve parfois — comme ce fut le cas ici — au début des ouvrages traitant de ce sujet, n'explique pas pourquoi on a tenté d'évaluer les effets de la communication de masse, mais simplement pourquoi les premiers chercheurs les considéraient comme si puissants.

DEUXIÈME
PARTIE

LE CONTENU DES
MESSAGES MÉDIATISÉS

INTRODUCTION

Dans la partie précédente, nous avons présenté un ensemble de concepts qui permettent de comprendre la communication dans une perspective sociologique. On aura pu constater que les recherches effectuées selon cette perspective concernent particulièrement les effets de la communication de masse sur les destinataires et les impacts sociaux de l'utilisation des nouvelles technologies. La présente partie traite d'un autre aspect du processus communicationnel : le message.

Les études sur le message sont orientées selon une perspective de production du sens. Le sens peut être compris ici, soit comme un ensemble d'idées intelligibles, soit, dans une optique plus métaphysique, comme un ensemble d'idées intelligibles qui, appliquées à un objet de la pensée, justifie l'existence de cet objet. Bien qu'ayant des implications différentes, ces deux définitions suggèrent que si les idées ne dépassent pas les limites de la conscience, aucun sens ne peut se concrétiser. De fait, le sens se manifeste lorsque l'idée émerge de la conscience, véhiculée par un message. Dès lors, la production de messages correspond, ni plus ni moins, à la production du sens, d'où l'importance du message dans le processus communicationnel. Toutefois, parce qu'on ne peut se fier à la transparence des messages tels qu'ils sont produits, on doit d'abord les décortiquer, les analyser.

L'affirmation selon laquelle on ne peut se fier à la clarté des messages peut sembler arbitraire, mais pensons seulement au nombre de fois, dans une journée, où l'on emploie des expressions comme : « Ce que je veux dire c'est... », « Qu'entends-tu par... », « Si je comprends bien... ». Dans la plus simple des conversations, on s'interroge régulièrement sur les messages qu'on reçoit et on précise et clarifie ceux que l'on émet. En effet, de façon instinctive, on ne se fie pas à la compréhension subjective des messages. Et justement, l'analyse scientifique des messages vise à découvrir les sens que le message véhicule vraiment (objectivement).

L'analyse des messages médiatisés — plus précisément des messages des médias de masse — est d'autant plus justifiée qu'il s'agit de messages qui sont diffusés à partir d'une seule source et qui atteignent un très grand nombre de destinataires[1].

Par ailleurs, il s'agit de messages qui, tout en ne permettant pas de rétroaction de la part des destinataires, ont vraisemblablement un impact sur eux. Quelle est la nature réelle de ces messages qui s'imposent à la société? Tel téléroman raconte une histoire, mais ne prône-t-il pas également certaines valeurs? Tel article de journal rapporte un fait divers, mais ne verse-t-il pas dans le sensationnel? Telle publicité ne tente-t-elle pas de vendre autre chose que l'automobile, un certain niveau de vie par exemple? Et comment le téléroman, l'article de journal et la publicité s'y prennent-ils pour communiquer ces autres sens? Voilà certainement des questions que l'on s'est déjà posées et auxquelles l'analyse tente de répondre.

Les deux chapitres suivants s'intitulent « L'analyse de contenu traditionnelle » et « L'analyse sémiologique ». Il s'agit de deux méthodes d'analyse des messages fréquemment utilisées pour cerner les sens véhiculés par les messages médiatisés. Le premier chapitre sera presque exclusivement

---

1. Notons que l'analyse de contenu et l'analyse sémiologique dont nous traiterons dans cette partie peuvent s'appliquer aussi bien aux messages des nouvelles technologies qu'à ceux des médias de masse. Dans le champ des études en communication, toutefois, c'est surtout pour déterminer les sens que véhiculent les messages des médias de masse que l'on a utilisé ces deux types d'analyse. Aussi, est-ce dans une perspective de communication de masse que nous présenterons les principes d'analyse du contenu des messages médiatisés. Cela revient à dire, d'une part, que les exemples de messages employés pour expliquer les concepts en cause seront des messages des médias de masse et, d'autre part, qu'il faudra entendre « messages des médias de masse » chaque fois que nous utiliserons l'expression « messages médiatisés ».

consacré à la description des principes généraux d'un procédé d'analyse (l'analyse de contenu traditionnelle). C'est la partie la plus technique de l'ouvrage.

L'analyse sémiologique, elle, découle directement d'une théorie (la sémiologie) qu'il sera utile de décrire quelque peu avant d'appliquer. Une part importante du second chapitre portera donc sur les notions de base de la sémiologie; de nombreux exemples montreront, par ailleurs, comment les différents concepts peuvent servir à l'analyse des messages médiatisés. Chaque chapitre traitera exclusivement de ce qui le concerne, sans faire référence à l'autre section. C'est au moment de la conclusion que nous ferons une mise en parallèle des deux méthodes afin d'en dégager les éléments communs et les différences. Cette comparaison permettra de constater que chaque méthode n'est pas uniquement une technique, mais aussi une façon d'envisager le sens.

Avant de passer au premier chapitre, apportons quelques précisions à propos de l'expression « analyse de contenu traditionnelle ». En principe, toutes les analyses de messages sont des analyses de contenu. En effet, l'analyse de contenu est un terme générique qui regroupe plusieurs types d'analyse, qu'il s'agisse de l'analyse sémiologique, de l'analyse du discours, de l'analyse lexicale ou de l'analyse des relations[2].

Dans la pratique toutefois, un consensus implicite s'est établi entre tous ceux qui étudient les messages médiatisés pour appeler « analyse de contenu » une analyse de type thématique et fréquentiel (nous reviendrons plus loin sur ces caractéristiques). Dans cette optique, l'analyse de contenu est considérée comme un type particulier d'analyse, distincte de l'analyse sémiologique, de l'analyse du discours ou de l'analyse lexicale. C'est également dans ce sens particulier que nous emploierons désormais le terme « analyse de contenu ».

---

2. *L'analyse de contenu* de Laurence Bardin constitue un excellent ouvrage de référence en ce domaine.

Par ailleurs, sauf dans le titre du chapitre, nous utiliserons le terme plus commode d'« analyse de contenu » (au lieu d'« analyse de contenu traditionnelle »). Nous avions ajouté l'adjectif « traditionnelle » pour respecter le fait que l'analyse thématique et fréquentielle est le premier type d'analyse que les chercheurs ont utilisé pour étudier le contenu des messages médiatisés et parce qu'elle a été et demeure depuis très couramment utilisée.

CHAPITRE

3

L'ANALYSE DE CONTENU
TRADITIONNELLE

INTRODUCTION

Le contenu du message en est la substance, ce qui lui donne un sens, ce que l'on signifie lorsqu'on l'émet. Ce sens est véhiculé par une forme; il peut s'agir de la forme linguistique (mots ou phrases écrits ou parlés), de la forme iconique (images fixes : par exemple, les photos, ou en mouvement : par exemple, les images télévisuelles), de la combinaison des deux (mots et images) ou de gestes[1].

Il est à noter qu'un même sens peut être véhiculé par plusieurs formes. Par exemple, la forme linguistique «Au revoir!» et un certain signe de la main (forme gestuelle) véhiculent le même sens, qui est de prendre congé de quelqu'un.

Le message, quant à lui, est global, il désigne à la fois le contenu et la forme. Analyser le contenu des messages, c'est considérer le sens du message indépendamment de sa forme[2].

Nous commencerons ce chapitre par un bref historique de l'analyse de contenu : nous verrons notamment quels types de contenu ont intéressé les chercheurs au cours des années et quels sont les chercheurs qui ont marqué les débuts de l'analyse de contenu; nous jetterons également un coup d'œil sur l'évolution théorique de ce domaine de recherche.

Dans la deuxième section, nous examinerons les possibilités de l'analyse de contenu telle qu'on la conçoit de nos jours; plus précisément, il sera question des fonctions que peut remplir l'analyse de contenu.

Dans la troisième section, nous présenterons les étapes successives de l'analyse du contenu de messages écrits. Il est à noter qu'en théorie, l'analyse de contenu peut s'appliquer à

1. Puisqu'on parle de contenu, on pourrait parler de contenant. Pourtant non, on emploie plutôt l'expression « forme » que l'expression « contenant »; de même, on dit « véhiculé par une forme » et non « compris dans un contenant ».
2. Précisons que le mot « message » peut désigner tantôt la forme, tantôt le contenu, tantôt les deux à la fois (comme il est censé le faire). Le contexte indiquera habituellement dans quel sens il faut le comprendre.

plusieurs types de messages, qu'il s'agisse de messages linguistiques écrits (de type journalistique, littéraire, politique, par exemple) ou oraux, de messages iconiques (images, photographies, peinture) ou de messages gestuels. Nous traiterons de l'analyse du contenu d'un message écrit, tout simplement parce qu'il s'agit là de l'application la plus fréquente de l'analyse de contenu.

LA PETITE HISTOIRE

Dès le début du XXe siècle, l'analyse de contenu — en tant qu'instrument d'analyse des messages médiatisés — s'est surtout développée aux États-Unis. Cela n'est pas étonnant puisque c'est à peu près au même moment que la communauté scientifique américaine (principalement les sociologues) a commencé à s'intéresser aux médias de masse; il était logique que l'on veuille mettre au point un instrument qui permettrait l'analyse plus approfondie des produits des médias de masse[3].

Pendant près de quarante ans, le matériel analysé était presque esssentiellement composé d'articles de presse. Les chercheurs s'interrogeaient sur le degré de sensationnel accordé à certains sujets ou comparaient divers types de presse (le contenu de la presse citadine par rapport à celui de la presse rurale, par exemple). Mais c'est surtout la Première Guerre mondiale qui a donné le coup d'envoi à l'analyse de contenu en mettant à la disposition des chercheurs un type de message à la fois nouveau et abondant : la

---

3. Dans le premier chapitre, nous avons vu que, du début du siècle jusqu'aux années 40, le modèle qui prévalait pour expliquer la relation médias-individus était celui du stimulus-réponse. Selon ce modèle, on considérait l'individu comme un récepteur faible et les médias comme des stimuli puissants ayant un très fort impact : le comportement des individus pouvait être modelé en fonction de leur degré d'exposition aux médias.

Parallèlement à l'étude du comportement des individus (qui se réalisait notamment par des sondages), les chercheurs ont donc commencé à analyser les messages des médias, afin de découvrir ce qui, précisément, provoquait ce comportement chez les individus.

propagande. Ainsi, Harold Lasswell, qui, en 1927, publiait un ouvrage portant sur la propagande véhiculée par la presse écrite depuis 1915 (*Propaganda Technique in the World War*), est considéré aujourd'hui comme l'un des pionniers de l'analyse de contenu.

Durant les années 40, la propagande (nazie, cette fois) a continué de préoccuper les chercheurs américains et c'est encore sur ce type de message que s'est pratiquée la majeure partie des analyses de cette période. Ainsi, on se servait de cet instrument pour démasquer les journaux soupçonnés de propagande nazie. Par exemple, la presse américaine était analysée en fonction des opinions qu'elle exprimait en faveur de l'ennemi : les thèmes favorables à l'ennemi, compris dans un certain nombre de journaux, étaient comptabilisés et comparés (en pourcentage) à l'ensemble des autres thèmes dont traitaient ces mêmes journaux; on procédait également à l'analyse interjournaux, en comparant ceux qui étaient soupçonnés de propagande et ceux qui étaient manifestement patriotiques.

Par ailleurs, à la même époque, les chercheurs des départements de sciences politiques ont contribué au développement de l'analyse de contenu en l'utilisant fréquemment pour effectuer leurs études empiriques. Les sujets à l'étude étaient évidemment politiques ou, du moins, politisés. Or, il était question d'aspects particuliers de la politique, car les messages analysés concernaient tous plus ou moins le conflit qui agitait le monde (la Seconde Guerre mondiale).

De son côté, Harold Lasswell poursuivait à l'Université de Chicago des recherches sur les communications en temps de guerre; plus précisément, il examinait l'utilisation de certains mots clés dans les discours politiques et militaires (droits, liberté, démocratie, par exemple). Ses recherches, de même que celles d'autres chercheurs (notamment I. de Sola Pool et S. Jakobson), ont débouché sur la publication, en 1949, d'un ouvrage collectif : *The Language of Politics : Studies in Quantitative Semantics*.

Les années 40 ont aussi été des années de mise au point méthodologique : on voulait faire de l'analyse de contenu un outil avant tout fiable, c'est-à-dire objectif. Bernard Berelson — figure marquante de cette époque de recherche de l'objectivité dans l'analyse de contenu — a écrit pas moins de trois textes sur les procédés de l'analyse de contenu : *The Analysis of Communications Content* (1948), en collaboration avec Paul Lazarsfeld, *Content Analysis in Communication Research* (1952) et « Content Analysis » dans *Handbook of Social Psychology* (1954). Berelson (1952) a d'ailleurs donné de l'analyse de contenu une définition qui fut déterminante durant bien des années et qui, pour plusieurs, correspond encore aujourd'hui à ce qu'est l'analyse de contenu : « une technique de recherche pour la description objective, systématique et quantitative du contenu manifeste de la communication ».

Jusqu'au milieu des années 50, la recherche de la rigueur et de l'objectivité dans l'analyse de contenu est devenue quasi obsessionnelle, avec comme résultat, durant la dernière moitié de cette décennie, une remise en question de la pertinence de ce type d'analyse. Ceux-là mêmes qui l'avaient imposée comme technique sans faille et qui lui attribuaient des dons de clairvoyance (entre autres, Berelson, Lasswell, De Sola Pool) s'en sont montrés déçus. L'outil était trop contraignant pour ce qu'il permettait de découvrir; l'analyse de contenu ne parvenait qu'à faire dire autrement au contenu ce qu'il avait déjà dit dans sa forme originale.

Il est à remarquer que cette période de désillusion quant au bien-fondé de l'analyse de contenu correspond à la période de remise en question des effets des médias (voir le chapitre 1). Cette perte d'intérêt a toutefois été de courte durée et, à peine les années 50 se terminaient-elles, que l'analyse de contenu connaissait une nouvelle période d'expansion.

Ainsi, en 1959, Ithiel de Sola Pool publiait *Trends in Content Analysis*, un ouvrage réunissant les écrits de chercheurs de disciplines très diverses (histoire, sociologie, psychologie, ethnologie, sciences politiques) qui avaient analysé des contenus tout aussi variés (discours politiques, troubles de la parole d'un malade, etc.). Grâce à ces apports, on a mis au point de nouvelles façons d'envisager le contenu des communications et les règles strictes d'objectivité se sont assouplies.

Jusque-là, on avait analysé les messages selon une approche quantitative : on considérait que c'était la fréquence des éléments de contenu qui était significative. À cette approche est venue s'en ajouter une autre, qualitative celle-là, selon laquelle la présence (ou l'absence) et la valeur des éléments d'un contenu devaient être prises en considération. On a également pris conscience qu'un même message pouvait véhiculer des sens différents selon les circonstances dans lesquelles il était émis.

À la différence des années précédentes — où l'on examinait le message de façon isolée — on s'est mis à tenir compte du contexte du message pour le comprendre et l'analyser. Ces éléments ont contribué à donner de nouvelles visées à l'analyse de contenu : elle permettrait dorénavant de faire autre chose que de décrire un texte (nous reviendrons sur ce point dans la section suivante).

Depuis les années 60, il n'y a pas eu de grands changements en ce qui concerne les principes et les visées de l'analyse de contenu : on tenta de marier le qualitatif au quantitatif et on s'efforça de tenir compte du contexte des messages. On chercha aussi à raffiner cet instrument, à l'appliquer à des messages de plus en plus divers et à l'adapter au matériel à analyser [4].

De fait, il n'y a pas qu'une analyse de contenu; il y a sans doute presque autant de façons d'analyser les messages qu'il y a d'analystes. Pourtant, il existe une méthode générale commune aux divers types d'analyse. C'est cette méthode générale ou, si l'on veut, ces principes généraux d'analyse que nous présenterons un peu plus loin.

---

4. Au niveau purement technique, par exemple, l'ordinateur est devenu d'un grand secours pour les analystes; il leur permet, entre autres, de travailler sur un nombre imposant de données, qu'il serait impossible de traiter à la main, et d'effectuer des tests statistiques irréalisables auparavant.

Auparavant, toutefois, faisons une mise au point sur le rôle de l'analyse de contenu, sur ce qu'elle permet de découvrir à l'intérieur d'un texte[5].

FONCTIONS ET OBJECTIFS DE L'ANALYSE DE CONTENU

L'analyse de contenu est un instrument (d'analyse) qui permet essentiellement de découvrir et de décrire de façon systématique les sens particuliers que véhicule un texte ou, plus précisément, les caractéristiques du contenu d'un texte. Telle est sa fonction et tel est l'unique rôle qu'elle peut jouer.

Ce que l'analyse permet de faire

Dans cette optique de découverte et de description systématique, l'analyse de contenu est aussi bien un instrument d'exploration qu'un outil de vérification. Ainsi, on peut décider d'analyser un texte dans le simple but d'en connaître le contenu. Pensons, par exemple, à un mensuel dit masculin qui serait sur le marché depuis un an. On est intrigué par ce magazine relativement nouveau et on décide — on se pose comme objectif d'analyse — de découvrir quels thèmes ont été abordés depuis sa première parution[6]. Dans ce cas on parlera d'analyse exploratoire.

On peut également se poser des questions précises à propos des caractéristiques d'un texte que l'on connaît superficiellement, ou bien, sous l'impulsion de certaines intuitions

---

5. « Texte » sera désormais employé au sens large de « message ». Nous aurons recours indifféremment aux deux termes.

6. On s'y intéressera peut-être parce qu'il y a peu de revues de ce type (par rapport au nombre de mensuels dits féminins) ou pour quelque autre motif. En effet, on peut s'intéresser à un texte pour des raisons d'ordre théorique, esthétique, purement personnel, etc. Précisons cependant que dans le cadre d'une recherche universitaire (principal milieu où se pratique l'analyse de contenu), il y aurait lieu de justifier cet intérêt.

concernant ces caractéristiques, décider d'analyser le texte dans le but de voir si elles s'y trouvent. Dans ce cas, l'intérêt vient du texte lui-même, de l'*intérieur*. Imaginons, par exemple, que l'on soit intéressé par la publicité comme phénomène de communication de masse et, en même temps, par l'aspect sensationnel du contenu d'un quotidien en particulier (supposons que cette dernière observation ait été appuyée par une analyse de contenu antérieure). On pourra combiner ces deux intérêts : d'une part, on se donnera comme objectif de découvrir quels types d'annonces publicitaires on trouve le plus souvent dans ce quotidien; d'autre part, dans la mesure où l'on présume que la publicité est autant à sensation que le contenu du journal lui-même, on vérifiera cette supposition en procédant à une analyse de contenu. Dans ce cas, l'analyse sera dite vérificatrice.

Qu'elle soit exploratoire ou vérificatrice, l'analyse de contenu vise toujours le même objectif général : découvrir et décrire les caractéristiques du contenu d'un texte. Lorsqu'on l'applique à un texte particulier, l'objectif devient spécifique. Ainsi, la formulation de l'objectif dans chacun de nos exemples (découvrir quels thèmes on a abordés dans le mensuel et découvrir quels types d'annonces publicitaires on retrouve le plus souvent dans le quotidien) est une façon particulière de dire que l'on a pour but de découvrir et de décrire les sens que véhicule un texte.

Ce que l'on peut faire à partir de l'analyse

À partir des années 60 — deuxième phase de l'évolution de l'analyse de contenu (phase dans laquelle nous sommes toujours) —, on a commencé à entrevoir une nouvelle possibilité pour l'analyse de contenu. Tout a débuté lorsqu'on a pris conscience qu'un même message pouvait véhiculer des sens différents selon les circonstances extratextuelles dans lesquelles il était émis. Autrement dit, pour comprendre le sens d'un message, il faut connaître (et comprendre) son contexte; par exemple, la question « Comment vas-tu? » peut correspondre à une simple formule de politesse ou dénoter un intérêt réel de la part de celui qui l'émet. Tout dépend des circonstances qui entourent ce message.

Tous les facteurs qui composent le contexte d'un message et qui, jusqu'à un certain point[7], déterminent le sens du message portent habituellement le nom de « conditions de production » (du message)[8]. Considérons maintenant un exemple simple qui permettra de comprendre que le sens d'un message est effectivement déterminé par ses conditions de production (les conditions dans lesquelles il a été produit).

> Une expression comme « C'est un intellectuel » peut, au-delà de sa signification première, avoir plusieurs sens; tenons-nous-en à trois : elle peut être péjorative, admirative ou neutre. Cela dépend notamment de la personne qui l'émet. Venant de quelqu'un qui a horreur du travail intellectuel et qui considère que l'intellectualisme empêche l'action, la phrase peut avoir un sens péjoratif; venant de quelqu'un qui a de la difficulté à comprendre les abstractions mais qui, en même temps, a un goût prononcé pour elles, la phrase peut avoir un sens admiratif; enfin, venant de quelqu'un qui veut définir le rang social d'une personne qu'il connaît peu et qui, pour le désigner, emploie ce qualificatif, la phrase peut être tout à fait neutre. Par ailleurs, le sens de « C'est un intellectuel » dépend non seulement de la personne qui l'émet, mais aussi du ton avec lequel elle l'émet, de qui la reçoit, du type d'interaction dans lequel le destinateur et le destinataire se trouvent (conversation, interrogatoire, etc.), de leur éducation, etc.

Cet exemple nous montre que les conditions de production correspondent à des éléments aussi nombreux que divers; en effet, il peut s'agir de facteurs d'ordre psychologique, sociologique, religieux, politique, pédagogique, etc.

---

7. Bien que le contexte détermine en grande partie le sens du message, il ne le détermine pas complètement; les éléments qui le composent ont toujours un sens en eux-mêmes. Quand, dans la suite de notre explication, nous parlerons de cette détermination du sens par le contexte, il faudra toujours comprendre que nous sous-entendons détermination « jusqu'à un certain point ».

8. Pour la présente réflexion, les expressions « conditions de production », « contexte », « circonstances », « éléments ou facteurs extratextuels » signifient toutes la même chose : ce qui entoure le message et détermine, jusqu'à un certain point, le sens du message.

La prise de conscience du fait que les conditions de production déterminent le sens des messages a entraîné deux modifications d'attitude. Premièrement, une nouvelle façon de voir le message : puisque le sens du message est, somme toute, fonction de son contexte, il n'est plus considéré de façon isolée — un peu comme une fin en soi — mais bien comme la trace, l'indice de quelque chose qui lui est extérieur, soit le contexte, les circonstances dans lesquelles il est émis; les conditions dans lesquelles il est produit. Deuxièmement, une nouvelle ouverture pour l'analyse de contenu : on peut analyser le contenu d'un message non plus seulement pour en découvrir les caractéristiques, mais aussi pour découvrir de quoi il est la trace, pour déterminer ses conditions de production. Certains auteurs (notamment Bardin, Henry et Moscovi) affirment, d'ailleurs, qu'il s'agit là de la fonction la plus pertinente de l'analyse de contenu. Ainsi, P. Henry et S. Moscovi (1968) considèrent que « toute analyse de contenu vise non l'étude de la langue ou du langage, mais la détermination, plus ou moins partielle, de ce que nous appellerons les conditions de production des textes [...]. Ce qu'on cherche à caractériser, ce sont ces conditions de production et non les textes eux-mêmes ».

Selon cette nouvelle conception du message donc, il serait possible, à partir des caractéristiques du texte, de remonter aux conditions dans lesquelles il a été produit, aux phénomènes qui ont conduit le destinateur à émettre un message ainsi caractérisé. Par exemple, après avoir découvert que les thèmes du mensuel masculin sont carrière-profession, affaires-finances, bricolage et mode masculine et jugé que ces thèmes sont des plus classiques, on pourrait en déduire[9] que le mensuel a été produit par des personnes conventionnelles, pour atteindre une majorité de lecteurs qui, eux aussi, sont conventionnels.

---

9. Déduire : pour la présente réflexion, il s'agit, en fait, d'un processus d'induction plutôt que de déduction (cette dernière consistant à « tirer une conséquence de »). En effet, l'induction est une opération mentale (un raisonnement) par laquelle on établit une cause à partir d'un effet, d'une conséquence. C'est tout à fait le cas ici : on détermine les conditions de production (les causes) à partir des caractéristiques de contenu qui en sont les traces, les indices, bref, les effets.

Ne tenons pas compte de la rapidité avec laquelle nous établissons les conditions de production ni du fait qu'elles nous amènent à porter un jugement de valeur; ce qu'il est important de remarquer ici est que l'établissement des conditions de production d'un texte consiste à expliquer la présence des caractéristiques du contenu d'un texte, par des facteurs extratextuels. On pourrait aussi bien dire que, parce qu'il a été produit par des personnes conventionnelles pour atteindre des lecteurs conventionnels, le mensuel contient les thèmes carrière-profession, affaires-finances, bricolage et mode masculine.

De nos jours, l'analyse de contenu est un instrument de recherche bien implanté dans plusieurs secteurs des sciences sociales (notamment les sciences politiques, la sociologie, la psychologie et, évidemment, la communication). Ajoutons même que l'intérêt porté aux manifestations de la communication — aux textes — à l'intérieur de ces disciplines dépasse habituellement la stricte description des caractéristiques du contenu. En effet, on analyse le contenu des textes dans le but d'en expliquer les caractéristiques, dans le but de les interpréter [10]. Or, l'interprétation des caractéristiques de contenu (la détermination des conditions extratextuelles dans lesquelles un texte a été produit) ne peut s'effectuer que par un travail différent de l'analyse de contenu elle-même.

Complémentaire à l'analyse de contenu, ce travail, qui a pour but de justifier et d'appuyer l'interprétation, ne doit d'ailleurs pas se faire à l'aveuglette; c'est pourquoi notre interprétation-exemple des thèmes découverts dans le mensuel masculin n'est pas un modèle à reproduire, parce que rien (sauf des opinions personnelles) ne la justifie. Il y a en effet certains critères à respecter dans l'interprétation des caractéristiques du contenu d'un texte.

---

10. L'analyse de contenu est un instrument dont on se sert également dans le domaine de la recherche professionnelle (privée, non universitaire); elle sert, par exemple, à analyser les résultats de sondages effectués par questions ouvertes (questions qui ne sont pas accompagnées de choix de réponses et dont le but est précisément de faire parler le sujet). Il est à noter que, dans ce domaine, on utilise surtout l'analyse de contenu pour découvrir les caractéristiques d'un contenu, la recherche d'interprétation n'étant pas jugée nécessaire.

D'abord, il faut établir dans quelle direction peut aller cette interprétation. Autrement dit, il faut choisir quelles conditions de production on cherchera à définir. Nous l'avons déjà mentionné, les facteurs extratextuels qui déterminent le sens d'un texte sont aussi nombreux que divers. On ne peut analyser un texte dans le but d'établir toutes les conditions de sa production; on ne peut faire que l'interprétation partielle d'un texte.

Ensuite, il entre sans doute une bonne part d'intuition dans la tâche qui consiste à remonter des caractéristiques de contenu aux conditions de production. Toutefois, ce processus d'induction a besoin de s'appuyer sur un cadre théorique et sur d'autres procédés d'investigation. Tout cela a pour but, répétons-le, de justifier l'interprétation, la détermination des conditions de production particulières.

Voyons un exemple, où l'on décrit de quelle manière on pourrait avoir recours à un cadre théorique et à certains procédés d'investigation.

> On se propose d'analyser le contenu d'un quotidien (sur une période de quelques mois) en vue de déterminer ses conditions politiques de production, afin, donc, d'en faire l'interprétation politique. À partir des caractéristiques de contenu (découvertes et décrites par l'analyse de contenu), on suppose que le texte est produit dans des conditions *de gauche*. Il faut donc définir cette notion. On peut y arriver en ayant recours à des manuels généraux de politique et en adaptant la notion *de gauche* à la société particulière dans laquelle est produit le quotidien : on pourrait puiser ces renseignements dans les programmes politiques des partis (des partis non seulement de gauche, mais aussi de droite et du centre). Par ailleurs, il y aurait lieu de faire une enquête sur le terrain, c'est-à-dire au journal lui-même (par des questionnaires aux journalistes, aux dirigeants, etc.) afin de vérifier l'existence de manifestations de gauche.

Au terme d'un tel processus (passablement long), on pourrait relier les caractéristiques de contenu aux conditions de production. Nous insistons sur le terme relier, car nous considérons qu'il est plus exact de dire que l'on établit un lien entre caractéristiques de contenu et conditions de production que de dire que l'on détermine les conditions de production à partir des caractéristiques de contenu. En effet, même lorsque tout est défini, justifié, pesé, on ne peut être totalement certain de l'interprétation d'un texte, car il n'existe pas encore de théorie de production du sens qui permettrait d'affirmer que telle caractéristique de contenu produite dans telles conditions a tel sens.

Avant de passer à la section suivante, récapitulons.

1. L'analyse de contenu est un instrument qui permet de découvrir et de décrire de façon systématique les caractéristiques du contenu d'un texte. Il s'agit là de la fonction essentielle de l'analyse de contenu.

2. Par ailleurs, il est possible d'interpréter ces caractéristiques, c'est-à-dire de relier les caractéristiques du contenu d'un texte aux conditions extratextuelles dans lesquelles ce texte a été produit.

3. On procède donc à l'analyse du contenu d'un texte dans l'intention

   – de décrire les caractéristiques du contenu; dans ce cas, la description est l'objectif à atteindre, ou

   – d'interpréter les caractéristiques du contenu; dans ce cas, la description n'est qu'une étape — une étape nécessaire — permettant d'atteindre l'objectif, qui est l'interprétation.

Dans les pages qui suivent, nous présenterons les principes généraux à respecter pour réaliser une analyse de contenu. Cette présentation prendra la forme d'une marche à suivre et nous traiterons des cinq principales étapes de l'analyse de contenu :

1. le choix des documents;

2. la formulation des hypothèses;

3. le découpage du texte en unités d'analyse;

4. la quantification des thèmes;

5. la description des résultats.

Il est à noter que, par ce qui précède, nous avons voulu énoncer les principes généraux d'une analyse de contenu dont le but est la description des caractéristiques du contenu d'un texte.

Pour des raisons faciles à comprendre, nous ne traiterons pas de l'interprétation des résultats. D'abord, il n'y a pas de marche à suivre particulière pour interpréter les caractéristiques du contenu d'un texte; tout dépend de ce que l'on cherche à démontrer à partir du texte. Au plus, y a-t-il quelques principes généraux à respecter et nous en avons déjà parlé : référence à un cadre théorique et procédé d'investigation divers visant à justifier les intuitions premières (voir plus haut). Ensuite, en supposant que nous décidions de présenter une marche à suivre particulière, il faudrait y consacrer beaucoup plus que quelques pages. Enfin, les façons d'interpréter les caractéristiques d'un texte ne s'enseignent pas vraiment; l'interprétation d'un texte est une discipline qui s'acquiert par la pratique.

LES ÉTAPES SUCCESSIVES DE L'ANALYSE

Avant de procéder à une analyse de contenu, il faut d'abord la préparer. Cette première étape vise plus particulièrement à choisir les documents à analyser et à formuler les hypothèses d'analyse.

Le choix des documents

Un document est un texte (un message) dans sa forme tangible : un livre, un journal, une émission de radio, de télévision, etc. Nous avons déjà indiqué que, dans ce chapitre, nous traiterions de l'analyse du contenu des messages médiatisés *écrits*. Toutefois, même dans cet univers restreint, les types de documents sont nombreux et il y a lieu de faire une sélection parmi les articles de quotidiens, d'hebdos, de mensuels, de revues spécialisées (féminines ou économiques, par exemple), les éditoriaux, etc.

Une fois le type de document choisi, il faut constituer le *corpus* d'analyse, c'est-à-dire l'ensemble des documents sur lesquels portera concrètement l'analyse. En principe, le corpus doit être exhaustif. Autrement dit, il faut retenir tous les documents du type choisi.

Par exemple, si l'on se propose d'analyser le contenu des articles d'un quotidien qui rapportent ou résument les opinions qu'un politicien a exprimées à propos du libre-échange au cours des négociations, pour constituer un corpus exhaustif on ne devra omettre aucun des articles publiés à ce sujet.

Dans la pratique cependant, il arrive qu'il soit impossible de faire une analyse de contenu à partir d'un corpus exhaustif. En effet, ce corpus peut se révéler trop volumineux et exiger de la part de l'analyste qu'il passe une bonne partie de sa vie à en analyser le contenu... Deux solutions s'offrent alors.

On peut réduire le corpus de façon arbitraire. Par exemple, au lieu d'analyser les articles correspondant à toute la période des négociations (exemple précédent), on pourrait décider d'analyser les articles publiés durant une période plus restreinte, plus particulière (deux mois, par exemple). Or, cette façon de diminuer le corpus impose une réorientation de l'objectif de l'analyse. Il s'agit d'un changement considérable qui n'est pas toujours désiré ni réalisable par l'analyste.

Reste alors la solution de l'échantillonnage. Un échantillon est un sous-ensemble représentatif du corpus exhaustif, c'est-à-dire qu'il possède, toutes proportions gardées, les caractéristiques du corpus exhaustif. Pour former un échantillon à partir du corpus exhaustif d'une année entière de publication, il faudrait tenir compte, entre autres, du contenu moyen du quotidien. Si ce dernier traite à 40 % de politique, à 15 % de faits divers, de 15 % d'arts, de spectacles et de culture, à 10 % d'affaires internationales, à 10 % d'affaires économiques et à 10 % de sports, le contenu moyen de l'échantillon devra respecter les mêmes proportions. La rigueur dans la constitution d'un échantillon est nécessaire. En effet, la fonction de l'échantillon est justement de permettre d'appliquer les résultats de l'analyse de ce sous-ensemble au corpus initial.

La formulation des hypothèses

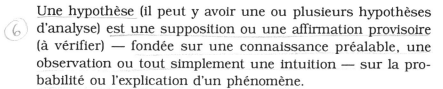 Une hypothèse (il peut y avoir une ou plusieurs hypothèses d'analyse) est une supposition ou une affirmation provisoire (à vérifier) — fondée sur une connaissance préalable, une observation ou tout simplement une intuition — sur la probabilité ou l'explication d'un phénomène.

Dans le cas d'une analyse de contenu où l'objectif est de découvrir les caractéristiques du contenu d'un texte particulier, l'hypothèse peut porter précisément sur ces caractéristiques et prendre la forme suivante : « Selon ce que j'ai lu (ou observé ou d'après mon intuition), je suppose que le contenu de ce texte se caractérise de telle et telle façon et que, de ce fait, il véhicule tel et tel sens ».

La formulation des hypothèses est une étape très importante parce qu'elles vont orienter l'analyse. Il est donc nécessaire qu'elles soient formulées de façon aussi claire et précise que possible. Certains auteurs (notamment Henry et Moscovi, 1968) considèrent qu'il n'est pas nécessaire d'émettre des hypothèses avant de procéder à une analyse de contenu. Le texte parlera de lui-même et c'est à partir de ses caractéristiques que l'on pourra, s'il y a lieu, émettre des hypothèses. Or, bien souvent, des idées a priori prédisposent l'analyste malgré lui. Donc, avant même d'énoncer des hypothèses claires et précises, il est important de réfléchir et de mettre à jour tout ce que l'on suppose à propos du texte à analyser.

Les deux activités que constituent la formulation d'hypothèses et le choix des documents sont intimement liées et ne suivent pas nécessairement l'ordre dans lequel nous les avons présentées. Une hypothèse déjà formulée peut être modifiée après le choix des documents[11]. De même, l'ensemble des documents choisis peut être élargi ou rétréci après la formulation des hypothèses.

Le type de document choisi, l'échantillon constitué et les hypothèses formulées, on peut ensuite entreprendre l'analyse comme telle. Celle-ci débute par le découpage du texte en unités d'analyse.

Le découpage du texte en unités d'analyse

Quelles que soient sa nature et son envergure, un texte est un objet complexe que l'on ne peut analyser en bloc. Il faut le décomposer en éléments simples que l'on nomme unités d'analyse. C'est l'analyste qui décide de ce que sera l'unité d'analyse et, bien que ce choix soit arbitraire, il doit être pertinent. En effet, l'unité d'analyse est un aspect significatif du texte déterminé en fonction des objectifs de l'analyse. Précisons qu'un texte découpé en unités d'analyse est fractionné en segments (phrases, mots réels) qui ont des sens différents. Toutefois, l'unité d'analyse est avant tout une forme commune à tous ces segments. Une fois nommé, cet aspect est facilement reconnaissable, il a une signification en lui-même (c'est pourquoi nous avons parlé d'aspect *significatif*).

> Par exemple, un chercheur se propose d'analyser les déclarations publiques d'un politicien au cours d'une campagne électorale en vue de découvrir quels sont les mots clés de son discours. En fonction de cet objectif, on comprendra que c'est le mot qui est l'aspect significatif du texte (avant d'avoir un sens, le mot est une forme linguistique). Dans ce cas, l'analyste décidera de découper le texte en mots; il pourra relever tous les mots (à l'exception des mots vides comme les articles, les pronoms personnels, etc.) ou encore seulement certaines catégories

---

11. Le choix des documents à analyser précise généralement l'objectif. Ainsi, supposons que l'on décide d'analyser les déclarations publiques d'un politicien à propos du libre-échange : une fois le type de document choisi (disons : la presse écrite), l'objectif précis deviendra alors d'examiner les déclarations du politicien à propos du libre-échange *diffusées par la presse écrite*.

de mots : les verbes, les adjectifs, etc. Cela dépendra de la précision de l'objectif d'analyse (il pourrait vouloir découvrir quels sont les verbes clés, par exemple) ou des hypothèses (il pourrait supposer, par exemple, que les adjectifs sont en majeure partie des superlatifs : meilleur, extrême, etc.).

Une autre personne pourrait analyser le même texte mais, cette fois, en vue de découvrir les phrases clés, les slogans électoraux en quelque sorte. Dans ce cas, la phrase (autre forme linguistique) serait l'aspect significatif et l'analyste découperait alors le texte en phrases.

Le mot et la phrase sont des unités d'analyse très formelles que l'on utilise rarement. Habituellement, l'unité d'analyse est plutôt une idée et, de ce fait, donne un peu plus de renseignements sur le contenu du segment de texte auquel elle correspondra.

Les messages médiatisés sont souvent des récits, des histoires. Les feuilletons télévisés, les téléromans sont des récits de faits fictifs; les reportages journalistiques de faits divers (articles de journaux, téléjournal, nouvelles radiophoniques) sont des récits de faits réels; même certains documentaires sont diffusés sous forme de récits. Les récits mettent en cause des personnages qui font ou subissent des actions. Dans le cas des récits, l'unité d'analyse peut justement être le personnage ou l'événement. Ces unités d'analyse donnent effectivement plus d'information sur le contenu du segment de texte auquel elles correspondront que le mot ou la phrase.

Comme la conception de l'unité d'analyse dépend de l'objectif de l'analyse, on peut supposer qu'il y en a de nombreux types. En principe, cela est vrai. Toutefois, dans la pratique, il existe une unité d'analyse très fréquemment utilisée : le thème. En effet, les thèmes d'un texte sont les éléments de base qui se dégagent le plus naturellement de ce texte. Il s'agit des idées constituantes d'un texte — idées porteuses de significations isolables. La définition du thème a l'avantage d'être assez large pour recouvrir la réalité de plusieurs aspects du texte. D'une part, le thème n'a pas de dimension prédéfinie, il est de longueur variable : il peut aussi bien être rendu par une phrase, une suite de phrases et même un paragraphe que par un mot ou une portion de phrase. D'autre part, il ne prédétermine pas le contenu du segment de texte auquel il correspondra : dans un même texte, le thème peut être à la fois un événement et un personnage. Comme le dit M. C. d'Unrug (1974), dans son ouvrage *Analyse de contenu et acte de parole*, sa réalité n'est pas d'ordre linguistique, mais psychologique.

Le découpage final du texte en thèmes [12] est précédé de nombreuses lectures du texte initial, de retours sur certaines parties du texte, de mises au point. Lorsque le découpage est terminé, le texte initial a déjà subi une première transformation : il ne s'agit plus vraiment de mots, de phrases, mais d'une suite de thèmes. À ce moment, il y a lieu de procéder au regroupement des segments de texte qui illustrent chacun des thèmes. En effet, cette deuxième transformation du texte facilitera le travail subséquent de l'analyse. Elle permettra notamment d'avoir une vue d'ensemble du contenu de chaque thème et d'y déceler les nuances de sens; elle préparera également le terrain pour l'étape suivante : la quantification des thèmes [13].

La quantification des thèmes

La quantification des thèmes repose sur le principe selon lequel l'importance significative d'un thème croît avec sa fréquence d'apparition. À cette étape, on détermine donc la fréquence d'apparition de chaque thème dans le texte. Pour ce faire, on compte le nombre de segments appartenant à chaque thème.

---

12. Puisque nous suggérons le choix du thème comme unité d'analyse d'un texte, nous utiliserons désormais ce mot au lieu de l'expression « unité d'analyse » employée jusqu'ici. Rappelons-nous, toutefois, que ce que nous dirons à propos du thème vaudra pour tous les types d'unités d'analyse.

13. Au niveau strictement pratique, la transposition du texte initial en thématique peut se faire simplement, de la façon suivante : on pose le thème comme titre et on fait la liste des segments de texte, recopiés intégralement, qui correspondent à ce thème.

Soit un reportage publicitaire vantant les mérites d'une nouvelle plante médicinale : *Herbo*[14]. Ce texte comprendra les thèmes suivants : beauté, bonheur, santé et jeunesse. Après découpage en thèmes et regroupement des segments de texte correspondant au même thème, le texte se présente comme suit (où *st* représente un segment intégral du texte) :

TABLEAU 3.1 **Fréquence d'un thème (1)**

BEAUTÉ	*BONHEUR*	*SANTÉ*	*JEUNESSE*
st	st	st	st
st	st	st	st
st	st	st	st
st		st	st
st		st	st
st		st	st
			st
TOTAL DES APPARITIONS			
6	3	5	7

En faisant le compte, on constate que c'est le thème jeunesse qui comprend le plus grand nombre de segments. En fonction du principe énoncé plus haut, on peut donc conclure provisoirement que l'élément jeunesse est le plus important, le plus significatif dans ce publi-reportage.

À cette étape de l'analyse, on a considéré que tous les segments de texte avaient la même valeur. Or, tel n'est souvent pas le cas. En fonction de ce que l'on recherche par l'analyse de contenu, on peut juger qu'un segment de texte illustrant un thème est plus important, plus significatif qu'un autre. Supposons, par exemple, que les sept apparitions du thème jeunesse correspondent à sept segments de texte qui sont

---

14. On trouve dans certains magazines une forme de publicité, nommée publi-reportage. Elle a l'apparence d'un reportage (elle contient souvent jusqu'à deux pages de texte), mais on constate rapidement qu'elle vante un produit.

autant de courtes phrases simples (sujet, verbe et complément), alors que les six apparitions du thème beauté correspondent à six segments de texte constitués de longues phrases complexes (sujet, verbe, complément et subordonnées). Bien que le thème jeunesse apparaisse plus souvent que le thème beauté, ce dernier couvre une surface de texte plus considérable.

Par ailleurs, un segment de texte peut être jugé plus important qu'un autre parce qu'il est exprimé avec plus de force. Ainsi, *fixer quelqu'un* est plus fort que simplement le regarder, le présent de l'indicatif exprime plus nettement une certitude que le conditionnel, les adverbes modifient le sens des verbes (ils les atténuent ou les renforcent), les adjectifs nuancent les noms. Pour juger de la valeur d'un segment de texte, il faut donc examiner non seulement la longueur des segments de texte, mais également ce que l'on appellera ses modalités, c'est-à-dire des mots qui modifient le sens de certains mots ou d'une phrase entière.

En tenant compte de la valeur des thèmes, par l'examen de la longueur des segments de texte et de leurs modalités on ajoute un aspect qualitatif à une analyse qui serait uniquement quantitative si l'on ne se préoccupait que de la fréquence d'apparition des thèmes. Cet ajout est fort pertinent, car il permet de relativiser l'importance de l'apparition d'un thème.

Reste maintenant à exprimer cette valeur en chiffres. Cela est relativement simple : il suffit de pondérer la fréquence d'apparition des thèmes. Reprenons l'exemple du publi-reportage *Herbo*. Après le découpage des thèmes et le regroupement des segments de texte qui illustraient chacun d'eux, on en arrivait à un tableau où, ne tenant compte que de la fréquence d'apparition des thèmes, chacun des segments avait implicitement la même valeur; posons que cette valeur soit 1.

Supposons maintenant que l'examen de la longueur et des modalités des segments de texte ait fait ressortir que ceux portant sur les thèmes beauté et jeunesse sont deux fois plus importants que ceux illustrant les thèmes bonheur et santé. On multipliera alors par deux la valeur des thèmes en cause.

Par ailleurs, imaginons que l'on constate des inégalités à l'intérieur même de certains thèmes : trois segments du thème beauté sont deux fois plus importants que les trois autres du même thème; un segment du thème santé est trois fois plus important que les quatre autres; deux segments du thème jeunesse sont deux fois plus importants que les cinq autres. À la suite de ces considérations, la fréquence d'apparition des thèmes pourra être pondérée et le tableau, corrigé en conséquence :

TABLEAU 3.2 **Fréquence pondérée d'un thème (1)**

BEAUTÉ	BONHEUR	SANTÉ	JEUNESSE
st x 2 x 2 = 4	st x 1 = 1	st x 3 = 3	st x 2 x 2 = 4
st x 2 x 2 = 4	st x 1 = 1	st x 1 = 1	st x 2 x 2 = 4
st x 2 x 2 = 4	st x 1 = 1	st x 1 = 1	st x 2 x 1 = 2
st x 2 x 1 = 2		st x 1 = 1	st x 2 x 1 = 2
st x 2 x 1 = 2		st x 1 = 1	st x 2 x 1 = 2
st x 2 x 1 = 2			st x 2 x 1 = 2
			st x 2 x 1 = 2

FRÉQUENCE PONDÉRÉE			
18	3	7	18

On constate donc que, grâce à la pondération de la fréquence d'apparition des thèmes, la quantification des thèmes n'est plus la même : les thèmes beauté et jeunesse prennent encore plus d'importance que les deux autres.

Il est clair que la pondération de la fréquence d'apparition des thèmes relève d'une décision arbitraire. C'est pourquoi le fait de juger un segment de texte comme plus important qu'un autre doit toujours pouvoir être justifié [15].

---

15. Le fait de juger qu'un segment de texte est plus long qu'un autre n'a pas besoin d'être justifié puisque cela est habituellement assez évident. Quant aux modalités, les dictionnaires et les grammaires sont encore les meilleurs outils pour les évaluer donc, pour justifier leur valeur.

L'étape de la quantification des thèmes peut comprendre une dernière évaluation : celle de l'orientation des thèmes. L'orientation est la prise de position de chaque segment de texte par rapport au thème correspondant. Cette prise de position se manifeste habituellement par une modalité. La décision d'évaluer l'orientation se prend au moment de la formulation des hypothèses (cette évaluation est généralement fonction des hypothèses); toutefois, on peut aussi, en cours d'analyse, constater que les thèmes sont orientés et décider alors d'en évaluer l'orientation. Nous expliquerons davantage ce qu'est l'orientation des thèmes en présentant un dernier exemple, ce qui nous permettra également de récapituler les étapes de l'analyse.

Soit un article de magazine portant sur une grève qui dure depuis un an à l'usine Stax. On pose comme hypothèse que l'article est en faveur (orientation) de la position syndicale; on analyse ce texte en vue de vérifier cette hypothèse.

Plusieurs lectures font découvrir trois thèmes : (a) les conditions de travail; (b) les conditions salariales; (c) les conflits (tant idéologiques ou verbaux que physiques) entre patronat et syndicat. Le regroupement des segments de texte illustrant chacun des thèmes donne le tableau suivant :

TABLEAU 3.3 **Fréquence d'un thème (2)**

A – CONDITIONS DE TRAVAIL	B – COND. SALARIALES	C – CONFLITS
st	st	st
st	st	st
st	st	st
	st	
TOTAL DES APPARITIONS		
3	4	3

Par ailleurs, l'examen de la valeur de chaque segment de texte entraîne la pondération suivante de la fréquence d'apparition :

TABLEAU 3.4 **Fréquence pondérée d'un thème (2)**

A – CONDITIONS DE TRAVAIL	B – COND. SALARIALES	C – CONFLITS
st x 1 = 1	st x 1 = 1	st x 1 = 1
st x 1 = 1	st x 2 = 2	st x 1 = 1
st x 2 = 2	st x 3 = 3	st x 1 = 1
	st x 1 = 1	
FRÉQUENCE PONDÉRÉE		
4	7	3

Puisque l'hypothèse le demande, on doit également évaluer l'orientation. Le signe (+) indique que le segment de texte est favorable au syndicat; le signe (-) qu'il ne l'est pas, donc qu'il est en faveur du patronat; le signe (o) indique que le segment de texte est neutre, c'est-à-dire en faveur ni du syndicat, ni du patronat. Cette évaluation aboutit au tableau suivant.

TABLEAU 3.5 **Valeur d'orientation d'un thème**

A – CONDITIONS DE TRAVAIL	B – COND. SALARIALES	C – CONFLITS
1 +	1 -	1 o
1 +	2 +	1 o
2 +	3 +	1 o
	1 -	
VALEUR D'ORIENTATION		
4	3	0

La fréquence d'apparition conjuguée à l'orientation de chaque thème conduit donc au total suivant : pour le thème des conditions de travail, quatre apparitions en faveur du syndicat; pour le thème des conditions salariales, deux apparitions en faveur du patronat et cinq en faveur du syndicat; pour le thème des conflits, trois apparitions neutres.

Dans notre exemple, l'hypothèse pose une orientation selon la polarité défavorable/favorable. Bien que l'on retrouve souvent ce type d'orientation dans les analyses de contenu, il en existe d'autres (qui sont toujours fonction des hypothèses). Par exemple, on peut vouloir analyser un discours électoral parce qu'on suppose que les différents arguments de ce discours sont plus économiques que politiques. Dans ce cas, on comparera l'orientation politique/économique de chaque segment de texte. Ou encore, on peut vouloir analyser un téléroman parce qu'on suppose qu'il diffuse des valeurs conservatrices plutôt que progressistes. Dans ce cas, on évaluera l'orientation conservatisme/progressisme de chaque segment de texte.

L'orientation est habituellement bipolaire, du type « non x/x »; il peut toutefois arriver que l'on ait à juger un texte neutre ou même ambigu. Certains chercheurs vont même jusqu'à établir des échelles d'évaluation complexes du type suivant :

(non x)	−3	−2	−1	0	1	2	3	(x)

Précisons enfin que l'évaluation de l'orientation d'un segment de texte peut se faire soit lors du découpage, soit lors de la quantification, l'important étant que l'orientation de chaque segment de texte soit déterminée.

Voyons maintenant l'étape finale de l'analyse de contenu : la description des résultats.

La description des résultats

La description des résultats ne suit pas de règles absolument rigoureuses. Cette étape consiste à présenter sous forme de discours et le plus fidèlement possible les caractéristiques du texte qui, au terme de l'étape précédente, ont été exprimées en chiffres. La parole étant plus souple que les chiffres, on profitera de cette étape pour apporter des nuances ou développer certains points. La description peut débuter par la présentation des résultats en pourcentage. Si l'on reprend l'exemple précédent, cela pourrait donner le texte suivant :

« *L'article sur la grève à l'usine Stax traite de trois thèmes dans les proportions suivantes : 30 % du texte porte sur les conditions de travail des employés, 50 % porte sur les conditions salariales et enfin 20 % porte sur les conflits entre patronat et syndicat. La totalité du texte portant sur les conditions de travail est exprimée en faveur du syndicat. Ainsi... »*

Il est à noter que nous exprimons ici les proportions pondérées; nous aurions pu également présenter les proportions absolues et représenter ensuite ou répéter les justifications de la pondération. Il s'agit à ce moment d'appuyer les constatations par des exemples (les citations les plus pertinentes du texte), en les expliquant si besoin est. Reprenons la description :

« Nous constatons également que la majeure partie du texte — cinq segments sur sept ou 70 % — portant sur les conditions salariales des employés est exprimée en faveur du syndicat. Ainsi... (exemples). Il est à noter toutefois que toutes les données sur les conditions salariales — les 70 % en faveur du syndicat comme les 30 % en faveur du patronat — proviennent de porte-parole du syndicat. Par exemple (...). Cela peut donner lieu à penser que si les sources de renseignements avaient été plus variées, les idées exprimées dans l'article auraient pu être différentes. » Et ainsi de suite.

La description détaillée et illustrée d'exemples étant terminée, il s'agit de voir si l'hypothèse (s'il y en avait une) est confirmée ou infirmée. Dans le cas de l'article sur l'usine Stax, la conclusion pourrait avoir l'allure suivante :

« La majeure partie du texte analysé (80 %) est orientée soit en faveur de la position patronale, soit en faveur de la position syndicale, 20 % du texte seulement étant considéré comme neutre (voir tableau des résultats). À l'intérieur de cette partie du texte et indépendamment des thèmes traités, 80 % du texte orienté, soit neuf segments sur onze, est exprimé en faveur de la position syndicale, 20 % étant exprimé en faveur de la partie patronale. Il apparaît donc que notre hypothèse selon laquelle l'article présente la grève à l'usine Stax en prenant position pour le syndicat est confirmée. L'analyse a, de plus, démontré que l'article s'appuie plus spécifiquement sur une thématique des conditions de travail et des conditions salariales pour exprimer cette opinion. »

Il est à noter que notre exemple d'analyse de l'article sur la grève à l'usine Stax était fort simple, très schématique. Il n'était composé que de trois thèmes, clairement orientés en faveur de l'une ou l'autre des parties ou alors clairement neutres. En fait, les textes sont généralement plus complexes : ils peuvent comprendre plusieurs thèmes et sous-thèmes qui ne sont pas si facilement isolables, les thèmes peuvent être plus ambigus dans leur orientation, il peut y avoir des degrés d'orientation, etc. Il faut justement profiter de la description des résultats pour clarifier les points restés obscurs lors de la quantification des thèmes et pour démontrer certaines évidences que les données chiffrées n'ont pas clairement fait apparaître.

RAPPEL

Dans ce chapitre, nous avons d'abord présenté la principale fonction de l'analyse de contenu : il s'agit d'un instrument qui permet de découvrir et de décrire de façon systématique les caractéristiques du contenu d'un texte. Nous avons vu également qu'il est possible d'interpréter ces caractéristiques, c'est-à-dire que l'on peut relier les caractéristiques du contenu d'un texte aux conditions extratextuelles dans lesquelles il a été produit. Toutefois, pour justifier l'interprétation, suivant l'analyse de contenu, il est nécessaire d'avoir recours à un cadre théorique et à des procédures d'investigation.

Nous avons ensuite décrit les cinq grandes étapes de l'analyse de contenu :

1. le choix des documents;

2. la formulation des hypothèses, c'est-à-dire de suppositions à propos du texte à analyser;

3. le découpage du texte en unités d'analyse, c'est-à-dire le choix de l'aspect significatif du texte qui deviendra l'unité d'analyse et le découpage du texte en segments illustrant cet aspect significatif;

4. la quantification des thèmes (ou des unités d'analyse), plus précisément :

    a) la détermination de la fréquence d'apparition de chaque thème dans le texte,

    b) la pondération de la fréquence d'apparition des thèmes,

    c) l'orientation de chaque thème;

5. la description des résultats, c'est-à-dire la description sous forme de discours écrit des caractéristiques du texte exprimées en chiffres à l'étape précédente.

L'ANALYSE SÉMIOLOGIQUE

INTRODUCTION

La sémiologie — du grec *semeïôn* (signe) — est la science qui étudie les systèmes de signes. Le sens du mot « signe » est évidemment très large et nous lui donnerons une définition précise plus loin. Retenons pour le moment que la sémiologie est la science des signes qui composent les messages de la communication humaine.

Le système linguistique (la langue) est sans doute le plus important des systèmes de signes. À côté des mots, toutefois, on trouve les gestes (signes gestuels ou kinésiques), les odeurs (signes olfactifs), les sons (signes auditifs) et surtout les images (signes iconiques). À un moment ou un autre et dans des proportions variables, ces signes entrent tous dans la composition des messages que l'on reçoit ou que l'on envoie. En principe, la sémiologie devrait explorer tous ces systèmes de signes. Or, dans les faits, la sémiologie est essentiellement linguistique et iconique.

Les notions que nous présenterons dans ce chapitre sont celles d'une sémiologie générale, c'est-à-dire d'une sémiologie pouvant s'appliquer à tous les systèmes de signes. Toutefois, pour aller dans le sens des recherches sémiologiques qui se réalisent de nos jours, nous puiserons la majorité des exemples qui serviront à expliquer ces notions dans les systèmes de signes que sont la langue et l'image.

Tout comme c'était le cas pour l'analyse de contenu, nous débuterons par un bref historique de la sémiologie. Nous verrons notamment qui sont les précurseurs de cette science, qui sont ceux qui, bien plus tard, ont fait de la sémiologie et sur quels types de messages ils ont pratiqué l'analyse sémiologique.

Au chapitre précédent, nous avions présenté la marche à suivre générale pour effectuer une analyse de contenu. Nous traitions alors d'un instrument, d'une technique dont l'apprentissage n'exige pas de connaître une théorie, mais plutôt de savoir exercer une certaine logique. L'analyse sémiologique, quant à elle, ne constitue pas une technique comme l'analyse de contenu, mais bien la mise en application d'une théorie (la sémiologie). C'est pourquoi elle ne fait pas appel à une méthode, mais à des connaissances. En conséquence, nous ferons donc suivre l'historique de la sémiologie d'un exposé des concepts de base de cette discipline : le signe, le signifiant et le signifié, la signification, la valeur, l'axe paradigmatique et l'axe syntagmatique, la dénotation et la connotation.

Les exemples qui serviront à illustrer ces concepts auront, presque tous, été puisés dans la langue. Pour les deux dernières sections de ce chapitre, nous ferons appel à un autre système de signes, celui des signes iconiques appliqué à la publicité. Nous présenterons d'abord, succinctement les particularités de l'image publicitaire, type de message qui se prête très bien à l'analyse sémiologique. Après quoi, en nous basant toujours sur le cas de l'image publicitaire, nous traiterons de certains problèmes relatifs à la réalisation de l'analyse sémiologique.

LE DÉVELOPPEMENT DE LA SÉMIOLOGIE

C'est à Ferdinand de Saussure (1857-1913), linguiste suisse, et à Charles Sanders Pierce (1839-1914), philosophe américain, que l'on doit la conception de la sémiologie. Examinons brièvement comment, chacun de son côté, Saussure et Pierce en sont arrivés à entrevoir l'importance et la nécessité d'une telle science [1].

La théorie linguistique de Saussure [2] repose sur la distinction langue/parole. En effet, le linguiste considère la langue

---

1. Le mot « semiotikê » apparaît dans le langage platonicien et correspond à ce que l'on désigne aujourd'hui comme « logique formelle ». On retrouvera ce terme, beaucoup plus tard, dans les écrits d'un philosophe anglais du XVIIe siècle : John Locke. Chez cet auteur, « semiotikê » a sensiblement le même sens que celui que lui avaient donné les philosophes de la Grèce antique.

2. C'est dans le *Cours de linguistique générale*, œuvre posthume, que l'on trouve les thèses linguistiques de Ferdinand de Saussure. Cet ouvrage a été produit par Charles Bally et Albert Sechehaye (étudiants de Saussure), à partir des notes qu'ils avaient prises durant les cours donnés par Saussure, à l'Université de Genève, entre 1906 et 1911.

comme un ensemble systématique d'éléments et de règles. Cet ensemble est commun aux membres d'une société et leur permet de s'exprimer et de communiquer. Les mots du dictionnaire, et les règles grammaticales font partie de la langue.

Quant à la parole, elle est constituée, d'une part, des combinaisons (d'éléments et de règles) par lesquelles l'individu exprime sa pensée et, d'autre part, des mécanismes psychiques et physiologiques qui lui permettent de les extérioriser. La parole est l'usage que chaque individu fait de la langue. La prononciation ainsi que le choix de certains mots du vocabulaire et de certaines règles grammaticales sont des manifestations de la parole. Malgré le fait que les individus aient des paroles distinctes, ils se comprendront s'ils partagent la même langue. En effet, selon Saussure, il s'établit une sorte de moyenne entre les individus unis par la même langue : ils associent approximativement les mêmes signes aux mêmes réalités, aux mêmes concepts.

Pour Saussure, c'est la langue, et non la parole, qui est l'objet de la linguistique. Pour lui, la langue est une institution sociale au même titre que les institutions politiques ou juridiques, par exemple, mais différente de celles-ci en ce qu'elle est un système de signes permettant d'exprimer des idées. La linguistique ferait donc partie d'une science plus générale — la sémiologie — qui étudierait la vie des signes dans la vie sociale, en d'autres termes, qui expliquerait les signes et les lois qui les régissent.

Pour sa part, en réfléchissant sur la logique, Pierce constate que cette notion peut recouvrir deux réalités différentes. Dans un sens restreint, la logique est la science qui étudie les conditions nécessaires pour atteindre la vérité. Or, cette recherche de la vérité ne peut se réaliser que par l'exercice de la pensée. Dès lors, Pierce applique au terme « logique » un sens plus large : la science qui étudie les lois de la pensée, les lois de l'évolution de la pensée. Et comme la pensée se manifeste toujours au moyen de signes, la logique devient la science qui traite des conditions permettant aux signes d'exister, des conditions nécessaires à la transmission du sens par des signes. La logique correspond donc à une sémiotique générale[3].

Il est intéressant de souligner qu'après la conception d'une science générale des signes par deux hommes dont on dit, d'ailleurs, qu'ils ignoraient l'existence de leurs travaux réciproques, c'est, tant en Europe qu'en Amérique, dans le strict domaine de la linguistique que furent réalisées la majorité des études sémiologiques. Pendant près de cinquante ans, c'est la linguistique qui aura été, pour ainsi dire, la science des signes. Ce n'est que dans les années 50 et 60, avec Roland Barthes (1915-1981), essayiste, critique et journaliste, que l'on a commencé à entrevoir les débuts d'une théorie sémiologique non linguistique. Cette première théorie sémiologique non linguistique constitue une synthèse des idées de Saussure, de Pierce et de Hjemslev[4].

On la trouve dans un texte de Barthes paru en 1964, « Éléments de sémiologie ». Auparavant, en 1957, Barthes s'était brillamment mesuré à la critique sémiologique d'un certain nombre de phénomènes sociaux (du steak-frites au catch) dans un ouvrage intitulé *Mythologies*; mais le ton et le style y étaient moins formels que dans « Éléments de sémiologie » et c'est vraiment ce deuxième ouvrage qui a été considéré comme la bible de la sémiologie. Par ailleurs, toujours en 1964, Barthes présente, avec « Rhétorique de l'image », la première analyse sémiologique d'une image figurative.

À la suite des premiers travaux de Barthes, les analyses sémiologiques ont proliféré (particulièrement durant les années 60 et 70). Les systèmes de signes non linguistiques les plus étudiés ont évidemment été les systèmes iconiques :

---

3. Les mots « sémiologie » et « sémiotique » sont souvent confondus. Il est évident que ces deux concepts sont intimement reliés : il s'agit dans les deux cas d'une théorie des signes. Il est à noter toutefois que les Anglo-saxons emploient davantage le terme « sémiotique ». Par ailleurs, on attribue généralement aujourd'hui à la sémiotique l'étude des systèmes de signes linguistiques, et à la sémiologie, l'étude des systèmes de signes non linguistiques.

4. Louis Hjemslev (1899-1965), linguiste danois, a apporté à la sémiologie linguistique des années 40 les importants concepts de dénotation et de connotation, dont nous traiterons plus loin.

surtout, le cinéma (Christian Metz), la bande dessinée (P. Fresnault-Deruelle), la photographie (Barthes), la peinture figurative (Louis Marin) et l'image télévisuelle (Umberto Eco). Le récit littéraire a aussi été un objet privilégié de l'analyse sémiologique; Claude Brémond, Tzvetan Todorov, Gérard Genette, Umberto Eco et Barthes lui-même y ont consacré une importante partie de leurs travaux.

Enfin, comme dernière étape marquante de l'histoire de la sémiologie, notons les travaux de Julia Kristeva et de Jean Baudrillard. En 1970, Julia Kristeva publiait un ouvrage qui présentait des idées tout à fait nouvelles sur la sémiologie : *Semiotikê, recherches pour une sémanalyse.* Kristeva y faisait la synthèse des conceptions de Saussure, Pierce et Barthes en les considérant sous l'angle de la théorie psychanalytique lacanienne[5].

Toutefois, depuis ce temps, personne, ni même l'auteure elle-même, n'a repris la théorie « sémanalytique ».

Dans *Le système des objets* (1968) et *Pour une économie politique du signe* (1972), Jean Baudrillard s'est intéressé à la signification des objets. Pour lui, tout l'univers socioculturel humain se compose de signes décryptables, quantifiables et utilisables qui constituent un système d'échange économique et social. Baudrillard se rapproche de Kristeva par un ouvrage paru en 1976 : *L'échange symbolique et la mort.* Dans cette étude psychanalytique, l'auteur associe le concept de la mort à celui de l'érotisme. En effet, pour lui, les signes de la mort et de l'érotisme sont les mêmes.

Au cours des dix dernières années, l'engouement pour la sémiologie a quelque peu diminué. Certes, les recherches continuent, mais les sémiologues travaillent de façon plus isolée et il n'y a plus vraiment de projet sémiologique comparable à celui des années 60. Appliquée aux messages médiatisés, toutefois, l'analyse sémiologique demeure des plus intéressantes.

---

5. Le psychanalyste français Jacques Lacan a revu la théorie de Freud en insistant sur l'importance du langage.

LES CONCEPTS DE BASE DE LA SÉMIOLOGIE

Commençons notre explication de la notion de signe par un exemple. Prenons le mot *table*. Avant même qu'on lui accorde un sens, le mot table est une réalité que l'on perçoit[6], soit par un ensemble de lettres que l'on voit écrites sur du papier ou par un groupe de sons que l'on entend.

Lorsque l'on voit *table* écrit quelque part ou que l'on entend ce mot, l'image d'une table vient à l'esprit (c'est sans doute ce qui se passe pour vous présentement). L'image pourra différer selon les individus : il pourra s'agir d'une table de cuisine, d'une table à café, d'une table de travail, d'une table en bois, en métal, en marbre, etc. Il reste que ces images auront toutes en commun le fait qu'elles représentent un meuble formé essentiellement d'une surface plane et horizontale, supportée par un ou plusieurs pieds.

Le signe, le signifiant et le signifié

Le signe est la réunion d'une réalité perçue et de l'image mentale associée à cette réalité. Par ailleurs, le signe évoque quelque chose que l'on nomme le *référent*; dans le cas du signe *table*, le référent est le meuble réel que l'on peut toucher, déplacer. La fonction du signe est justement d'évoquer le référent dans le but de communiquer. Plus précisément, celui qui utilise un signe veut évoquer un référent dans le but de communiquer une idée à propos de ce référent[7].

Il faut bien comprendre que le signe est par essence double : il est composé d'une réalité perçue et d'une image mentale. Ainsi, un mot est un signe dans la mesure où le son ou la série de lettres par lesquels il se manifeste peuvent être associés à une image mentale. Un mot d'une langue que nous

---

6. Une réalité est dite *perçue* quand elle stimule l'un des cinq sens.

7. C'est dans la sémiologie saussurienne que le signe a pour fonction de communiquer des idées à propos d'un référent. Dans la sémiotique de Pierce, l'aspect communicationnel n'est pas aussi présent : le signe n'est qu'une réalité perçue, un stimulus. Précisons que, dans ce chapitre, nous traiterons de la sémiologie saussurienne.

ignorons ne sera pas un signe pour nous, mais bien un simple son ou une suite de caractères griffonnés (pensons seulement au mystère des idéogrammes chinois).

Le signifiant et le signifié sont les termes que l'on emploie en sémiologie pour désigner les deux composantes du signe. Le signifiant correspond à la réalité perçue du signe et le signifié, à l'image mentale associée à cette réalité. Le signifiant du signe linguistique *table* est le son « table » ou la série de lettres formant le mot « table »; le signifié du signe linguistique *table* est l'image mentale d'une table ou, si l'on veut, le concept d'un meuble formé d'une surface horizontale supportée par un ou plusieurs pieds[8].

On peut visualiser le signe ainsi :

FIGURE 4.1 **Le signe**

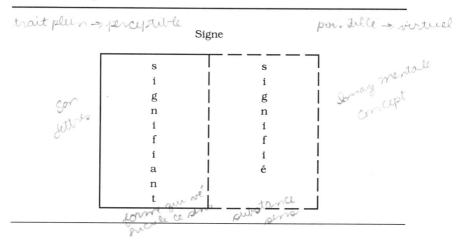

Le trait plein représente le fait que le signifiant est une réalité perceptible, alors que le trait pointillé illustre le fait que le signifié est virtuel. On peut, dès lors, visualiser le signe *table*[9] ainsi :

---

8. Le signifiant et le signifié sont à peu près l'équivalent de la forme et du contenu d'un message (voir le chapitre précédent); le signifié est la substance, le sens (d'un signe) et le signifiant est la forme qui véhicule ce sens.

9. À partir de maintenant, nous représenterons le signifiant (celui des mots surtout, les autres pouvant être aisément décrits) en détachant ses éléments constitutifs, comme c'est le cas pour t-a-b-l-e.

FIGURE 4.2 **Le signe « table »**

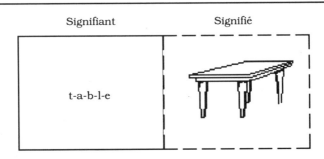

Il est à noter que dans le cas du signe linguistique, la relation entre le signifiant et le signifié est tout à fait arbitraire et conventionnelle. Il n'existe aucune explication au fait que le son *table* ait été relié à l'image mentale représentant ce meuble particulier (le référent). Le fait est qu'à un certain moment, il a été décidé que ce meuble se nommerait « table » plutôt que « tible », « tabli », « bable » ou « babibou » et que cette décision arbitraire a été acceptée par tous les utilisateurs du signe [10]. C'est uniquement parce qu'il y a des générations que la relation entre le son *table* (signifiant) et l'image mentale *table* (signifié) est établie, qu'elle semble naturelle. Lorsque la relation entre signifiant et signifié est arbitraire et conventionnelle, comme c'est le cas ici, on parle d'un signe arbitraire.

Enfin, nous ne saurions trop insister sur le fait que le référent est extérieur au signe. Le signe et le référent sont deux réalités distinctes.

> Le concept de référent et la relation signe/référent sont assez problématiques. Dans le cas des signes linguistiques qui évoquent des objets concrets et palpables comme *table, crayon, maison*, il est assez aisé de comprendre que le signe et le référent sont deux choses distinctes. Cela

---

10. Bien sûr, la décision et l'acceptation n'ont pas été aussi instantanées qu'elles le paraissent dans notre exemple. C'est plutôt après un usage de plus en plus répandu que ce mot a été fixé, c'est-à-dire que l'on a associé définitivement le son *table* à l'image mentale représentant le meuble en question.

devient déjà plus difficile dans le cas des mots comme *amour, paix, justice*, qui évoquent des idées, des sentiments, bref, des abstractions que l'on ne peut saisir. Comme le référent est une abstraction, un concept, il est effectivement difficile de le distinguer du signe, ou plus précisément du signifié, qui est lui-même un concept. Dans le cas des mots qui évoquent des phénomènes imaginaires comme *dragon, fée, licorne*, on ne peut à peu près pas parler de référent, car les référents sont eux-mêmes des signes : on se fait une idée de ce qu'est une fée, un dragon ou une licorne par des récits, des contes, des images.

La relation signe/référent est problématique parce qu'elle pose la question du découpage de la réalité. En effet, on pourrait croire d'emblée que l'on a désigné les choses de la réalité (les référents) par des signes, parce que ces choses ont imposé leur existence. Autrement dit, ce qui ne serait pas évoqué par un signe n'existerait pas. Sans être totalement fausse, cette hypothèse présuppose que la réalité est composée d'unités discrètes et qu'elle est la même pour tous, donc qu'elle est objective.

Or, tel n'est pas le cas. La réalité est continue et c'est en la nommant qu'on la découpe. Quant à son objectivité, deux anthropologues linguistes, Whorf (1956) et Sapir (1960), l'ont remise en question en alléguant que chaque culture a sa propre façon de classer et d'ordonner la réalité, façon qui reflète sa structure linguistique et sémantique. Le fait, par exemple, que les Esquimaux ne possèdent pas moins de sept vocables pour désigner la neige, alors que nous n'en possédons qu'un, tend à confirmer leur hypothèse.

Bref, les systèmes de signes ne sont pas au service de la réalité. C'est plutôt le contraire qui se produit : les signes — parmi lesquels les signes linguistiques sont les plus importants — découpent la réalité et en évoquent des parties. Dans une certaine mesure, les signes créent la réalité; celle-ci se met alors au service des systèmes de signes.

La sémiologie ne se préoccupe que des systèmes de signes. En principe, on ne devrait même pas parler de référent. Or, il est plus facile de comprendre le signe au moyen du référent, parce que nous sommes familiers avec le fait que les signes — les mots surtout — sont là pour désigner la réalité.

Cette longue digression a pour but d'insister sur le fait, d'abord, qu'il faut bien distinguer signe et référent (dont la relation est aussi arbitraire) et, ensuite, qu'il ne faut pas confondre signifié et référent (ce qui se produit souvent lorsqu'on aborde la sémiologie).

Quelques types de signes

Le mot, en tant que signe, est à la fois la chose la plus simple à comprendre et la plus complexe à expliquer. Simple, parce que le mot est le signe par excellence; complexe, parce qu'il est souvent difficile d'imaginer des mots (que nous connaissons) n'ayant pas de sens (autrement dit, d'isoler le signifié du signifiant). C'est pourquoi nous présenterons encore quelques exemples de signes, mais non linguistiques cette fois.

Les feux de signalisation à la jonction des rues sont des sources lumineuses rouge, jaune et verte. Tout comme *table* est, en tant que stricte réalité perçue, en tant que signifiant, un son, le rouge, le jaune et le vert sont, toujours en tant que strictes réalités perçues, en tant que signifiants, des sources lumineuses de couleur. Pourtant, lorsqu'on arrive au coin d'une rue et que le feu passe au rouge, on s'arrête. Dans l'esprit, la couleur rouge est associée à l'arrêt, au concept de l'arrêt qui est le signifié. Dès lors, le feu de signalisation est un signe qui, en réunissant un signifiant (une couleur) et un signifié (le concept de l'arrêt), devient un ordre de non-circulation.

Comme c'est le cas pour les signes linguistiques, la relation entre le signifiant et le signifié des feux de signalisation est arbitraire et conventionnelle. Les feux rouge, jaune et vert auraient pu être bleu, mauve et blanc. Là encore, c'est parce qu'il y a longtemps que la relation existe entre couleurs et ordres de circulation ou de non-circulation qu'elle semble naturelle.

Imaginons maintenant deux personnes, Anne et Bernard, assez éloignées l'une de l'autre, mais se faisant face. Anne plie un bras de façon à ce que son avant-bras crée un angle d'environ 45 degrés avec son corps et que sa paume soit dirigée vers elle; elle referme le majeur, l'annulaire et l'auriculaire vers la paume, incurve légèrement l'index et l'agite dans un mouvement de va-et-vient selon l'axe imaginaire qui se trouve entre elle et Bernard. Ce geste est un signe que nous reconnaissons tous : Anne *dit* à Bernard de s'approcher. Le signifiant de ce signe est le strict mouvement de la main et le signifié équivaut au sens du verbe *approcher*, très précisément, à l'impératif présent. La relation entre le signifiant et le signifié de ce signe est sans nul doute conventionnelle, mais est-elle arbitraire? Il semble bien qu'il y ait une analogie (ressemblance établie par l'imagination) entre le geste et le signifié auquel il est associé : le mouvement de l'index incurvé de Anne s'apparente effectivement au mouvement de rapprochement (de Bernard) voulu ou ordonné par Anne. Lorsqu'il y a une analogie entre le signifiant et le signifié, on dit que la relation est motivée; on parle alors d'un signe *motivé*.

Voyons enfin un exemple de signe iconique. Soit la photographie en couleurs d'une tasse. Le signifiant est une feuille de papier photographique sur laquelle les émulsions de sels d'argent produisent des couleurs et des formes représentant une tasse. Le signifié est le concept, non pas d'une tasse en général, mais bien de la tasse représentée. Il est assez évident que, dans ce cas-ci, il y a un lien d'analogie entre le signifiant (représentation d'une tasse) et le signifié (concept de la tasse représentée). La relation signifiant/signifié dans le signe iconique est donc motivée et le signe iconique est un signe motivé [11].

Jusqu'à maintenant nous avons présenté quelques exemples de signes que l'on peut caractériser selon leur appartenance à un système de signes (système linguistique, code de la

---

11. Nous parlons ici de signes iconiques qui ont un grand degré de ressemblance avec l'objet qu'ils représentent : photographie, peinture figurative, etc. Il est évident que dans certains cas, avec la peinture abstraite par exemple, les signes sont beaucoup moins ou pas du tout motivés. Il est à noter que, dans la présente section, nous traiterons principalement de signes iconiques qui ont un grand degré de ressemblance avec l'objet qu'ils représentent (notamment la photographie).

route, etc.) et selon le type de relation existant entre le signifiant et le signifié (motivée, arbitraire). Nous terminerons cette section en présentant des types de signes (définis principalement par Pierce) caractérisés selon leurs fonctions dans la communication. Il s'agit de signes d'une nature particulière que l'on peut désigner autrement que par le générique « signe », comme on pourra s'en rendre compte.

(6) L'*indice* est un signe accidentel. Il a en effet les propriétés du signe, c'est-à-dire qu'il possède un signifiant et un signifié. Toutefois, rappelons-nous que la fonction essentielle du signe est d'évoquer le référent dans le but de communiquer; pour qu'il y ait signe, l'intention de communiquer est nécessaire de la part de l'utilisateur du signe. Or, c'est bien *involontairement* que l'indice évoque le référent. Les empreintes de pas d'un gibier sur un territoire de chasse, par exemple, constituent un indice, mais non un signe. Les traces indiquent qu'un animal est passé par là, mais l'animal n'avait sûrement pas l'intention de communiquer cette information.

Comme nous l'avons dit, l'indice a tout de même un signifiant et un signifié. Dans le cas des empreintes de pas, ce sont les marques en creux sur le sol qui correspondent au signifiant, alors que le concept du pied qui a imprimé cette marque (conséquemment, de l'animal dont c'est le pied) constitue le signifié. Tout comme les signes, les indices peuvent être de différente nature : ils peuvent être visuels (on voit les empreintes de pas du gibier), olfactifs (on sent l'odeur de la nourriture), sonores (on entend les bruits de pas du voisin dans l'escalier).

(7) L'*icône*, pour sa part, est un signe iconique qui présente une telle similarité avec l'objet auquel il se rapporte, qu'il peut attester de la réalité, de la vérité de cet objet. Pierce parle même d'une ressemblance native entre l'icône et l'objet. Nous avons dit précédemment de la photo qu'elle avait un grand degré de ressemblance avec l'objet qu'elle représente. Ce ne sont pas toutes les photographies qui sont des icônes (pensons à tous ces trucages que l'on peut effectuer en photographie et qui déforment l'objet représenté). C'est néanmoins le cliché photographique qui risque le plus souvent d'en être une. La photo de passeport et les photos d'objets dans les

catalogues de vente par correspondance, par exemple, sont des icônes.

Le *symbole,* enfin, autre signe de nature particulière, appartient à la catégorie des signes motivés. En effet, il y a non seulement une analogie, mais un rapport que l'on qualifie de naturel entre le signifiant et le signifié du symbole. Ainsi en est-il de la balance à plateaux comme symbole de la justice. La balance à plateaux (le signifiant) est d'abord un objet qui donne le poids juste, exact, d'une chose lorsque le plateau contenant cette chose est en équilibre avec le plateau contenant les poids standard. La justice (le signifié) fonctionne à peu près selon ce principe : il s'agit d'une activité qui fait appel à la notion de droits et devoirs réciproques, d'une activité qui vise en quelque sorte à assurer le maintien et le respect de l'équilibre social.

Bien que le symbole soit toujours un signe motivé, il semble parfois arbitraire. C'est le cas lorsque la correspondance entre signifiant et signifié a été établie depuis fort longtemps, souvent à partir de phénomènes imaginaires (mythes, légendes). Ainsi, dans la tradition chrétienne le rameau d'olivier et la colombe (séparément ou ensemble) sont les symboles de la paix. Or, cette correspondance a été établie sur la foi du passage de la Bible selon lequel, à la fin du déluge, une colombe apporta à Noé un rameau d'olivier. Si tout le monde comprend bien le symbole, moins nombreux sont ceux qui en connaissent l'origine. Nous reviendrons sur le cas du symbole un peu plus loin. Il faut en effet avoir acquis plusieurs notions de base en sémiologie pour comprendre le fonctionnement de ce type de signe qui joue un rôle important dans notre société.

La signification

La signification est l'acte qui unit le signifié au signifiant et qui produit le signe. Lorsqu'on dit que x signifie y, on établit une relation entre le signifiant x et le signifié y et l'on pose l'existence d'un signe x-y.

Dans plusieurs cas, la signification est un acte qui se fait instantanément. Ainsi, dès que l'on entend le signe linguistique *table* ou que l'on voit le feu de signalisation rouge, le signifié se superpose littéralement au signifiant. La preuve en est que l'on a de la difficulté à dissocier le signifié du signifiant dans ces cas. Par ailleurs, dans plusieurs autres cas, il est possible de faire plus d'une lecture[12] d'un même signe. Ce phénomène se nomme la « polysémie ».

Il y a polysémie lorsque l'on peut associer différents signifiés au même signifiant; mais il y a également polysémie lorsque différents signifiants peuvent exprimer le même signifié. C'est encore dans la langue que l'on puisera les meilleurs exemples de ces deux manifestations de la polysémie.

Prenons le signe linguistique *foin*. On peut associer au moins deux signifiés au signifiant f-o-i-n. Dans la francophonie f-o-i-n signifie généralement une herbe séchée et fauchée, utilisée comme nourriture du bétail. Par ailleurs, au Québec, f-o-i-n signifie aussi *argent*, d'où les expressions *avoir du foin* ou f*aire du foin*.

La deuxième manifestation de la polysémie (différents signifiants exprimant le même signifié) se présente dans la langue sous forme de synonymie et de périphrase. Les synonymes sont des mots qui ont le même sens ou des sens voisins; autrement dit, il s'agit de signifiants différents que l'on peut associer au même signifié : c-h-a-g-r-i-n, t-r-i-s-t-e-s-s-e et p-e-i-n-e, par exemple, signifient à peu près le même état de souffrance morale. Quant à la périphrase, elle est une figure de style qui permet d'exprimer une notion par plusieurs mots, là où un seul mot pourrait être suffisant; autrement dit, la périphrase exprime un seul signifié par plusieurs signifiants. Dire que l'on est dans un état de souffrance morale plutôt que de dire que l'on est triste, chagriné ou peiné équivaut à faire une périphrase. On remarquera que les définitions des mots du dictionnaire sont toutes des périphrases.

L'opposé de la polysémie est la « monosémie » : un signifié ne correspond qu'à un signifiant et vice versa. C'est évidemment dans le cas de cette catégorie de signes que la signification se

12. Lire, comprendre, déchiffrer, décoder (un signe) sont tous des termes que nous utiliserons dans le sens d'associer un signifié au signifiant.

dégage le plus instantanément. Plusieurs signes linguistiques sont monosémiques; ainsi en est-il de termes techniques ou scientifiques comme *vilebrequin* ou *monoxyde de carbone*, par exemple. Le signe des feux de signalisation est également monosémique : le feu rouge ne signifie que l'arrêt et l'arrêt n'est signifié que par le feu rouge et il en est de même pour les feux jaune et vert qui signifient respectivement le ralentissement et le droit de passage.

Il est clair que la communication — qui est essentiellement basée sur l'échange de signes — serait sans équivoque et très efficace si les signes étaient tous monosémiques. Or, tel n'est pas le cas; c'est plutôt la polysémie qui est la règle générale. Et nous ne parlons pas que de la polysémie *officielle*, celle qui, dans le cas des signes linguistiques, est consignée dans le dictionnaire. Plusieurs signifiés peuvent également être associés à un signifiant par une seule personne (idiolecte) ou par plusieurs personnes dans une région déterminée (dialecte). Heureusement, cet état de fait n'entraîne pas automatiquement des malentendus dans les actes de communication sans quoi on ne se comprendrait que par hasard. Le problème de la polysémie des signes est en partie réglé par la connaissance de leur valeur.

La valeur

Le terme *valeur* repose sur les notions d'échange et de comparaison. De façon générale, on connaît la valeur d'un objet si l'on sait à la fois contre quel autre objet, de nature différente, on peut l'échanger et s'il vaut plus ou moins qu'un autre objet de même nature. La valeur d'un signe linguistique, elle, est connue si l'on sait contre quel signifié on peut échanger le signifiant de ce signe (signifiant et signifié sont de nature différente), autrement dit, si l'on connaît sa signification; mais on connaît également la valeur d'un signe linguistique quand on sait ce qu'il permet d'exprimer ou de ne pas exprimer par rapport aux autres signes linguistiques (objets de même nature). Ainsi, la valeur du signe *chaise* nous est familière non seulement parce qu'on connaît sa signification, mais aussi parce qu'on sait qu'il est différent, notamment, du signe *fauteuil*.

La valeur du signe dépend en partie de sa signification. En effet, la signification recouvre l'aspect *échange* de la valeur. Mais il faut bien comprendre que *signification* et *valeur* sont distinctes. La signification ne concerne que le signe en soi : c'est l'acte qui, en associant un signifié à un signifiant, produit le signe. Avec la valeur, on quitte le strict domaine du signe pour lui ajouter une dimension qui permettra de mieux le circonscrire : son rapport avec les signes qui l'entourent.

> Pour expliquer et distinguer valeur et signification, Saussure les compare aux morceaux que l'on obtient après le découpage d'une feuille de papier. D'une part, chacun des morceaux découpés — A, B, C — a un recto et un verso (l'équivalent du signifiant et du signifié) dont l'association (inévitable) correspond à la signification. D'autre part, chacun de ces trois morceaux a une valeur déterminée par rapport aux deux autres.

Ce rapport est capital, car il permet de déterminer le sens du signe[13]. En effet, le sens d'un signe donné n'est jamais absolu, il résulte de la mise en rapport de ce signe avec les signes qui l'entourent : il est composé de tous les signifiés qui n'entrent pas dans la composition de ces signes. Le sens d'un signe est ce qu'il est parce qu'il est différent du sens des autres signes. Comme le dit Barthes (1964) : « le sens est avant tout découpage »; nous ajouterons qu'il est aussi différence.

On comprendra maintenant pourquoi la connaissance de la valeur contribue à lever l'ambiguïté du signe polysémique. En effet, s'il est possible de faire plusieurs lectures d'un signe unique — autrement dit, d'associer au signifiant plusieurs signifiés —, ce signe acquiert une valeur si on le compare aux signes qui l'entourent : il est tout ce que les autres signes ne sont pas. C'est au terme de cette double détermination (signification et valeur) qu'émerge le sens du signe : l'association d'un signifié adéquat à un signifiant.

Bien que ce processus de production du sens puisse sembler complexe et abstrait, nous l'effectuons régulièrement, souvent instantanément, mais sans vraiment nous en rendre compte.

---

13. Dans le langage courant, on confond souvent « sens » et « signification ». En sémiologie, ces deux termes sont différents.

La rapidité avec laquelle nous l'effectuons dépend de la connaissance du système de signes en question. En outre, précisons que l'ensemble des signes qu'il faut mettre en rapport avec un signe donné pour lui accorder un sens est relativement restreint. Ces signes se groupent autour de deux axes qui articulent les systèmes de signes : l'axe paradigmatique et l'axe syntagmatique.

L'axe paradigmatique et l'axe syntagmatique

Nous commencerons l'explication de ces nouveaux concepts en présentant un exemple qui, par ailleurs, favorisera la compréhension de ce que nous avons exposé à la section précédente.

Soit le signe linguistique *aube*. Parmi les trois signifiés possibles que l'on peut associer à a-u-b-e, concentrons-nous sur celui qui concerne un moment du début de la journée[14] (en supposant, pour les fins de l'exemple, que nous n'en connaissions pas le signifié exact). Dans cette première signification, le sens du signe *aube* émergera totalement par la mise en rapport du signe avec les signes qui l'entourent dans le système linguistique, c'est-à-dire les signes dont le signifié concerne le début de la journée : matin et aurore.

Le sens de *aube* correspondra alors à un signifié incluant le concept de début de la journée, mais excluant les concepts de matin et aurore. Ce sens pourrait se lire comme suit : moment du début de la journée qui ne va pas du lever du soleil jusqu'à midi (en enlevant les négations, il s'agit du signifié de matin) et qui n'est pas une lueur brillante précédant immédiatement le lever du soleil (aurore). De fait, si l'on se fie à la définition du dictionnaire pour avoir une idée du sens de *aube*, on trouve la définition « première lueur du soleil qui blanchit l'horizon » (il est à noter que la définition de *aurore* précise que l'aurore suit l'aube).

Supposons que l'on fasse le même exercice pour les deux autres signifiés possibles de *aube* et que l'on détermine comme

---

14. La journée dont il sera ici question n'est pas la journée horaire, qui commence à minuit, mais celle qui débute quand il commence à faire jour.

signifiés adéquats : vêtement ecclésiastique et palette d'une roue hydraulique. Les trois significations de *aube* sont maintenant précisées; nous avons désormais affaire ni plus ni moins à trois signes. Or, à cause de la similarité des signifiants, le problème n'est pas complètement réglé. Il faut encore délimiter le sens de *aube* par rapport à un autre ensemble de signes qui l'entoure : celui du message dont il fait partie.

> N'oublions pas que la fonction du signe est de communiquer. Un signe vient rarement seul. Il est presque toujours intégré, avec d'autres signes, à un message; s'il semble isolé c'est qu'il constitue lui-même un message complet. « Oui », « Non », « Viens », « Donne », par exemple, sont des messages. Le signe *aube* seul ne pourrait constituer un message que dans une situation très particulière. Il est donc fort probable qu'il soit accompagné d'autres signes.

Ainsi, la mise en rapport de *aube* avec les autres signes de la phrase « Je partirai à l'aube » nous permet d'exclure les sens *vêtement ecclésiastique* et *palette d'une roue hydraulique*. De même, la mise en rapport de *aube* avec les autres signes de la phrase « Il revêtit l'aube » nous permet d'exclure les sens *première lueur du soleil* et *palette d'une roue hydraulique*, alors que la mise en rapport des signes de la phrase « Une des aubes s'était brisée » nous permet d'exclure les sens *première lueur du soleil* et *vêtement ecclésiastique*.

Dans l'exercice que nous venons d'effectuer, nous avons établi un rapport entre le signe *aube* et des signes se situant sur l'axe paradigmatique (parenté des signes *aube, aurore* et *matin*), d'une part, et sur l'axe syntagmatique (intégration du signe *aube* au contexte d'une phrase), de l'autre. Ces concepts ont été créés par Saussure. Dans un système de signes, selon lui, tout repose sur des rapports. Et ces rapports se développent sur deux plans — le plan du paradigme et le plan du syntagme [15].

---

15. Rappelons que Saussure était linguiste et qu'il traitait uniquement de la langue. Toutefois les concepts de paradigme et de syntagme, comme plusieurs autres notions de la sémiologie saussurienne, ont été appliqués à divers systèmes de signes, notamment au système iconique. Notons, par ailleurs, que Saussure lui-même parlait de rapports associatifs (au lieu de paradigmatiques) et que d'autres, comme Barthes, ont fait état d'un système et de rapports systématiques (au lieu d'un paradigme et de rapports paradigmatiques).

Le paradigme

Un paradigme apparaît lorsque plusieurs signes ont entre eux des traits communs, des liens de parenté. Le rapport entre ces signes peut être de deux types : il peut y avoir communauté au niveau du signifiant, comme c'est le cas pour *conjecture* et *conjoncture* ou pour *lustre* et *rustre*; il peut aussi y avoir communauté au niveau du signifié, comme c'est le cas pour *aurore, aube* et *matin* ou pour *lumière, clarté* et *éclairage*. Un signe se distingue des autres signes du paradigme (autrement dit, il acquiert son sens) par les caractères qui lui sont propres, qui sont donc absents chez les autres signes du paradigme.

Les paradigmes ne peuvent jamais être évalués avec précision : leurs éléments ne se présentent ni en ordre déterminé ni en nombre défini. Cela tient au fait que leur existence n'est que virtuelle : ce regroupement de signes parents s'élabore dans le cerveau, plus précisément dans la mémoire de chaque utilisateur des signes d'un système donné. Ainsi, un individu fera de *aurore, aube* et *matin* un paradigme, alors qu'un autre y ajoutera *midi, après-midi, soir* et *nuit*.

Le syntagme

Le syntagme est le résultat d'une association de signes formant un message. La phrase est le syntagme par excellence. Placé dans un syntagme, un signe acquiert son sens par opposition, mais aussi par combinaison avec ce qui le suit et le précède. Comme nous l'avons vu plus haut, le sens exact de *aube* apparaît lorsque ce mot est intégré à une phrase.

Il est plus facile d'évaluer le syntagme que le paradigme. En effet, le syntagme s'offre à l'analyse de façon explicite. Il est composé d'éléments facilement repérables, qui se rangent l'un à la suite de l'autre selon un ordre donné. Un problème subsiste toutefois : où s'arrête le syntagme? Saussure le limite à la phrase. Pour Barthes, par contre, un roman pourrait très bien constituer un seul syntagme. Selon lui, le syntagme est un texte sans fin qu'il faut découper.

Certains procédés permettent de découper ce « texte sans fin »; il s'agit de la commutation et de la permutation (dont nous traiterons brièvement à la fin de ce chapitre). Pour le moment, tenons-nous-en au domaine théorique et acceptons de maintenir les limites du syntagme à celles du message (dont, nous devons l'avouer, il est tout aussi difficile d'établir les frontières). Si nous avons parlé ici des concepts de syntagme et de paradigme, c'était simplement pour permettre de circonscrire l'ensemble des autres signes qu'il faut mettre en rapport avec un signe donné pour déterminer son sens. Par ailleurs, dans les pages qui suivent, chaque fois que nous traiterons des syntagmes (pour en donner des exemples), nous leur fixerons toujours des limites précises.

L'évaluation de l'étendue du syntagme et du paradigme ne constitue qu'une difficulté mineure pour la détermination du sens d'un signe. En effet, celui-ci se trouve au point de convergence de l'axe paradigmatique et de l'axe syntagmatique. Cette rencontre productrice de sens pourrait d'ailleurs se visualiser comme suit :

FIGURE 4.3 **Point de convergence des axes**

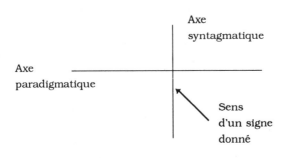

Nous inspirant des *Éléments de sémiologie* de Barthes (1964), nous terminerons cette section en présentant des exemples de paradigmes et de syntagmes (possibles) appartenant à deux systèmes de signes différents de la langue.

TABLEAU 4.1 **Deux systèmes de signes**

SYSTÈME	PARADIGME	SYNTAGME
Vêtement	Ensemble de pièces vestimentaires que l'on ne peut porter en même temps, par exemple : béret / casquette / chapeau melon; pantalon / jupe / robe; souliers / bottes / pantoufles; etc.	Juxtaposition, dans un même habillement, de pièces différentes, par exemple : béret, foulard, chemisier, jupe, bas, souliers, imperméable.
Mobilier	Variétés stylistiques d'un même meuble, par exemple : sofa / canapé / divan / causeuse.	Juxtaposition dans une même pièce – un salon, par exemple – de meubles différents : causeuse, fauteuil, table à café, etc.

Jusqu'ici, nous avons présenté plusieurs notions parfois complexes. Aussi, avant de poursuivre, serait-il utile d'en faire la récapitulation.

- Le signe est la réunion d'une réalité perçue (d'un signifiant) et de l'image mentale associée à cette réalité (d'un signifié).

- La signification est l'acte qui unit le signifié au signifiant pour produire le signe.

- Alors que dans certains cas cet acte est instantané, il est souvent possible de faire différentes lectures d'un même signe, c'est-à-dire d'associer plusieurs signifiants au même signifié ou, ce qui est plus problématique, plusieurs signifiés au même signifiant.

- Toutefois, l'ambiguïté de ces signes polysémiques est en partie réglée lorsqu'on connaît leur valeur.

- La valeur d'un signe est obtenue par la mise en rapport du signe avec ceux qui l'entourent, c'est-à-dire les signes qui se situent sur l'axe paradigmatique (du signe en question) et ceux qui se situent sur l'axe syntagmatique (du signe en question).

- De cette mise en rapport résulte le sens du signe, c'est-à-dire l'association d'un signifié adéquat au signifiant.

Ainsi, pour déterminer le sens d'un signe, il faut déborder du cadre du signe lui-même et examiner ce que l'on pourrait nommer son contexte immédiat (soit les signes de l'axe paradigmatique et ceux de l'axe syntagmatique). Dans la section suivante, nous irons au-delà de ce contexte et mettrons le signe en rapport avec l'ensemble des situations qui entourent le message : les circonstances extratextuelles[16].

Alors que les rapports paradigmatique et syntagmatique entraînent la fixation *du* sens d'un signe donné, nous verrons que la mise en rapport avec les circonstances extratextuelles déclenche le processus d'attribution des sens supplémentaires du signe des sens dits *connotés* qui se distinguent du sens *dénoté*, en s'y opposant.

Dénotation et connotation

Reprenons la phrase : « Je partirai à l'aube » et plaçons-la dans un certain contexte. Supposons que ce message soit émis au Moyen Âge par un chevalier qui, accompagné de son armée, partira (à l'aube) pour sauver les habitants d'un village vers lequel se dirige l'ennemi. Notons que ce chevalier arrive d'une autre expédition tout aussi honorable, qu'il est épuisé, qu'il aurait besoin de plusieurs jours de repos et non pas de quelques heures d'un sommeil agité (nous sommes déjà au milieu de la nuit). Dans ce contexte, *aube* ne signifie plus seulement *premières lueurs de la journée*; il souligne aussi tout le courage du chevalier, pour qui la fatigue n'est rien à côté du risque d'arriver trop tard au village en péril. *Aube* est chargé ici de sens seconds. Dans la théorie sémiologique, ce phénomène fait l'objet d'une description précise : lorsqu'un signe se charge de sens seconds, il passe d'un niveau de *dénotation* à un niveau de *connotation*.

La dénotation et la connotation sont deux modes de signification. La dénotation est la signification fixée, invariable

---

16. Depuis Barthes, il est généralement admis que le message (les signes) ne peut être déchiffré que s'il est mis en rapport avec son environnement extratextuel.

d'un signe donné. Elle correspond à l'association d'un unique signifié au signifiant (après la mise en rapport du signe avec tous les autres signes des axes paradigmatique et syntagmatique). La connotation est une signification variable d'un même signe. Elle correspond à l'ajout de sens particuliers à ce signe. En fait, on parle de *la* dénotation, mais *des* connotations.

> Il faut bien comprendre que polysémie et connotation sont deux phénomènes distincts. En effet, la polysémie concerne (notamment) la possibilité d'associer plusieurs signifiés au même signifiant, alors que la connotation concerne la possibilité d'associer plusieurs sens au même signe.

Sans nécessairement l'avoir nommée ainsi, nous sommes tous familiers avec la connotation. Quand, devant une image, une situation, une personne, nous disons spontanément : « Ça me fait penser à..., ça a l'air de... », nous ajoutons des sens particuliers à cette image, à cette situation; nous la chargeons de sens seconds, bref, nous en faisons une lecture connotée. Examinons donc de façon plus formelle — en empruntant le schéma de Roland Barthes (1957, 1964) — comment un signe en vient à connoter d'autres sens.

FIGURE 4.4 **Processus de connotation d'un signe**

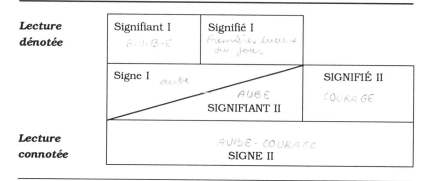

Dans un premier temps, on se trouve devant un signifiant I, associé à un signifié I pour produire un signe I. Dans un deuxième temps, le signe I devient simple signifiant II et est associé à un signifié II pour produire un signe II. Voyons donc ce que cela donne dans l'exemple du *chevalier*.

FIGURE 4.5 **Exemple de connotation d'un signe**

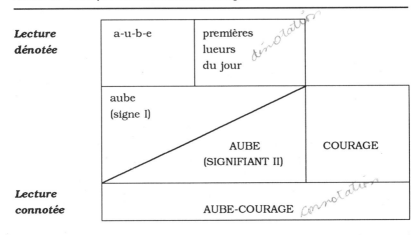

Pour le signe *aube*, dans l'exemple du *chevalier*, tel serait donc le schéma du passage de la dénotation (aube = premières lueurs du jour) à la connotation (aube = preuve de courage).

Il est à noter que c'est d'abord pour des raisons de clarté que l'on distingue à ce point le processus de la connotation de celui de la dénotation. En pratique, le passage du niveau de la dénotation à celui de la connotation se fait instantanément. Les deux lectures se superposent et l'on fera souvent une lecture connotée sans même s'apercevoir que l'on avait d'abord fait une lecture dénotée.

Il arrive même parfois que la connotation soit la seule signification possible. Par exemple, voici que l'on se trouve au musée, devant un tableau (signe iconique) auquel on ne comprend rien. Compte tenu du fait que ce tableau se trouve dans un endroit considéré comme un des hauts lieux de la culture (et dans la mesure où l'on sait que le musée est considéré comme tel), il est fort probable que l'on acceptera de ne pas trouver de signification première au tableau et que l'on dira : « C'est de l'art » ou « C'est de l'art abstrait ». Même si l'on ne réussit pas à faire une lecture dénotée du tableau, on en fait une lecture connotée.

De façon générale, le signe iconique — l'image — a une grande propension à la connotation, qu'il s'agisse de la peinture abstraite ou de la photographie (qui a pourtant un grand degré de ressemblance avec l'objet qu'elle représente). Ainsi, la photographie en gros plan d'un oiseau dénote cet oiseau; toutefois, située dans un bureau où elle côtoie d'autres photos d'oiseaux, où l'on trouve aussi des ouvrages sur l'ornithologie, des notes, un ordinateur, des lunettes d'approche, elle connote l'observation de la nature et éventuellement la science.

On aura sans doute compris que les connotations sont des sens plutôt subjectifs. Ainsi, les connotations de aube, du tableau et de la photo de l'oiseau sont des suggestions de la part de l'auteur de ces lignes. Or, il est fort probable que les lecteurs seront plutôt en accord avec ces connotations.

De fait, c'est le contexte socioculturel qui guide la lecture connotée des signes. La société à laquelle nous appartenons nous fournit ni plus ni moins qu'un code (socioculturel) auquel nous avons recours pour comprendre les situations, les personnes, les objets, bref, la réalité qui nous entoure.

Le code socioculturel est un concept relativement difficile à circonscrire et à définir. Il est toutefois utile de s'y arrêter, car il permet de comprendre de façon plus systématique le processus de connotation.

Le code socioculturel

De façon générale, on définit un code comme l'ensemble des règles qui établissent les relations entre les signifiants et les signifiés d'un système de signes. Les relations qu'établit n'importe quel code sont conventionnelles, qu'il s'agisse de relations arbitraires ou motivées. Le code résulte en effet d'un « accord entre les utilisateurs du signe qui reconnaissent la relation entre le signifiant et le signifié et le respectent dans l'emploi du signe » (Guiraud, 1971, p. 32). Or, selon le code, la convention a des degrés. Elle peut être plus ou moins explicite. Ainsi, dans le cas du code routier, elle est très explicite. Dans le cas d'une langue, la convention est encore assez explicite : les relations entre signifiants et signifiés sont consignées dans les dictionnaires et grammaires.

Le code socioculturel porte sur ce système très particulier de signes que constitue l'ensemble des comportements des membres d'une société donnée. Autrement dit, les comportements sociaux sont des signifiants associés à des signifiés en fonction des règles établies par le code socioculturel. En termes courants, les règles du code socioculturel s'appellent conventions, convenances, normes, bref, elles désignent ce qu'il est convenu de faire et de penser dans la société.

Bien que certaines de ces règles soient très explicites — nous pensons notamment aux lois consignées dans les codes civil, pénal et criminel — la majeure partie reste implicite. Il s'agit des règles qui concernent, entre autres, les relations entre hommes et femmes et entre parents et enfants, les jugements moraux et esthétiques, la façon de s'habiller, de se coiffer, de manger, etc.

Les règles du code socioculturel (surtout les règles implicites) font plus ou moins l'unanimité. Il importe ici de faire la distinction entre le fait de savoir que de telles règles existent et celui d'être prêt à les respecter. D'une façon générale, parce qu'on est membre de la société, on sait que la politesse, le tact et les bonnes manières existent, que les hommes ne portent pas de robe, que le dessert se mange à la fin du repas, avec un ustensile et non avec les doigts, que certaines choses sont bonnes et belles alors que d'autres sont mauvaises et laides, etc. Or, il arrive plus ou moins fréquemment que l'on n'observe pas ces règles, normes et conventions, que l'on soit impoli, grossier, que l'on agisse mal, etc. C'est précisément parce qu'elles ne sont pas toujours respectées que les règles du code socioculturel ne font pas tout à fait l'unanimité. En effet, on ne peut, en toute bonne foi, nier l'existence de ces règles. Le fait même de ne pas les respecter, le fait même qu'il y ait des êtres marginaux, non conventionnels, prouve qu'elles existent : on ne peut être marginal, spécial, extraordinaire que par rapport à une norme.

Dans son ouvrage *Initiation à la sémiologie de l'image* (1979), Guy Gauthier exprime une idée intéressante et tout à fait vraie à propos des règles du code socioculturel. Il dit que la plupart du temps, ces règles sont vécues comme naturelles, c'est-à-dire qu'on les nie souvent comme conventions pour y voir plutôt quelque exigence fondamentale de la nature humaine et de la psychologie. Il ajoute qu'il préfère voir là les éléments d'un code propre à une aire socioculturelle dont les limites sont cependant mal définies.

En effet, les règles du code socioculturel sont en vigueur à l'intérieur d'une société et d'une culture données et peuvent être très différentes d'une société à l'autre. Or, les limites mêmes de ce que l'on nomme société et culture sont assez vagues. Pourtant, deux individus auront une idée des limites de leur société et de leur culture respectives quand leurs conventions se heurteront. Les règles du code socioculturel fonctionnent de façon variée et plus ou moins directement suivant les circonstances; elles sont à la fois cachées et omniprésentes, rigides, mais changeantes dans le temps et l'espace. Tout cela fait du code socioculturel quelque chose d'assez difficile à saisir. Mais il faut en tenir compte, car il s'agit là d'un concept essentiel en sémiologie.

Lecture d'un signe en fonction du code socioculturel

Comme nous l'avons mentionné plus haut, le code socioculturel guide la lecture connotée des signes. À la lumière de l'information que nous avons sur le code socioculturel, examinons à nouveau la lecture connotée (possible) du *tableau abstrait*.

Ce tableau est d'abord lu en fonction du code iconique et dénote une forme non reconnaissable. Mais une fois lu en fonction du code socioculturel, qui se superpose au code iconique, il connote l'art abstrait, comme le montre la figure 4.6.

La connotation *art abstrait* est associée à cette figure parce que, dans la société occidentale, on définit (par convention généralement acceptée) l'art abstrait d'une manière qui permet d'en appliquer la notion à la situation décrite.

Tout peut être signe et tous les signes peuvent connoter. « Dès qu'il y a société, tout usage est converti en signe de cet usage : l'usage du manteau de pluie est de protéger contre la pluie, mais cet usage est indissociable du signe même d'une certaine situation atmosphérique » (Barthes, 1964, p. 106).

DEUXIÈME PARTIE

Certains signes, toutefois, se prêtent mieux à la connotation que d'autres. Ainsi en est-il de l'image, qui est toujours lue avec une référence, si minime soit-elle, au code socioculturel (Gauthier, 1979).

FIGURE 4.6 **Lecture d'un signe en fonction du code socioculturel**

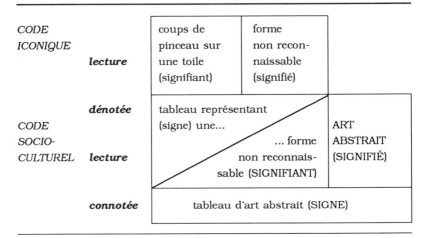

Dans l'univers des messages médiatisés, nombreux sont ceux qui ont recours à l'image. C'est donc dire que ces messages peuvent donner lieu à une lecture connotée. Par ailleurs, il existe un type particulier de message médiatisé où la lecture connotée est plus que possible, où elle va jusqu'à s'imposer : le message iconique publicitaire.

LE MESSAGE ICONIQUE PUBLICITAIRE

La publicité a pour but de faire vendre un produit et, plus précisément, ce produit plutôt qu'un autre, même s'ils sont à peu près identiques. Par conséquent, l'image publicitaire n'est jamais fortuite, accidentelle, innocente; elle est intentionnelle et son intention est de déclencher l'acte d'achat. Pour ce faire, toutefois, elle ne procède presque jamais de façon directe : montrer l'objet et ordonner de l'acheter, par exemple; elle use plutôt d'une gamme étendue de moyens — plus ou moins subtils et esthétiques, mais qui tentent toujours de séduire

— pour mettre l'objet en scène (au sens tant de mise en situation que de démonstration) [17].

Cette mise en scène souligne évidemment certaines caractéristiques (vendables) de l'objet, mais, surtout, elle lui ajoute toute une série de valeurs qui ne lui sont pas exclusives. Le résultat est que l'on vend (vante) moins l'objet lui-même que les valeurs auxquelles on l'associe; on vend un objet chargé de connotations.

Dans *Rhétorique de l'image* — un classique de l'analyse sémiologique — Roland Barthes (1964) démontre comment fonctionne l'image publicitaire en décelant les connotations d'une photographie qui, de prime abord, ne semblait pas vraiment en avoir.

Il s'agit d'une publicité pour les produits français Panzani (pâtes, sauce, fromage parmesan). La photographie représente deux paquets de cellophane contenant des pâtes (genre spaghetti), une boîte de conserve dont l'étiquette indique qu'elle contient de la sauce, un sachet de cellophane contenant du fromage parmesan — ce sont là les produits Panzani — ainsi que des tomates, des oignons, des piments rouges et des champignons. Ces produits sortent d'un sac en filet blanc à moitié ouvert; le tout est sur fond rouge, les autres couleurs dominantes (qui se trouvent essentiellement sur l'étiquette des produits Panzani) étant le jaune et le vert. Voilà pour la lecture dénotée.

Examinons maintenant quelques connotations que Barthes propose. Le filet ouvert suggère d'abord l'idée d'un retour du marché, qui, à son tour, entraîne l'idée de fraîcheur des produits ainsi que celle de la préparation à laquelle ils sont destinés. Le code nécessaire à cette lecture est évidemment socioculturel; il correspond, comme le dit Barthes, à « un savoir en quelque sorte implanté dans les usages d'une civilisation très large où *faire soi-même son marché* s'oppose à

---

17. Même s'il est présenté seul sur une photographie, l'objet n'en est pas moins mis en scène : l'angle de prise de vue, l'éclairage, la luminosité, etc. sont autant d'éléments de mise en scène.

l'approvisionnement expéditif (...) d'une civilisation plus *mécanique* ».

Par ailleurs, la réunion du rouge (omniprésent), du jaune et du vert (couleurs de la marque commerciale), ainsi que la consonnance même du mot Panzani, évoquent l'Italie ou, comme le dit Barthes, l'*italianité*. Le code nécessaire à cette lecture est « fondé sur une connaissance de certains stéréotypes touristiques » (le drapeau italien, la sonorité du parler italien).

Enfin, la disposition des éléments photographiés renvoie à un signifié esthétique : la nature morte. Le code nécessaire pour lire ce signe est une certaine connaissance de l'art — bien que la nature morte soit un type de peinture assez populaire.

Il existe sans doute d'autres connotations dans cette image, mais la fraîcheur (tant des aliments que de la cuisine), l'italianité et l'art sont déjà suffisants pour ajouter aux produits Panzani des valeurs encore plus alléchantes. Ce ne sont plus de simples aliments qui sont à vendre (et que l'on achètera peut-être), mais bien une façon (valorisante) de s'alimenter.

Il en est ainsi de toute image publicitaire. L'objet à vendre — l'objet dénoté — perd de son importance pour laisser place à toutes sortes de connotations. Dans le cas des produits Panzani, l'objet était encore assez présent dans l'image, mais il existe des publicités où l'objet est littéralement effacé par les *connotateurs*. Plusieurs publicités de cigarettes en sont un exemple flagrant. D'une part, même au strict plan de la dénotation, la cigarette n'occupe souvent qu'une infime partie de l'image. En fait, c'est seulement parce qu'il y a toujours un gros plan du paquet de cigarettes (souvent hors photo) que l'on peut savoir qu'il s'agit d'une publicité de cigarettes. D'autre part, à une époque où personne ne peut ignorer que « le danger pour la santé croît avec l'usage », il est clair que les propriétés intrinsèques de la cigarette ne suffisent pas à la rendre attrayante. Restent donc les connotations. Et elles sont multiples : détente, joie de vivre, chic, luxe et même vie en plein air et sport (pour les cigarettes légères...).

La liste des exemples pouvant démontrer le pouvoir de connotation de l'image publicitaire serait fort longue. En nous arrêtant ici, nous vous suggérons de prendre la relève. Exercez-vous, à l'aide des notions contenues dans cette section, à porter un regard sémiologique sur les images publicitaires et même sur les choses (produites par l'homme) en général.

À propos des images publicitaires, il est fort probable que vous trouverez une certaine constance dans les connotations. « On a beau dire que les publicités de marque se neutralisent, il n'en reste pas moins que, globalement, elles concourent avec insistance à flatter le narcissisme profond du consommateur. Aussi bien la sécurité à tout prix, l'éloge de la possession, l'exacerbation de l'individualisme [...], l'érotisation de toute chose [...] ne cesse d'être encouragée par la publicité. » (Hongre, Bruno, 1973, cité dans Michel Martin, 1982, p. 127.)

La dernière partie du présent chapitre portera sur certains problèmes propres à l'analyse sémiologique (et sur leur solution). Comme nous l'avons dit au tout début, on ne peut parler de l'analyse sémiologique comme d'une démarche formelle à suivre. Malgré le fait que la plupart des notions de la sémiologie renvoient à des réalités bien définies (signe, signifiant, signifié, signification, code, dénotation), certains concepts fondamentaux pour l'analyse (la connotation et le fameux code socioculturel) restent encore très obscurs.

LES PARTICULARITÉS DE L'ANALYSE SÉMIOLOGIQUE

Procéder à l'analyse sémiologique d'un message consiste à déceler les connotations que fournit ce message. La difficulté de l'analyse sémiologique ne réside pas tant dans son exécution que dans la réalisation d'une analyse qui soit objective et qui, par conséquent, donne des résultats objectifs, les résultats objectifs pouvant être décrits comme la mise au jour de connotations que personne ne pourrait nier ou mettre en doute.

Pour ce faire, il faudrait pouvoir cerner avec précision les règles du code socioculturel à partir duquel le message est construit et lu, car les connotations en dépendent directement. Or, nous avons pu constater que les règles du code socioculturel ne font pas l'unanimité. Il est donc loin d'être certain que le destinateur et le destinataire d'un message partagent le même code. Autrement dit, le destinataire ne lit pas nécessairement le message qu'il reçoit en fonction des règles qui ont guidé le destinateur lors de la construction du message.

Ce fait est particulièrement vérifié dans le cas des messages médiatisés où il y a un destinateur unique [18] et plusieurs destinataires et où la communication est unidirectionnelle (c'est-à-dire sans possibilité de rétroaction de la part des destinataires). Les messages médiatisés, toutefois, sont construits dans des intentions précises. Cette dimension peut, sinon diminuer l'envergure des problèmes de l'analyse sémiologique, du moins lui donner une fonction précise.

Concentrons-nous sur le cas du message publicitaire. Comme nous l'avons mentionné plus haut, ce type de message n'est jamais fortuit. En effet, avant même que le produit soit offert au public, il arrive souvent que les publicitaires aient effectué des analyses de marché et des sondages qui auront permis de déterminer le type d'individus susceptibles de s'intéresser à l'objet en question. Un profil du consommateur moyen se dessine alors : âge, sexe, revenu, occupation, loisirs, etc., bref, une certaine façon d'être; c'est le public cible.

C'est avant tout à ce public cible que la publicité s'adressera et c'est en fonction de ses caractères socio-économiques et sociodémographiques que le message sera construit. Ce qui se passe en fait, c'est qu'à partir de leurs investigations ou

---

18. Le destinateur est ici un média en tant qu'entreprise de production. Il regroupe évidemment plusieurs personnes, mais celles-ci doivent s'accorder sur les messages à émettre. C'est en ce sens que l'on peut parler d'un destinateur unique.

de leurs intuitions[19], les publicitaires tentent d'établir les règles du code socioculturel du consommateur potentiel et, dans la mesure du possible, de construire le message publicitaire en fonction de ces règles.

Pourtant, même si les données socio-économiques et démographiques sont très précises, elles ne constitueront jamais qu'une base à partir de laquelle les publicitaires *tiennent pour acquis* que le consommateur a telle et telle caractéristiques, qu'il réagira de telle façon, qu'il comprendra mieux ceci que cela, bref, qu'il associera tels sens (connotations) à tel signe.

Il est effectivement possible qu'en fonction d'un code socioculturel, le consommateur saisisse une bonne partie des sens prévus. Néanmoins, les interprétations que chaque individu donne aux messages dépendent également de sa personnalité profonde, d'un code très personnel. Les règles de ce code peuvent interférer avec celles du code socioculturel et faire en sorte que le destinataire (le consommateur potentiel) ne comprenne pas le message de la façon prévue par le destinateur (les publicitaires). Il faut donc retenir que les connotations du message publicitaire décelées par l'analyse sémiologique sont celles du destinateur et non pas nécessairement celles que chaque destinataire retiendra. En aucun cas, on ne peut se baser uniquement sur l'analyse sémiologique pour prévoir la façon dont les destinataires liront les messages.

Les résultats que permet d'obtenir l'analyse sémiologique correspondent donc à la description des connotations produites uniquement par le destinateur. Le fait de restreindre ainsi le champ d'action de l'analyse sémiologique ne la rend pourtant pas objective pour autant. En effet, l'analyste a lui-même une personnalité profonde. Ce n'est pas parce qu'une

---

19. Même lorsqu'il n'y a pas d'investigation formelle (sondage, analyse de marché), les publicitaires se font toujours, d'une manière ou d'une autre, une idée assez précise du public cible afin d'élaborer un message qu'il comprendra.

personne devient sémiologue qu'elle perd ses codes personnels. Son analyse restera une interprétation. De fait, l'analyse
sémiologique demeure une analyse passablement subjective.
Ce qui ne signifie pas qu'elle ne puisse être valable. Les particularités du message publicitaire iconique (pour ne traiter
que de ce cas) permettent de justifier l'interprétation sémiologique que l'on en fait.

Nous avons déjà dit que le message iconique prête à plusieurs
interprétations, qu'il est chargé de connotations. On pourrait
en conclure que les résultats de l'analyse sémiologique du
message publicitaire iconique ne peuvent être que très variables. Or, la publicité a pour but de faire vendre un produit
et, surtout, de le faire vendre souvent. Le message publicitaire est construit pour être lu par le plus grand nombre de
personnes possible; il ne peut donc se permettre d'être obscur
ou difficile d'accès. Les consommateurs potentiels doivent
pouvoir le comprendre rapidement. C'est pourquoi les signes
du message publicitaire sont généralement plus stables qu'on
ne le croit. En effet, l'image publicitaire use et abuse de
symboles, de stéréotypes. Il s'agit de signes dont les connotations, même multiples, sont figées. Dans l'image publicitaire nous reconnaissons tous aisément le jeune cadre
dynamique, la femme fatale, l'homme respectable, etc.

> Dans le domaine de la publicité, les stéréotypes devien-
> nent aisément symboles. Cela dit, le stéréotype est géné-
> ralement employé dans un sens péjoratif et on l'associe
> souvent au préjugé. Ainsi dans *Le système social* (1968),
> Henri Janne le définit comme une « représentation ou
> image clichée, simplifiée, non vérifiée par l'expérience et
> non soumise à la critique ayant cours dans un groupe
> déterminé à propos d'une catégorie sociale déterminée »
> (p. 237).

Outre la présence fréquente de stéréotypes, le texte qui accompagne l'image publicitaire[20] diminue la profusion des

---

20. L'image publicitaire est toujours accompagnée d'un texte, même s'il ne
s'agit que de la marque de commerce du produit. Dans ce dernier cas,
la marque elle-même est un signe dont les connotations sont suffisamment fortes et figées pour qu'il n'y ait pas d'ambiguïté. Il s'agit d'un
symbole en soi. La griffe des grands couturiers en est un exemple.

connotations du message iconique pris isolément. En effet, parmi les diverses connotations offertes par l'image, le texte en sélectionne certaines, qu'il renforce. Le texte dirige ainsi la lecture de l'image.

La preuve en est que lorsqu'on change la légende d'une image publicitaire, on donne au message complet (image et texte) une tout autre signification (expérience relatée par Guy Gauthier (1979) dans *Initiation à la sémiologie de l'image*, p. 29-35). Bien sûr, le texte lui-même peut fournir des connotations, mais dans le cas du message publicitaire, qui doit être clair, elles ne sont jamais trop variées. Comme le dit Barthes, la fonction du message linguistique dans la publicité en est une d'ancrage.

Nous terminerons en expliquant brièvement deux procédés auxquels on a recours en analyse sémiologique. Il s'agit de la commutation et de la permutation.

La commutation consiste à remplacer (mentalement) un signifiant par un autre, alors que la permutation consiste à déplacer (toujours mentalement) les signifiants à l'intérieur d'un message.

Ces opérations ont pour but de déterminer si la substitution (en commutation) ou le nouvel arrangement des signifiants (en permutation) entraînera une différence sur le plan du signifié (celui de la connotation). La commutation et la permutation sont des procédés que l'on effectue en fonction des deux axes des systèmes de signes : l'axe paradigmatique et l'axe syntagmatique.

Par exemple, considérons que, dans une photographie publicitaire (peu importe le produit à vendre), un manteau de vison noir porté par une rousse flamboyante connote la richesse. Est-ce qu'un autre type de manteau choisi dans le paradigme *manteau* — un manteau de lainage par exemple — et porté par la même rousse connoterait également la richesse? Sans doute que non. Il ressort donc que le manteau de vison est effectivement l'élément connotant la richesse. L'exemple choisi est simple et peu risqué, mais nous nous en servons uniquement pour illustrer la définition de la commutation.

C'est également la commutation qui permet de déterminer les limites du syntagme. Ainsi, dans notre exemple, le syntagme est-il le manteau-de-vison seul ou le manteau-de-vison-porté-par-une-rousse-flamboyante? Pour trancher, il faudrait alors remplacer le roux par le blond, le châtain et le noir, associer chaque couleur de cheveux au manteau de vison, puis au manteau de lainage, ce processus devant être répété pour chaque élément de l'image considéré comme syntagme possible.

L'épreuve de la permutation suit celle de la commutation. En effet, les éléments signifiants ne sont pas déplacés n'importe où, mais à l'intérieur de ce qui a d'abord été déterminé comme syntagme. Supposons, par exemple, que, dans la photographie publicitaire, on ait délimité le syntagme suivant : une-rousse-flamboyante-à-gauche-d'un-fauteuil-de-cuir-noir. Les permutations possibles pourraient être de disposer la dame à droite du fauteuil, derrière le fauteuil ou encore de l'asseoir dans le fauteuil, mais non de mettre le fauteuil tout à fait à l'arrière-plan. En outre, tout comme c'était le cas pour chaque commutation, chaque permutation — chaque nouvel arrangement des signifiants — exige une évaluation du sens ainsi produit.

Bien qu'il s'agisse d'opérations longues et quelque peu fastidieuses, la commutation et la permutation sont capitales pour l'analyse sémiologique; elles servent à étayer l'interprétation, lui donnent de la solidité.

RAPPEL

Dans ce chapitre, nous avons d'abord examiné les notions de base de la sémiologie, science des signes. Nous avons vu que le signe est la réunion d'un signifiant (réalité perçue) et d'un signifié (l'image mentale associée à la réalité perçue).

Alors que pour certains signes la signification (l'acte par lequel on unit un signifié au signifiant) est instantanée, pour plusieurs autres elle est problématique. Il s'agit alors de signes polysémiques, c'est-à-dire à propos desquels on peut faire diverses lectures, soit en associant plusieurs signifiants au même signifié, soit en associant plusieurs signifiés au même signifiant — c'est dans ce dernier cas que se situe le principal problème.

Toutefois, l'ambiguïté du signe polysémique peut être partiellement levée si l'on connaît la valeur du signe. Celle-ci est obtenue par la mise en rapport des signes qui entourent le signe polysémique, certains se situant sur l'axe paradigmatique (signes ayant entre eux des rapports de communauté), d'autres se situant sur l'axe syntagmatique (signes ayant des rapports d'opposition et de combinaison entre eux, autrement dit, les signes du message). De cette mise en rapport émerge le sens qui est l'association d'un signifié adéquat au signifiant.

Or, il s'agit là du sens dénoté du signe, de son sens fixe, invariable. Le signe peut également acquérir des sens supplémentaires, des sens connotés, s'il est mis en rapport avec les circonstances qui entourent le message dans lequel il se situe, les circonstances extratextuelles. Bien que les sens connotés soient, de prime abord, des sens subjectivement ajoutés, nous avons vu que c'est le code socioculturel qui guide la lecture connotée des signes. À cet égard, il peut y avoir une certaine entente entre les membres d'un même contexte socioculturel en ce qui a trait à la lecture connotée d'un signe.

Nous avons ensuite délaissé le système linguistique pour nous intéresser à un secteur du système iconique : l'image publicitaire, où la lecture connotée s'impose. Nous avons vu, à l'aide d'une analyse de Roland Barthes, comment une image publicitaire qui paraît n'avoir que des sens dénotés se prête très bien à la lecture connotée. Il en est d'ailleurs ainsi de toute image publicitaire : ce n'est pas tant l'objet à vendre — l'objet dans son sens dénoté — que l'on vante que la série de valeurs qu'on lui ajoute, soit les connotations.

Enfin, nous avons brièvement traité de quelques problèmes liés à l'analyse sémiologique, notamment de son inévitable subjectivité. Nous avons montré quelques pistes de solution à cette difficulté, particulièrement en ce qui touche l'analyse des images publicitaires, en signalant la présence constante de symboles (qui sont des signes à connotations figées) ainsi que d'un texte qui accompagne l'image et lui sert de point d'ancrage.

CONCLUSION

L'analyse de contenu et l'analyse sémiologique traitent d'un élément particulier du processus communicationnel : le message. Dans un cas — l'analyse de contenu — les résultats de l'analyse conduisent à une description des caractéristiques du contenu du message; dans l'autre cas — l'analyse sémiologique — les résultats mènent à une description des connotations du message. Il s'agit là de différences terminologiques. Dans les deux cas, les résultats correspondent à une description des sens véhiculés par le message. En effet, nous avons vu que le contenu du message est sa substance, son sens, et que les connotations du message correspondent à ses sens (même s'ils ont été qualifiés de particuliers).

Autre point commun : ces deux méthodes n'analysent pas le message selon le point de vue du destinataire. Dès que le destinataire a reçu un message, il l'intègre à sa conscience pour le transformer à son gré. À moins d'être en étroit contact avec un destinataire, on ne peut se servir de l'analyse des messages pour en prévoir les effets sur lui (nous parlons ici autant des effets de *sens* que des effets des médias traités au chapitre 1). Et cela devient évident dans le cas des messages médiatisés : ils sont adressés à une multitude d'individus, qui ont tous une conscience propre.

Comme nous l'avons déjà mentionné, les connotations du message décelées par l'analyse sémiologique sont uniquement celles que le destinateur a bien voulu lui donner et pas nécessairement celles que le destinataire retiendra. Il en est de même en ce qui concerne l'analyse de contenu : les caractéristiques du contenu obtenues par l'analyse — tout objectives soient-elles — ne peuvent être garantes de la façon dont chaque destinataire recevra le message.

En revanche, ces deux méthodes d'analyse mènent à une description des sens produits par le destinateur. Par conséquent, elles peuvent donner certains renseignements sur le destinateur du message. En effet, dans le chapitre sur l'analyse de contenu, nous avons vu que par une investigation complémentaire à l'analyse, on peut relier les caractéristiques du contenu du message aux conditions de production et, de ce fait, déterminer les phénomènes qui ont conduit le destinateur à émettre un message ainsi caractérisé. Cela est également valable pour l'analyse sémiologique : on peut déceler les connotations d'un message en tenant compte de ses conditions de production.

L'analyse des messages traite donc d'un état assez particulier du message : celui où il se trouve après avoir été émis, mais avant d'avoir été reçu (l'analyste n'étant pas, en principe, un destinataire). Si le sens ne peut se concrétiser qu'au sortir de la conscience du destinateur, ne perd-il pas toute forme concrète pendant la durée de son acheminement vers la conscience du destinataire? De fait, dans une situation de communication interpersonnelle (orale), le message (le sens) n'existe que par le destinateur et le destinataire. Analyser un message à mi-chemin consiste, dans ce cas, à considérer un état fictif du message ou, tout au moins, un état très éphémère.

Par contre, dans le cas de la communication de masse, les messages sont des produits tangibles et autonomes qui occupent, saturent même l'environnement social des individus. Ces objets d'analyse que sont les messages médiatisés circulent dans l'ensemble de la société. S'ils n'atteignent pas chaque conscience individuelle, ils pénètrent la conscience collective. Aussi, l'analyse des messages médiatisés porte-t-elle sur la production sociale du sens ou du moins une partie de cette production.

En fait, il semble qu'il n'y ait pas beaucoup de différences entre les deux méthodes d'analyse des messages médiatisés : elles ont les mêmes fonctions et permettent d'atteindre des objectifs semblables. Il existe pourtant une distinction fondamentale : ces deux méthodes procèdent de façons différentes pour envisager le sens.

Selon l'analyse de contenu, le sens peut se mesurer. En effet, ce type d'analyse — que l'on désigne comme fréquentielle — repose sur le principe selon lequel l'importance d'une unité de sens croît avec sa fréquence d'apparition. La nature de l'unité de sens — le thème, habituellement — est donnée par le message lui-même : c'est l'élément constituant qui se dégage *le plus naturellement* du message.

En fait, selon ce type d'analyse, l'accès au sens est assez direct. Ce qui peut empêcher d'y accéder tout à fait directement (ce pourquoi il faut recourir à l'analyse), c'est le désordre naturel du message, en d'autres termes, l'aspect formel du message. Aspect dont on a vite fait de se débarrasser en découpant le message en unités de sens et en regroupant ces unités de sens en rubriques pour les quantifier, bref, en mettant de l'ordre dans le message.

Pour l'analyse de contenu, l'accès au sens est assez direct parce qu'il est donné en même temps que le message. La forme du message n'est que fonctionnelle : elle évite au sens de s'éparpiller (elle le contient) et lui permet de se déplacer d'un point à un autre, d'un destinateur à un destinataire. Elle porte le sens comme on porte un objet sur un plateau, à découvert. Et changer le plateau ne modifie en rien l'objet.

Pour l'analyse sémiologique, en revanche, le sens peut s'estimer, s'évaluer, mais toujours en relation avec d'autres sens. Ce type d'analyse repose en effet sur le principe selon lequel le sens d'un élément signifiant dépend des autres éléments signifiants du message. La forme est donc très importante : ce n'est que par elle, en fait, que l'on peut accéder au sens. Aucun élément du message n'a de valeur en soi, c'est sa place dans le message qui détermine cette valeur.

La forme, alors, n'est pas qu'un palier qui, une fois franchi, peut être oublié; elle participe au sens. En réalité, elle est un premier niveau de sens qui mènera à un second : le sens dénoté, auquel se rattache le sens connoté. C'est cette imbrication des divers sens qui donne le sens final, complet.

En résumé, la différence essentielle entre l'analyse de contenu et l'analyse sémiologique réside dans ce que pour l'analyse de contenu le sens est manifeste, alors que pour l'analyse sémiologique le sens est latent. C'est d'ailleurs pourquoi l'analyse sémiologique étudie les formes et les structures pour accéder aux sens, alors que l'analyse de contenu les *annule*.

TROISIÈME
PARTIE

LA COMMUNICATION
ORGANISATIONNELLE

INTRODUCTION

Que ce soit pour y travailler ou pour recourir aux biens et services qui y sont offerts, la plupart des gens passent une bonne partie de leur temps, de leur vie même, dans les organisations. En effet, les multinationales, les entreprises familiales et les organisations de charité ont ceci en commun qu'elles associent les ressources humaines et matérielles dans un but déterminé; c'est pourquoi elles peuvent toutes être désignées par le même vocable générique : *organisation*.

La communication est un aspect très important de l'organisation puisque c'est essentiellement en communiquant que ses membres échangent l'information dont ils ont besoin pour effectuer leur travail, prendre des décisions et faire en sorte que ces décisions se transforment en actions. Par ailleurs, les organisations contemporaines fonctionnent dans un univers socio-économique plus ou moins stable qu'elles ne peuvent ignorer. De fait, pour survivre et croître, elles doivent évoluer au rythme de cet environnement, s'adapter aux différents changements et, même, les prévoir. Il est donc nécessaire qu'elles possèdent une connaissance de leur environnement, ce qui est rendu possible par l'établissement d'un lien avec celui-ci, par l'échange de renseignements, bref, par la communication.

L'importance de la communication au sein de l'organisation est aujourd'hui universellement reconnue. Des théoriciens de la communication en parlent même comme de l'*âme* de l'organisation (Goldhaber, 1986). Sans s'étendre sur cette image, on peut constater que la communication est une préoccupation constante pour les organisations : la création de services de communication, d'organes de communication interne et de services de liaison avec l'extérieur en constitue la preuve.

Le fait de reconnaître l'importance de la communication dans l'organisation ne règle cependant pas pour autant les problèmes communicationnels que l'on y retrouve. Gerald Goldhaber (1986) mentionne que d'après les consultants en communication, 10 % des entreprises américaines font faillite chaque année à cause de problèmes de communication — problèmes qui vont du faible degré d'interaction entre supérieurs et subordonnés jusqu'à l'utilisation inadéquate des médias de communication.

De toute évidence, l'organisation constitue un terrain propice pour l'étude de la communication. Or, l'intérêt pour cet aspect de la vie de l'entreprise est assez récent : la communication organisationnelle n'est étudiée scientifiquement que depuis les années 1940-1950. Et pourtant, l'organisation elle-même avait déjà fait l'objet de recherches et d'études (depuis les années 1910-1920). Le fait est que l'organisation n'a pas toujours été conçue de façon à ce que l'on tienne compte de la communication, à ce que l'on considère la communication comme un facteur important de son fonctionnement. Pour illustrer ce phénomène, nous présenterons dans les pages qui suivent deux modèles d'organisation qui ont prédominé dans la théorie des organisations[1], des années 1910 aux années 1950 :

– L'organisation conçue selon l'École classique (modèle dominant des années 1910-1930);

– L'organisation conçue selon l'École des relations humaines (modèle dominant des années 1940-1950).

Pour chacun de ces modèles, nous examinerons le rôle qu'y a joué la communication. Nous verrons ainsi dans quelles circonstances, le concept de communication organisationnelle[2] a pris naissance.

---

1. Ce n'est qu'avec le recul des années que l'on a pu parler de modèle théorique de l'organisation. Au moment où ces modèles étaient en vigueur, il était davantage question de pratiques de gestion, qui visaient un rendement toujours plus efficace de l'organisation. C'est par l'examen de ces pratiques que l'on a pu concevoir des modèles d'organisation.

2. L'expression même de communication organisationnelle est apparue tardivement, à la fin des années 60. Auparavant, on parlait de communication industrielle ou administrative, de « Managerial Communication ». Sous ces multiples appellations, la communication organisationnelle a été l'objet d'études de diverses disciplines : psychologie (industrielle), sociologie, administration, relations industrielles, avant de trouver sa place dans le champ des études en communication.

Cet exposé servira de préambule aux deux chapitres qui constituent le cœur de cette dernière partie et qui s'intitulent : « La communication organisationnelle selon l'approche *fonctionnaliste* » et « La communication organisationnelle selon l'approche *interprétative* ». Il s'agit de deux conceptions contemporaines de la communication organisationnelle. La conception fonctionnaliste est plus traditionnelle et plus populaire, alors que la conception interprétative, qui s'oppose à la précédente, est plus récente, mais se fait de plus en plus d'adeptes. En guise de conclusion, nous mettrons ces deux conceptions en parallèle pour en souligner les différences.

L'organisation selon l'École classique

Pour l'École dite classique, l'organisation est considérée comme une structure formelle et rigide dont la représentation la plus fidèle est l'organigramme[3]. Cette conception générale trouve son origine dans les premières études sur les principes de gestion et d'administration des entreprises et, plus précisément, dans les ouvrages de Frederick Taylor (qui, en 1919, a publié *The Scientific Management*) et de Henri Fayol (qui, en 1916, a publié *Administration industrielle générale*).

Considérés aujourd'hui comme les pères fondateurs des premières théories sur les organisations, Taylor et Fayol étaient, à l'époque, plus praticiens que théoriciens. En effet, chacun d'eux a travaillé dans une entreprise : Fayol fut ingénieur et administrateur dans une société minière et métallurgique en France, alors que Taylor, également ingénieur, a travaillé dans plusieurs entreprises sidérurgiques aux États-Unis. Leurs principes de gestion correspondent, en quelque sorte, aux solutions qu'ils ont envisagées pour régler les problèmes organisationnels qu'ils ont effectivement vécus ou, tout au moins, pour améliorer le rendement de leur organisation.

---

3. L'organisation comme structure formelle correspond à un ensemble de ressources humaines et matérielles dont les relations sont planifiées, prescrites, officielles. Cette définition prendra tout son sens quand nous parlerons du concept de structure informelle.

Bien que l'on puisse réunir les idées de Taylor et de Fayol sous la même école, leurs principes de gestion diffèrent quelque peu. Alors que pour Fayol une gestion efficace exige une supervision directe des opérateurs et ouvriers, pour Taylor elle passe par la programmation de leur travail.

Dans l'usine sidérurgique où il travaillait durant les années 1910, la Bethlehem Steel Works, Taylor a analysé dans le détail le travail effectué par les ouvriers : il chronométrait chaque mouvement nécessité par leurs opérations tout en évaluant l'effort physique fourni. À la suite de ses observations, Taylor conclut que chaque ouvrier serait beaucoup plus productif s'il effectuait, non pas toutes les tâches nécessaires à la réalisation d'un travail, mais bien une seule tâche, toujours la même, celle qu'il réussissait le mieux; la réalisation complète du travail serait alors assurée par la coordination des diverses opérations successives d'un ensemble d'ouvriers et de machines.

Par exemple, plutôt que de faire coudre la totalité d'une chemise par le même employé d'une section de manufacture, chacun des employés devrait coudre une pièce précise du vêtement : un premier employé assemblerait le dos et le devant de la chemise, puis passerait cette pièce à un deuxième qui lui ajouterait le col, avant de le passer à un troisième qui lui ajouterait les manches, et ainsi de suite pour chaque chemise à fabriquer. Cette méthode de travail où les machines sont utilisées au maximum, où les tâches sont très spécialisées et très simplifiées et où les gestes inutiles sont supprimés fut désignée plus tard sous le nom de taylorisme.

Outre ses principes de gestion du travail, Taylor a développé un nouveau système de rémunération : chaque employé serait payé en fonction de son rendement individuel et non plus en fonction du rendement de son groupe de travail ou de l'usine. Ce système de paiement à la pièce partait du principe selon lequel l'homme ne pouvait être motivé à travailler que par l'argent. Devant la perspective d'un meilleur salaire, l'employé travaillerait davantage, à un rythme plus rapide, bref, il fournirait un meilleur rendement.

À l'usine même où Taylor travaillait, ses nouveaux principes de gestion du travail ont eu un succès retentissant pour ce qui est du taux de productivité de l'organisation[4]. En quelques années, la main-d'œuvre nécessaire pour effectuer un même travail est passée de 400 à 150 employés. Le résultat était clair : autant de profits, sinon plus, pour une dépense beaucoup moindre. Le taylorisme a d'ailleurs suscité l'intérêt des dirigeants d'entreprises qui ont rapidement appliqué les principes du *scientific management*.

Henri Fayol, lui, a particulièrement examiné la fonction administrative au sein de l'entreprise et a insisté sur la nécessité d'organiser les diverses tâches de façon hiérarchique. Sa théorie de la gestion est basée sur une série de recommandations, qui portent notamment sur les éléments suivants :

– la division du travail : le travail de chaque opérateur et ouvrier doit être très spécialisé ;

– l'unité de commandement : un subordonné ne doit avoir qu'un seul supérieur ;

– la surface de contrôle : selon les tâches effectuées, le nombre de subordonnés d'un même supérieur est plus ou moins élevé[5] ;

– la chaîne de commandement : une ligne d'autorité allant du haut vers le bas de l'organisation doit être établie ; un groupe d'opérateurs se trouve sous l'autorité d'un supérieur immédiat qui, est lui-même, ainsi que d'autres employés de son niveau, sous l'autorité d'un cadre de niveau supérieur, et ainsi de suite jusqu'à ce que ces unités regroupées forment l'organisation complète ;

– la centralisation des pouvoirs : bien que les responsabilités soient partagées entre les différents niveaux de la hiérarchie, le pouvoir décisionnel demeure en haut de la chaîne de commandement.

---

4. Les employés, par contre, n'ont pas autant apprécié le taylorisme, se sentant à juste titre exploités, déshumanisés, réduits à l'état de machine, même s'ils avaient des conditions salariales améliorées.

5. Plus le nombre d'employés à superviser augmente, plus la possibilité d'interrelations, donc de conflits, s'accentue. La surface de contrôle ne devrait pas dépasser quinze employés.

Dans l'organisation conçue selon Fayol, l'ordre et la discipline sont de rigueur, de même que l'assujettissement des intérêts personnels à l'intérêt général de l'entreprise. Comme on peut s'en rendre compte, ses principes de gestion diffèrent de ceux de Taylor. Toutefois, les uns et les autres ne s'excluent nullement et seraient plutôt complémentaires. De fait, avec les considérations de Fayol, la standardisation et la normalisation du travail individuel prônées par Taylor peuvent s'étendre à toute l'organisation. Ainsi, des années 1910 jusqu'au début des années 1940, l'organisation sera conçue comme un ensemble structuré d'activités et de tâches régies par un système d'autorité formelle.

La communication dans l'organisation « classique »

Dans l'organisation conçue selon l'École classique, l'individu est considéré comme un être irrationnel qui pourra devenir rationnel — c'est-à-dire qui pourra travailler pour le profit de l'organisation — uniquement dans la perspective d'être récompensé par de l'argent. En outre, une fois programmé pour effectuer convenablement les tâches qu'on lui confie, l'individu est ni plus ni moins perçu comme un simple appendice de la machine. Dans cette optique, il est clair que la communication n'a pas un très grand rôle à jouer dans l'organisation. Dans la mesure où chacun sait ce qu'il a à faire, la communication n'est pas indispensable.

En fait, dans ce type d'organisation, on communique pour faire exécuter le travail. La communication est donc synonyme d'instruction, d'ordre, de prescription. Elle est verticale et unidirectionnelle : ce sont les individus situés à des niveaux hiérarchiques supérieurs — ceux qui possèdent l'information pertinente et qui savent où elle doit parvenir — qui engagent les processus communicationnels avec les individus situés à des niveaux inférieurs, non le contraire.

La communication horizontale (c'est-à-dire entre deux individus situés au même niveau hiérarchique) n'est pas vraiment favorisée; elle peut se produire, mais toujours pour des raisons d'efficacité du travail, dans le cas, par exemple, où le temps nécessaire pour acheminer un message selon les canaux habituels serait trop long[6].

On reconnaît que des problèmes de communication existent, mais on considère que cela vient du fait que les principes de gestion ne sont pas suivis correctement. Dans l'organisation conçue selon l'École classique, on ne remet jamais en question les principes de gestion lorsque surgissent des problèmes communicationnels.

Cette conception de l'organisation peut sembler très rigide aux yeux d'observateurs contemporains. De fait, avec les années, elle a présenté plus de faiblesses que d'avantages, tant pour les dirigeants que pour les employés des entreprises. De nos jours, il n'y a guère que les usines d'assemblage et certaines organisations militaires qui respectent les principes du *scientific management*. Si nous avons tant insisté sur la présentation de ce modèle d'organisation, c'est qu'il permettra de mieux saisir la raison d'être de la deuxième école — l'École des relations humaines — qui s'est développée, pour ainsi dire, en réaction à la vision de l'École classique.

L'organisation selon l'École des relations humaines

Alors que selon l'École classique l'organisation était conçue uniquement comme une structure formelle — basée sur l'autorité, ainsi que sur la division et la programmation du travail —, selon l'École des relations humaines on lui attribuera aussi une structure informelle — fondée sur les relations informelles[7] entre les travailleurs. Dans ce type d'organisation, la gestion de l'organisation est orientée, non plus seulement en fonction de la production, mais aussi en fonction des individus, des membres de l'organisation.

6. Selon le cheminement habituel, un message devrait monter le long de la chaîne de commandement jusqu'à l'autorité habilitée à le faire ensuite parvenir à l'individu de niveau inférieur auquel il est destiné.

7. Les relations informelles sont des relations spontanées, non officielles, non imposées, non prescrites, que les travailleurs établissent entre eux. Elles concernent soit le travail, soit la vie personnelle et sociale des travailleurs. L'École des relations humaines les juge indispensables au fonctionnement de la partie formelle de l'organisation. Ces relations sont cependant trop fluides pour être reconnues par la structure formelle.

Cette conception et ces principes de gestion ont commencé à se faire jour durant les années 40, après la publication d'une série d'études menées dans l'entreprise Western Electric (à l'usine Hawthorne, dans l'Illinois) par William Dickson (ingénieur), Fritz Roethlisberger et Elton Mayo (professeurs à l'Université de Harvard). Ces études, qui avaient débuté durant les années 20, visaient à examiner la relation entre le rendement des travailleurs et les conditions de travail, plus particulièrement les conditions d'éclairage[8]. La première expérience, conduite par Dickson et Roethlisberger, s'est déroulée à peu près comme suit :

Les ouvriers étaient divisés en deux groupes : le premier travaillant dans les conditions d'éclairage habituelles, le second, travaillant dans des conditions considérablement améliorées (par rapport au premier groupe, le second avait deux fois plus de lumière). Tel que prévu, le rendement des travailleurs du second groupe a augmenté. Toutefois, il a également augmenté dans le premier groupe. Après des résultats si surprenants, les chercheurs ont diminué graduellement l'éclairage du second groupe. Or, le rendement des travailleurs a continué de croître. Il a commencé à diminuer uniquement au moment où l'éclairage a atteint un degré équivalent à la lumière fournie par le clair de lune. Il n'y avait donc pas de relation directe entre le degré d'éclairage et le rendement. En réalité, il semblait que l'augmentation du rendement des travailleurs était plutôt dû au fait qu'ils se savaient être l'objet d'une attention particulière (de la part des expérimentateurs).

De 1927 à 1932, Dickson et Roethlisberger — en collaboration avec Elton Mayo, cette fois — ont effectué, toujours à l'usine de Hawthorne, une série d'expériences du même type. Ils en ont publié les résultats dans un ouvrage paru, en 1939, sous le titre de *Management and the Worker*; ces études sont également connues sous le nom de *Hawthorne Studies*. Il

---

8. Il est intéressant de noter qu'au départ, cette étude était effectuée selon une approche propre à l'École classique, plus spécifiquement, au taylorisme : on examinait les conditions d'éclairage parce que l'on considérait qu'elles pouvaient avoir une incidence sur le rendement des travailleurs, non dans l'intention d'améliorer leurs conditions de travail.

ressort de celles-ci que le rendement des travailleurs — et par le fait même de l'organisation — ne dépend pas uniquement de l'autorité exercée sur eux, de la programmation de leurs tâches et de la perspective d'un meilleur salaire. Le travailleur est motivé non seulement par l'argent, mais tout autant, sinon plus, par les relations personnelles et informelles qu'il établit avec ses pairs au travail.

Ce nouvel intérêt pour le comportement humain dans l'organisation a amené les chercheurs à mettre de l'avant des concepts nouveaux, comme la satisfaction au travail et le maintien du moral. En effet, puisque la productivité des travailleurs ne dépendait pas uniquement de facteurs financiers, mais également de facteurs humains, il fallait voir à ce que le personnel se sente bien. Toujours dans cette perspective, il importait aussi que les supérieurs considèrent le point de vue de leurs subordonnés, qu'ils leur expliquent les faits au lieu de simplement leur donner des ordres, tout cela en vue de faire participer les employés à la vie de l'organisation.

La communication dans l'organisation « humaine »

Dans l'organisation conçue selon l'École des relations humaines, on considère que la motivation et le rendement du travailleur viennent pour une large part de la satisfaction de certains besoins sociaux principalement, du besoin d'interagir personnellement et informellement avec ses pairs et de prendre part, de façon formelle ou informelle, aux décisions concernant l'organisation. Cette nouvelle conception du comportement du travailleur comme élément déterminant du rendement de l'organisation reconnaît l'importance de la communication. En effet, c'est en lui permettant de communiquer avec ses pairs et ses supérieurs que l'on pourra satisfaire les besoins sociaux et humains du travailleur.

De nombreuses publications des années 40 et 50 témoignent d'une préoccupation pour la communication organisationnelle. Toutefois, destinés aux dirigeants et gestionnaires d'entreprise, ces articles et ouvrages touchent des aspects particuliers de la communication organisationnelle : ils portent presque exclusivement sur l'interaction supérieur-subordonné et prennent la forme de conseils sur des

techniques de communication propres à gagner la coopéra-
tion des travailleurs. En voici quelques titres : « Does
Management Gets its Message across to Employees? » (publié
en 1947 par l'American Management Association), « How to
Communicate with Employees » (publié en 1946 par le
Personnel Journal), « Ten Commandments for Successful
Communication » (publié en 1958 par l'American Management
Association).

Durant les années 60 et 70, de nombreuses critiques ont
d'ailleurs été adressées à l'École des relations humaines,
notamment par Alex Carey (1967) et Charles Perrow (1972).
De façon générale, ces auteurs considèrent que les principes
établis par l'École des relations humaines ne profitent, en fin
de compte, qu'aux dirigeants et aux cadres des entreprises,
non aux ouvriers et aux opérateurs. Bien que l'accent semble
mis sur la satisfaction des employés au travail, les préoccupations majeures de cette école restent la haute productivité
et le bon rendement de l'organisation.

Ce qui a changé depuis l'École classique, c'est que l'on considère que l'on pourra obtenir de meilleures performances avec
la coopération des travailleurs (coopération assurée si l'on
satisfait certains de leurs besoins sociaux) que par l'asser-
vissement du personnel et la programmation des tâches. Dès
lors, l'intérêt que l'on porte aux employés, l'oreille attentive
qu'on leur prête, le fait qu'on leur demande de participer aux
prises de décision ne visent qu'à les persuader de coopérer,
qu'à les manipuler, ni plus ni moins. La démocratie instau-
rée n'en est ainsi qu'une de façade.

Ces critiques ne visent pas tant les théoriciens de l'École
des relations humaines, que les praticiens — dirigeants et
cadres — qui en ont appliqué les principes de façon
inadéquate (par exemple, en invitant les employés à participer aux prises de décision alors que tout avait déjà été
décidé). Or, il reste qu'une lecture attentive des articles et
ouvrages des tenants de l'École des relations humaines porte
à conclure que leurs principes favorisent effectivement les
dirigeants et l'atteinte de leurs buts.

Quoi qu'il en soit des faiblesses et des distorsions de l'École des relations humaines, il faut lui être redevable d'avoir fait ressortir la structure informelle de l'organisation, d'avoir vu la place qu'y occupent les relations informelles et, par là même, d'avoir compris l'importance de la communication — d'un type autre que l'ordre, le commandement et la prescription — dans l'organisation. Bref, on doit à l'École des relations humaines d'avoir donné le coup d'envoi aux études de la communication organisationnelle.

Au cours des années 60-70, on a non seulement critiqué les études de l'École des relations humaines pour leur préjugé favorable à l'encadrement, mais on a aussi remis en question le modèle d'organisation que cette école prônait ainsi que le modèle classique (encore en vigueur dans plusieurs entreprises malgré tout). Leur défaut majeur, a-t-on constaté, tenait au fait que les principes qu'ils mettaient de l'avant n'étaient pas généralisables : les recommandations de l'École classique pouvaient s'appliquer à un type d'organisation, mais pas à un autre, plus adapté aux principes de l'École des relations humaines. Il fallait développer un modèle de l'organisation constituant une synthèse des deux conceptions précédentes (soit une combinaison des structures formelle et informelle) et, de ce fait, capable de s'appliquer à tous les types d'organisation.

C'est en tenant compte de cette critique générale que nous décrirons l'ère contemporaine de la communication organisationnelle. Les chapitres qui suivent seront consacrés à deux façons de voir la communication dans l'organisation : la communication organisationnelle selon l'approche *fonctionnaliste* et la communication organisationnelle selon l'approche *interprétative*. Ces deux conceptions de la communication organisationnelle sont liées à des modèles différents de l'organisation, modèles qui n'ont pas été développés à partir d'expériences pratiques, comme c'était le cas pour l'organisation classique et pour l'organisation humaine, mais qui trouvent leur origine dans la théorie[9].

---

9. En fait, c'est surtout l'approche fonctionnaliste qui propose un modèle de l'organisation. L'approche interprétative, elle, présente plutôt une démarche analytique.

Aussi, afin de bien situer chacune des deux visions contemporaines de la communication organisationnelle, commencerons-nous chaque chapitre par une brève présentation du cadre de référence théorique propre à l'approche étudiée, et de la conception de l'organisation qui en découle. Suivront la conception générale de la communication organisationnelle ainsi que l'explication des principales notions qui y sont reliées.

La revue des deux théories de l'organisation qui ont dominé la première moitié du siècle nous aura fourni l'occasion de constater que la prise en considération de l'aspect communicationnel dans l'organisation est étroitement liée à la conception même que l'on a de cette organisation. Nous ne saurions, toutefois, passer sous silence la présence d'un autre facteur qui a tout autant contribué à cette prise de conscience : l'implantation de ce que l'on a nommé les nouvelles technologies d'information et de communication.

Depuis le premier ordinateur, les progrès en technologie ont permis un développement rapide des systèmes de communication et de traitement de l'information déjà existants — notamment l'informatisation de ces systèmes. Dès leur mise à l'essai dans l'entreprise, ces nouveaux systèmes ont commencé à modifier, non seulement les structures de travail, mais les structures communicationnelles elles-mêmes. Par exemple, une grande partie des tâches de traitement de l'information auparavant effectuées par des personnes serait désormais exécutée, beaucoup plus rapidement, par des ordinateurs. Par ailleurs, la vitesse à laquelle les informations allaient être traitées contribuerait à augmenter la somme des connaissances dont disposeraient les membres de l'organisation, exigeant de leur part de nouvelles habiletés pour utiliser ce savoir efficacement.

La nature et le degré des changements dus à l'implantation de ces systèmes dépendent en grande partie de l'écart entre les anciens et les nouveaux systèmes. Pour comprendre et même prévoir ces changements, il fallait avant tout saisir les divers aspects de la communication à l'intérieur de l'organisation.

Nous présenterons dans les deux chapitres suivants les concepts de base de la communication organisationnelle;

ils sont d'ordre général et s'appliquent tant aux processus de communication interpersonnels qu'aux processus de communication médiatisés (c'est-à-dire qui se réalisent par ou à l'aide de nouvelles technologies). Toutefois, nous ne traiterons pas spécifiquement de l'aspect « nouvelles technologies » de la communication organisationnelle.

CHAPITRE

5

LA COMMUNICATION ORGANISATIONNELLE SELON L'APPROCHE FONCTIONNALISTE

INTRODUCTION

Ce chapitre est divisé en trois sections. Dans la première, nous traiterons des fondements de la conception fonctionnaliste de la communication organisationnelle, soit le fonctionnalisme et la théorie des systèmes.

Dans la deuxième section, nous présenterons la conception de l'organisation qui découle de la théorie des systèmes : l'organisation comme système, une conception qui pose, de façon plus spécifique, les bases de la communication organisationnelle dont il sera question dans la section suivante.

Enfin, la troisième section sera consacrée à la communication organisationnelle. Nous commencerons par lui donner une définition générale, après quoi nous explorerons les principaux éléments constitutifs de cette définition : le processus, les messages, les réseaux de communication et l'équilibre.

LES RÉFÉRENCES THÉORIQUES

À la fin des années 50, aucune conception de l'organisation ne semblait convenir aux théoriciens et aux chercheurs spécialistes de l'organisation, ni celle de l'École classique, ni celle de l'École des relations humaines. Pour porter un regard nouveau sur l'organisation, ceux-ci ont alors eu recours à une perspective d'analyse globale — le fonctionnalisme — et à une théorie — la théorie générale des systèmes —, courants de pensée parallèles qui ont influencé de façon déterminante les sciences sociales. Examinons-les de plus près.

Le fonctionnalisme

Avant d'être ce que nous nommerons une perspective d'analyse, le fonctionnalisme est une théorie du fonctionnement général de la société. Elle englobe elle-même d'autres théories (notamment, le structuro-fonctionnalisme, la théorie des systèmes et le modèle des échanges sociaux) qui se sont développées à partir de ses postulats de base et qui traitent de phénomènes sociaux plus particuliers. Le fonctionnalisme leur sert, pour ainsi dire, de toile de fond et c'est en ce sens qu'il donne une perspective à l'analyse.

Le fonctionnalisme débute par une constatation : les gens qui composent la société sont différents les uns des autres; ils ont tous une structure génétique particulière. La coexistence de ces individus devrait mener au conflit ou, du moins, provoquer des changements continuels. Pourtant, il est clair qu'un ordre social existe. Dès lors, les fonctionnalistes cherchent à expliquer pourquoi et comment l'ordre social persiste malgré les pressions des individus vers le changement.

Pour ce faire, ils soulignent d'abord les ressemblances entre phénomènes biologiques et phénomènes sociaux. À l'instar des organismes strictement biologiques, les éléments sociaux (qu'il s'agisse de membres de la société ou d'institutions sociales) ont des besoins essentiels à leur survie et à leur évolution, qu'ils comblent par des actions et des relations réciproques. Tout comme les organismes biologiques, les éléments qui composent la société interagissent et sont interdépendants. En outre, ils sont interreliés pour répondre à un objectif plus vaste, qui est justement le maintien et la stabilité de la société.

Les fonctionnalistes peuvent sembler se contredire quand ils affirment, d'une part, que les individus, fondamentalement différents, tendent à provoquer le changement lorsqu'ils sont en contact les uns avec les autres, et, d'autre part, que ces mêmes individus interagissent pour préserver la cohésion, la stabilité de la société. Or, les fonctionnalistes soutiennent que, plus que les actions ou la cause des actions individuelles, ce sont les conséquences de ces mêmes actions qui contribuent à maintenir l'ordre social. Et, justement, ces conséquences ne dépendent pas nécessairement de la volonté des individus.

Le fait est que, pour les fonctionnalistes, la société est plus que la somme des éléments (individus et institutions sociales) qui la composent; elle les précède et possède son propre fonctionnement, sa propre dynamique qui tend fondamentalement vers l'équilibre. Cette tendance de la société à résister aux changements est un processus que les fonctionnalistes nomment homéostasie.

Le fonctionnalisme met de l'avant bien d'autres conceptions. En ce qui nous concerne toutefois, retenons de cette théorie que ses tenants s'attachent, dans leur explication de l'équilibre social, au fonctionnement (interaction et interdépendance) des éléments sociaux ainsi qu'aux conséquences — voulues et non voulues — des actions individuelles.

 ## La théorie des systèmes

La théorie des systèmes conçoit l'univers comme un système d'éléments interreliés et interdépendants — éléments qui sont eux-mêmes conçus comme systèmes ou, plus précisément, comme sous-systèmes. Tout changement dans un élément du système a des répercussions dans tout le système. Rien n'existe et n'agit sans un impact sur quelque chose d'autre. L'interaction et l'interdépendance des éléments sont les aspects essentiels du système, car c'est par ces processus que le système assure sa survie.

> Cette théorie, mise de l'avant par Ludwig van Bertanlaffy (biologiste et philosophe) et Anatole Rapoport (logicien), a ni plus ni moins révolutionné la pensée scientifique. En effet, elle représente désormais une solution de rechange à l'approche atomistique qui prévalait auparavant, selon laquelle les phénomènes ne peuvent être compris qu'en étant disséqués et étudiés, élément par élément, l'addition des éléments correspondant au phénomène complet. Selon l'approche systémique, cette dissection ne peut être valable puisqu'elle détruit les aspects essentiels du système : l'interaction et l'interdépendance.

Par ailleurs, la théorie des systèmes fait la distinction entre système ouvert et système fermé. Ces deux types de système sont composés, l'un et l'autre, d'éléments interactifs et interdépendants, mais ils diffèrent par la nature des frontières qui déterminent leur relation avec l'environnement. Le système fermé est complètement isolé. Ses frontières imperméables empêchent toute interaction avec l'environnement. La structure et le fonctionnement de ce système sont, par conséquent, très stables et prévisibles. Le système ouvert, on l'aura deviné, possède des frontières perméables qui favorisent l'interaction continuelle avec l'environnemnt. Il est dynamique et en constante adaptation avec l'environnement.

On remarquera que, pour la plupart d'entre eux, les systèmes vivants sont des systèmes ouverts qui dégénéreraient s'ils se comportaient comme des systèmes fermés[1].

On le constate, le point central de la théorie des systèmes et du fonctionnalisme est l'interdépendance et l'interaction des composantes des systèmes (la société est également un système). En ce sens, la théorie des systèmes semble se confondre avec le fonctionnalisme. En fait, sa particularité tient à ce qu'elle fournit un schéma général du fonctionnement et des relations des différents systèmes. Qu'il s'agisse d'un être humain, d'une machine ou d'une organisation, les systèmes peuvent tous être décrits en termes d'apport d'énergie et de ressources (*input*), de transformation (*throughput*), de résultat (*output*), de rétroaction (*feedback*), d'équilibre ou homéostasie et, bien sûr, d'interdépendance.

Ainsi, le système trouve ses ressources et son énergie dans l'environnement (composé d'autres systèmes); il les transforme et en retourne le résultat à l'environnement. Ces *produits finis* qu'il procure à l'environnement seront, un jour, utilisés (probablement sous une forme différente) comme ressource et énergie par le système, et ainsi de suite. C'est ce phénomène de rétroaction qui assure la survie et l'équilibre du système. Ce schéma s'applique aussi aux sous-systèmes. Un élément donné d'un système trouve son énergie et ses ressources dans l'environnement intra-système, c'est-à-dire chez les autres éléments; il transforme cette énergie et en retourne le résultat aux autres éléments du système qui, à leur tour, s'en servent comme énergie, la transforment et la retournent à l'environnement *intra-système*, et ainsi de suite. Ce phénomène de rétroaction assure l'équilibre interne du système.

Examinons maintenant les implications de la théorie sur la conception de l'organisation.

---

1. Il est tout à fait étonnant de trouver une notion comme celle de système fermé dans une théorie où tout dépend de tout, où l'ouverture du système est une évidence.

L'ORGANISATION COMME SYSTÈME

En tant que système, l'organisation se compose d'un ensemble d'éléments interdépendants. Elle possède en outre des frontières perméables qui favorisent l'interaction avec l'environnement. De fait, l'organisation est un système ouvert qui tend vers l'équilibre avec l'environnement.

L'organisation a le même fonctionnement et le même type de relations que le système général :

Elle trouve son énergie et ses ressources dans l'environnement — matière brute, main-d'œuvre, savoir, etc. Elle les transforme et en retourne le résultat à l'environnement — produits finis, services, etc. Ces produits et services procurés à l'environnement seront éventuellement utilisés (sous une autre forme) comme ressource et énergie par l'organisation. Ce phénomène de rétroaction assurera l'équilibre de l'organisation avec l'environnement.

Par exemple, une université produit des chercheurs; une partie de ces chercheurs exercera ses activités dans divers établissements (autres que l'université en question), fera des découvertes à partir desquelles seront rédigés des articles et des ouvrages; la bibliothèque de l'université acquerra ces ouvrages et articles qui, par conséquent, contribueront à *transformer* d'autres étudiants en chercheurs.

De même, les composantes de l'organisation — employés, diverses unités, machinerie, etc. — se fournissent l'une l'autre des ressouces et de l'énergie — informations, tâches, etc. — qu'elles transforment, puis se renvoient sous forme de « résultat du travail », de « nouvelles informations ». Ce processus continuel assure l'équilibre interne de l'organisation.

Dans la perspective de l'organisation vue comme système, les problèmes et solutions propres à une seule unité, (le degré de satisfaction d'un employé du plus bas niveau de la hiérarchie ou le défaut de machinerie au service de production, par exemple) peuvent avoir des répercussions sur l'ensemble de l'organisation. Des thèmes comme la surface de contrôle, le processus décisionnel et la chaîne de commandement (thèmes de l'École classique) ont autant d'importance que la satisfaction au travail et les relations interpersonnelles (thèmes de l'École des relations humaines). Par ailleurs, les changements de l'environnement influencent l'organisation, dont les propres modifications ont, en retour, un effet sur l'environnement. Dans l'organisation perçue comme système ouvert, des facteurs aussi divers que les marchés, la clientèle, la concurrence, les politiques gouvernementales, etc. sont à prendre en considération. Il s'agit là d'une perspective tout à fait nouvelle puisque, à l'époque de l'École classique et de l'École des relations humaines, on concevait l'organisation comme une entité isolée; on ne tenait donc pas compte des éléments environnementaux pour expliquer les changements à l'intérieur de l'organisation.

Il est à noter que, plus que les individus qui en font partie, ce sont les relations entre ses composantes (individus autant qu'unités, système technique, etc.) qui constituent l'organisation. Avec la théorie des systèmes, l'intérêt pour la psychologie individuelle (chère à l'école des relations humaines) s'atténue pour laisser place à des considérations sur l'organisation au sens global. Il convient d'ailleurs de parler de comportement organisationnel autant, sinon plus, que de comportement individuel.

En effet, les théoriciens attribuent des actes aux organisations. Ces actes résultent de l'interaction des membres, mais sont indépendants des caractéristiques individuelles. À preuve, un même acte peut se répéter régulièrement en dépit du changement de personnel. En outre, les conséquences des actes individuels ne sont pas nécessairement celles que les individus avaient souhaitées, mais peuvent, néanmoins, remplir des fonctions vitales pour l'organisation. Par exemple, un conflit personnel peut être néfaste pour certains individus, mais générer des actions qui contribueront à l'équilibre de l'organisation[2].

---

2. On voit ici la très nette influence du fonctionnalisme sur la conception de l'organisation : la société (le système, l'organisation) précède les individus, a sa propre dynamique; les conséquences des actions des individus, qui sont souvent indépendantes de leur volonté, ont pour fonction de contribuer à l'équilibre de la société (du système, de l'organisation).

En plus d'avoir des comportements et d'agir, l'organisation a des besoins qu'elle doit combler pour survivre et évoluer. Ceux-ci peuvent varier d'une organisation à l'autre, mais, de façon générale, les besoins primordiaux de l'organisation sont l'atteinte d'un équilibre (interne et externe, c'est-à-dire avec l'environnement) et l'atteinte des buts qu'elle s'est fixés. C'est par l'interaction de ses composantes que l'organisation arrive à combler ses besoins. La fonction de chaque composante est alors de contribuer à la satisfaction des besoins de l'organisation dans son ensemble.

Bien sûr, chaque élément, chaque sous-système de l'organisation peut avoir un objectif spécifique — par exemple, le service du personnel a pour objectif de recruter des gens compétents — mais cet objectif devient une fonction à remplir au profit de l'organisation. Dans le recrutement du personnel, la compétence sera un facteur à considérer parmi d'autres, un facteur qui sera relativisé en fonction des besoins de l'organisation.

Une organisation qui atteint ses objectifs est une organisation efficace[3]. C'est donc dire que l'efficacité de l'organisation dépend en partie de l'interaction et de la contribution de ses composantes; elle résulte également du taux d'utilisation de ses composantes, de ses ressources.

Maintenant que nous possédons certaines notions essentielles sur l'organisation comme lieu d'existence de la communication, nous pouvons entrer dans le vif du sujet et présenter la conception fonctionnaliste de la communication organisationnelle.

---

3. De même que l'objectif d'une composante organisationnelle peut se définir comme une fonction à remplir au profit de l'organisation, l'objectif de l'organisation constitue à son tour un mandat à exercer dans le cadre d'un système plus vaste dans lequel elle est comprise, la société, par exemple.

LA COMMUNICATION ORGANISATIONNELLE SELON L'APPROCHE FONCTIONNALISTE

Au cours de la lecture des pages précédentes, il a sans doute paru évident que la communication occupe une place prépondérante dans l'organisation conçue comme système. De fait, c'est elle qui assure l'interaction et l'interdépendance des éléments du système. Elle permet de coordonner le fonctionnement et l'action des éléments de l'organisation pour en faire une entité cohérente, apte à atteindre les buts qu'elle s'est fixés en tant qu'entité.

Selon la théorie des systèmes, la vie et l'évolution des organisations dépendent directement de ses réseaux et de ses systèmes de communication, car ceux-ci permettent à un grand nombre de personnes de travailler ensemble. Certains théoriciens considèrent même que le traitement de l'information est la fonction essentielle des organisations.

Par ailleurs, en tant que système ouvert, l'organisation agit sur l'environnement en même temps qu'elle est influencée par lui. Cette interaction nécessaire et inévitable lui assure la stabilité. C'est essentiellement par le biais de la communication que l'organisation peut interagir avec l'environnement, le connaître, en prévoir les changements et s'y adapter.

La présente section se divisera en cinq parties. Dans la première, nous donnerons une définition générale de la communication organisationnelle. Chacune des parties suivantes portera sur un concept clé de cette définition. Nous l'expliquerons, indiquerons les aspects concrets de la vie organisationnelle auxquels il correspond, traiterons des problèmes qu'il peut engendrer et présenterons quelques types d'études et d'analyses qu'il commande.

Définition générale

Après une lecture sommaire d'ouvrages sur la communication organisationnelle, le moins que l'on puisse dire de ce concept, c'est qu'il ne fait pas l'unanimité. En effet, de prime abord, il semble qu'il y ait autant de définitions de la communication organisationnelle que d'auteurs qui en traitent.

Toutefois, un examen plus approfondi de différents points de vue (notamment ceux de Katz et Khan, 1966; Thayer, 1968; Farace *et al.*, 1978; Redding et Sanborn, 1964; Greenbaum, 1973; Haney, 1973; Goldhaber, 1986) nous permet d'en tirer les traits communs et complémentaires : de façon générale, la communication organisationnelle est considérée comme dynamique, structurée et fonctionnelle. De façon plus systématique, nous dirons que, d'après l'approche fonctionnaliste, la communication organisationnelle est un processus de création et d'échange de messages à travers un réseau d'éléments interdépendants, processus qui a pour but de combler les besoins de l'organisation.

(partie 2) Le processus : une question de règles

La communication organisationnelle est d'abord un *processus*. Ce mot veut souligner que le phénomène de communication est dynamique, qu'il évolue dans le temps et qu'il constitue un mouvement continu. Cette conception s'oppose au modèle statique où la communication prend la forme d'une activité linéaire et isolable, où l'information (objet de la communication) est simplement transmise d'une personne à une autre, où l'acte de communiquer est pris en charge, à tour de rôle, par l'une ou l'autre personne.

Dans la communication comme processus, tous les participants (qu'ils soient, en apparence, récepteur ou émetteur) codent et décodent les messages de façon simultanée : par exemple, l'expression faciale de A, avant-goût de réponse à un message de B, est décodée par B à mesure qu'il code (émet) son message.

Dans un article sur l'aspect transactionnel (*transactional*) de la communication, Dean C. Barlund (1971) illustre très bien *exemple* cette influence réciproque des différents participants dans le processus de communication.

> Il y décrit une situation fictive, mais très réaliste, où une personne, appelons-la M. Alfred, attend son médecin, le docteur Bernard, dans une salle attenant à son bureau. Avant même que le docteur Bernard ne se présente pour inviter M. Alfred à passer dans son bureau, celui-ci

enregistre déjà un certain nombre d'informations sur le médecin — informations qui lui sont communiquées (inconsciemment ou consciemment par le médecin) tant par le mobilier de la salle d'attente que par le type de magazines que l'on trouve sur les tables. En même temps, une deuxième série d'informations, sans rapport avec le médecin, lui parviennent des images et des mots qu'il voit dans le magazine qu'il feuillette (fût-ce distraitement).

Lorsqu'il entre dans la salle d'attente, le docteur Bernard enregistre, lui aussi, un certain nombre d'informations : à la fois la présence d'un seul patient, la façon dont il est vêtu, le magazine qu'il feuillette. De plus, à l'instant où M. Alfred et le docteur Bernard sont conscients de la présence l'un de l'autre, leur *conscience de soi* devient plus accrue : le docteur Bernard peut prendre un air sérieux, professionnel; M. Alfred peut ajuster sa cravate, dont il voit, au moment de se lever de sa chaise, le nœud défait dans le miroir qui lui fait face.

Enfin, M. Alfred évalue simultanément au moins trois significations que le contexte lui permet d'attribuer à la question « Comment allez-vous? » que le docteur Bernard lui pose en traversant la pièce. Il pourrait s'agir d'une question toute clinique; par ailleurs, l'expression amicale du médecin lui suggère que cette question pourrait concerner moins sa santé que son état général, qu'il s'agirait là d'une question sociale; enfin, précisément à cause du contexte et du regard du médecin, M. Alfred peut interpréter cette question comme l'expression d'une simple sympathie. Dans ce cas, elle ne requerrait pas vraiment de réponse, elle serait simplement une invitation à passer dans le bureau.

La communication où l'influence réciproque des participants se produit simultanément ne constitue pas pour autant un processus désordonné et confus. Au contraire, le terme même de *processus* implique une notion d'organisation. De fait, cette communication — et particulièrement lorsqu'elle a lieu dans une organisation — est un processus gouverné par des règles.

Selon les situations de communication dans lesquelles on se trouve, on aura des comportements différents. Par exemple, vous aurez peut-être remarqué que, devant des inconnus, vous adoptez spontanément le vouvoiement pour certains, alors que vous en tutoyez d'autres. Nous avons vu également que M. Alfred et le docteur Bernard rectifient leur apparence physique avant de s'adresser l'un à l'autre. On parle de règles communicationnelles lorsque des types de comportement assez déterminés sont associés de façon régulière à des activités de communication.

La nature des règles

Il existe de telles règles dans toutes les organisations. Elles peuvent être l'équivalent de prescriptions applicables à tous les niveaux de l'organisation et même faire l'objet d'un document écrit. À ce moment, on parle de règles formelles; une règle formelle d'un document intitulé : « Politique de communication de l'entreprise X » pourrait, par exemple, s'énoncer comme suit : « Tout employé voulant modifier sa période de vacances devra en faire la demande par écrit au bureau Y ».

Une bonne partie des règles de communication d'une organisation sont cependant informelles; par exemple, les subordonnés d'un cadre savent par expérience qu'il vaut mieux communiquer avec lui par mémos et éviter tel et tel sujet. Ces règles implicites sont acquises par les membres de l'organisation par essai et erreur — apprentissage qui requiert toujours un certain temps.

Au-delà de cette classification formelle/informelle, Cushman et Whiting (1972) déterminent deux types de règles : les unes ont trait au contenu de la communication (*content rules*), les autres à ses modalités (*procedural rules*).

Les règles portant sur le contenu de la communication concernent le sens attaché aux mots et autres signes dans l'organisation. L'application de ces règles se manifeste, par exemple, par l'usage d'abréviations ou de termes propres au milieu qui n'ont pas de signification en dehors de l'organisation. Ainsi, le fait qu'un employé comprenne que la phrase « Rendez-vous au DET pour le dossier Dupré » signifie « Rendez-vous au Département d'évaluation technique, où nous évaluerons l'efficacité technique de l'invention qui nous a été

soumise par Madame Dupré de la Compagnie Dupré inc. »,
dépend de l'application d'une règle de *contenu.*

Les règles portant sur les modalités de la communication concernent les façons de communiquer et couvrent les aspects
périphériques du message : durée de l'interaction, lieu de son
déroulement, médias utilisés, moments du début et de la fin.
Le fait qu'un employé souhaitant obtenir une semaine de congé
à ses frais sache qu'il devra d'abord en parler de façon
informelle à l'autorité concernée (sa patronne, par exemple)
lorsqu'il la rencontrera, comme par hasard, à la distributrice
de café, et qu'il devra le lendemain lui envoyer une requête par
écrit, le fait qu'il sache tout cela et qu'il en tienne compte pour
communiquer constitue l'application d'une règle de *modalité.*

Selon S. Shimanoff (1980), les règles de communication
(formelles et informelles concernant le contenu ou les modalités) remplissent plusieurs fonctions : elles contribuent à
coordonner, à évaluer, à interpréter, à justifier et à prédire le
comportement de ceux qui participent aux processus de
communication.

Quelques problèmes

Quelle que soit la nature ou la fonction des règles de communication, il est clair que leur connaissance est indispensable pour les membres d'une organisation. En effet,
l'assimilation de ces règles contribue à rendre les interactions
efficaces — connaissant ces règles les employés peuvent
interagir en utilisant les bons mots avec les bonnes personnes, etc. Mais surtout, le fait de connaître ces règles permet
d'éviter des malentendus qui, parfois, risqueraient de mener
à des conflits.

À cet égard, les règles informelles ne sont pas à négliger. De
fait, c'est l'ignorance ou l'inapplication des règles informelles
qui constitue la cause la plus courante de malentendus et de
conflits. En effet, ces règles sont nombreuses et se révéleront
souvent plus sévères que les règles formelles. Par ailleurs,
elles sont souvent le fruit d'un accord tacite entre les membres de l'organisation, quoiqu'elles ne fassent pas nécessairement l'unanimité.

Ainsi, un nouvel employé pourra hésiter longtemps avant d'entrer chez son patron pour lui faire telle requête, car une moitié des employés qui l'entourent lui a dit que le patron était très ouvert à ce genre de demande alors que l'autre moitié lui a dit le contraire; une fois décidé à entrer et à faire sa requête, il pourra lui arriver de se tromper tout à fait, de provoquer l'impatience du patron, etc., et de constater ainsi par lui-même qu'il était bien tacitement entendu que le patron n'aimait pas ce genre d'intervention.

Les chercheurs qui se penchent sur les règles de communication dans les organisations s'intéressent particulièrement à la *coorientation* des règles. Ils cherchent à déterminer si la définition de certaines règles est la même pour tous les employés d'une organisation. Notons qu'une bonne partie de ces recherches porte précisément sur les règles de communication entre supérieurs et subordonnés. Après avoir passé en revue plusieurs de ces études, Farace *et al.* (1977) constatent que le taux de désaccord à propos des règles de communication dans les organisations est passablement élevé. Les auteurs en concluent que ces différences de perception — où les uns ont inévitablement tort et les autres ont raison — peuvent être la source de nombreux problèmes organisationnels et engendrer, surtout chez les subordonnés, un processus de dégradation de la qualité du travail et de l'estime de soi.

Paradoxalement, les problèmes qui ont trait à la détermination et à l'application des règles de communication peuvent être réglés par la communication elle-même. Farace *et al.*, notamment, suggèrent d'améliorer les sessions d'entraînement des nouveaux venus d'une organisation et de prévoir des rencontres face à face entre supérieurs et subordonnés, de sorte qu'ils puissent non seulement connaître, mais aussi comprendre ce que chacun attend de l'autre.

Maintenant que nous avons expliqué le premier concept de notre définition de la communication organisationnelle selon l'approche fonctionnaliste et que nous avons présenté les problèmes qui lui sont reliés et les types de recherches qu'il inspire, passons au deuxième concept : le message.

partie 3)

Le message : une question de fonctions

Les raisons qui incitent les théoriciens et les chercheurs à étudier les messages dans un contexte organisationnel sont celles-là mêmes qui poussent à étudier n'importe quel message : découvrir les sens qu'ils véhiculent vraiment. Dans la partie traitant du contenu des messages médiatisés (en particulier dans le chapitre sur la sémiologie), nous avons vu que la signification des signes qui composent les messages résulte d'un accord entre les utilisateurs de ces signes. Suivant les signes, toutefois, l'accord est plus ou moins explicite et étendu (ce ne sont pas tous les usagers d'un signe donné qui en partagent la signification). C'est précisément pour cette raison que les messages sont dits _objets non transparents_ et qu'il est pour le moins utile de les considérer avec attention quand on étudie la communication.

Les types de messages étudiés

Dans l'organisation, il existe certains types de messages auxquels les chercheurs s'intéressent particulièrement. Une première typologie distingue les messages circulant dans l'organisation des messages circulant entre l'organisation et son environnement. Il est clair que ces derniers contribuent à l'atteinte de l'équilibre de l'organisation avec l'environnement extérieur; on analyse alors les campagnes publicitaires ou les messages qui visent à entretenir les relations publiques, par exemple.

Toutefois, la majeure partie des études sur le message organisationnel porte sur les messages circulant à l'intérieur même de l'organisation. Là encore, on a affaire à différents types de messages : les messages verbaux (parlés ou écrits) et les messages non verbaux (messages gestuels, physiques, environnementaux ou expressions faciales); les messages échangés entre deux membres de l'organisation (dans ce cas, on parle de communication organisationnelle _dyadique_), particulièrement entre supérieur et subordonné, et les messages circulant dans un groupe. En outre, ces catégories ne s'excluent pas : il existe évidemment des messages verbaux-dyadiques, verbaux-groupe, non verbaux-dyadiques et non verbaux-groupe.

Certes, les objectifs et les effets des messages peuvent varier selon qu'ils circulent entre un subordonné et son supérieur ou à l'intérieur d'un groupe et suivant qu'ils sont verbaux ou non verbaux. Toutefois, en dépit de leur spécificité, les messages de la communication organisationnelle ont comme caractéristique commune de contribuer à combler les besoins de l'organisation. Dans cette perspective, les théoriciens et les chercheurs étudient les messages créés et échangés dans l'organisation afin de déterminer leurs fonctions, pour évaluer ultérieurement dans quelle mesure les messages ainsi caractérisés comblent les besoins de l'organisation.

Les fonctions déterminées

Les différents théoriciens ont établi diverses catégories de fonctions remplies par les messages organisationnels. Ces catégories diffèrent grandement d'un auteur à l'autre. Ainsi, Katz et Khan (1966) considèrent que les messages ont quatre fonctions : la production, le maintien, l'adaptation et la gestion; C. Redding (1972) en voit trois : la production, le maintien et le contact humain; Lee Thayer (1968) en relève quatre : l'information, la persuasion, la commande et l'intégration; Berlo (1960), trois : la production, le maintien et l'innovation; et Greenbaum (1973), quatre : la régulation, l'innovation, l'intégration et l'information.

Bien que les catégories varient d'un auteur à l'autre, il reste que leur nombre est peu élevé par rapport au nombre de messages qui circulent dans une organisation. Par ailleurs, on constate que certaines catégories — production et maintien — reviennent souvent d'un chercheur à l'autre. Enfin, à partir de la définition que les auteurs donnent de chacune de leurs fonctions, nous pouvons les regrouper en quatre grandes catégories.

La fonction de production comporte ce que Thayer nomme la commande et ce que Greenbaum appelle la régulation. Les messages qui ont pour fonction de produire sont ceux qui fournissent aux employés l'information nécessaire pour qu'ils effectuent leur travail de façon efficace. Les messages qui portent sur les problèmes reliés au travail remplissent également des fonctions de production. Une description de tâches et les messages échangés lors de sessions d'entraînement, de réunions axées sur la planification du travail ou sur les grandes orientations de l'organisation remplissent tous deux des fonctions de production. En somme, il s'agit de tous les messages qui ont trait aux résultats (*outputs*) de ce système que l'on appelle *organisation*.

La fonction de maintien englobe ce que Thayer et Greenbaum nomment l'information et ce que Katz et Khan appellent la gestion. Alors que les messages de production concernent les produits comme tels, leur contenu et la façon de les réaliser, les messages qui remplissent des fonctions de maintien contiennent des informations sur les actions à prendre pour favoriser et faciliter la production (des biens ou des services). Ces messages assurent la survie et l'évolution de l'organisation. Par exemple, un message du type : « Les gestionnaires devront fournir aux employés une description écrite de leurs tâches » remplit une fonction de maintien.

La fonction de contact humain réunit ce que Katz et Khan définissent comme l'adaptation et Thayer et Greenbaum, comme l'intégration. Dans les messages qui visent à établir un contact humain, on considère les membres de l'organisation comme des êtres humains et non plus seulement comme des employés; ces messages portent sur leurs sentiments et leurs pensées, leurs relations interpersonnelles, leurs plus ou moins bonnes dispositions face à diverses situations (en anglais : *morale*), leur degré de satisfaction au travail. De tels messages sont échangés entre les membres de l'organisation. Par exemple, ils pourront prendre la forme de félicitations (formelles, comme un rapport d'évaluation positive, ou informelles, comme la tape sur l'épaule) de la part d'un supérieur; ils pourront également circuler lors des sessions de consultation et d'orientation. Une organisation peut générer une multitude de messages visant à assurer le *maintien* et la *production*, mais l'efficacité de ces messages sera grandement affectée si elle ne favorise pas également la création et l'échange des messages de type *contact humain*.

La fonction d'innovation correspond à ce que Katz et Khan appellent l'adaptation. Les messages d'innovation permettent à l'organisation de s'adapter à l'environnement, et particulièrement aux changements provoqués par le contact avec cet environnement. Les messages qui ont trait à de nouvelles activités, à de nouveaux projets, à de nouvelles orientations, à de nouveaux produits et services ainsi que ceux qui circulent au cours des sessions de planification, de résolution de problèmes ou de *brainstorming* remplissent tous des fonctions d'innovation.

Selon une étude réalisée par Schuler et Blank (1976) (citée par Goldhaber, 1986), les messages tendent à remplir une fonction particulière, propre au niveau de l'organisation où ils circulent. Autrement dit, un type de message correspondrait davantage à un niveau de l'organisation qu'à un autre. Ainsi, les auteurs constatent qu'à cause de la complexité de leur tâche, les employés situés aux plus hauts niveaux de l'organisation semblent avoir un plus grand besoin de messages de type *production* et *contact humain*. Toutefois, il semble également que parmi les quatre types de messages, ceux qui favorisent le contact humain soient les plus satisfaisants et contribuent le plus directement à améliorer la performance des travailleurs.

Dans cette section, nous avons souvent utilisé le terme *circuler* en parlant des messages. La section suivante sera précisément consacrée aux voies qu'empruntent les messages pour aller d'un point à un autre de l'organisation : les réseaux de communication.

partie 4)

Les réseaux de communication organisationnels

Le terme *réseau* désigne tantôt l'ensemble des voies par lesquelles les messages circulent à l'intérieur de l'organisation, tantôt un ensemble de personnes entre lesquelles circulent régulièrement des messages. Dans le premier cas, le réseau constitue le système global de communication de l'organisation dans son ensemble, alors que dans le second cas, le réseau correspond davantage à chacun des sous-systèmes qui composent ce système global. Il existe pourtant une conception plus générale du réseau de communication de l'organisation — où les personnes sont caractérisées par leur rôle dans ce réseau — qui permet de mieux saisir la différence entre les deux types de réseaux.

Cette façon de voir répartit les membres de l'organisation en plusieurs catégories en ce qui touche les communications. En premier lieu, quand un certain nombre de personnes (trois ou plus) échangent la majeure partie de leurs messages entre elles, elles forment un *groupe,* chacune d'elles étant un membre du groupe. En outre, les membres d'un groupe qui échangent également des messages avec des membres d'autres groupes sont appelés des *ponts.* Par ailleurs, les personnes qui ne font elles-mêmes partie d'aucun groupe, mais qui échangent la majeure partie de leurs messages avec les membres de deux ou de plusieurs groupes sont des *liaisons.* Enfin, un individu qui ne peut entrer dans aucune des catégories précédentes, parce qu'il n'émet ni ne reçoit de messages (ou alors très peu) est un *isolé.*

FIGURE 5.1 **Les réseaux de communication organisationnels**

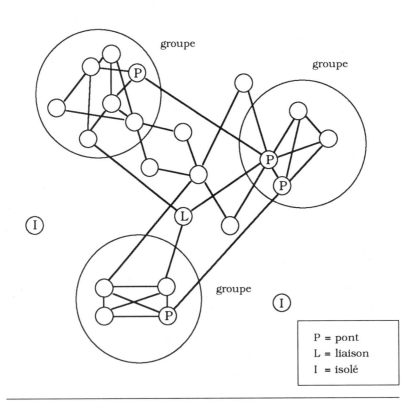

Suivant ce mode de classement les deux types analysés précédemment se trouvent donc réconciliés ainsi : l'ensemble des interrelations constitue *le* réseau de communication global de l'organisation alors que les relations à l'intérieur de chacun des groupes en sont *les* réseaux.

De nombreuses recherches sur les réseaux de communication ont permis d'établir quelques caractéristiques supplémentaires des individus qui jouent certains rôles dans le réseau. Ainsi, il est clair que le rôle de liaison est capital pour le fonctionnement du réseau. On remarque que les personnes « liaisons », qui occupent habituellement des positions de haut niveau dans l'organisation, sont sociables, influentes, satisfaites du système de communication de leur organisation et conscientes du rôle important qu'elles y jouent. À l'inverse, les « isolés » sont peu sociables, peu influents et peu satisfaits du système de communication de l'organisation; par ailleurs, ils ont peu confiance en eux, sont peu motivés par le travail et, lorsqu'ils obtiennent de l'information, ont tendance à la retenir. Pour leur part, les membres des « groupes » tendent simplement à partager les mêmes attitudes, perceptions et valeurs que les autres membres de leur groupe; autrement dit, ils sont surtout caractérisés par un sentiment assez fort d'appartenance (au groupe).

La nécessité d'analyser les réseaux

Lorsqu'on s'intéresse à la communication organisationnelle, l'étude des réseaux s'impose. D'abord, c'est dans la nature même de n'importe quel processus de communication de fonctionner par relais. Comme nous l'avons mentionné plus haut, la communication n'est pas statique : les messages circulent d'un point à un autre, de ce point à un autre point, et ainsi de suite, cet enchaînement pouvant se répéter à l'infini.

Pour illustrer cet aspect du processus de communication, Pace et Boren (1973) comparent le mouvement des messages aux flots d'une rivière : tout au long de son trajet l'eau de la rivière change de nature; elle perd quelques-unes de ses composantes et en absorbe d'autres. De la même manière, les messages qui circulent à travers plusieurs relais peuvent changer de composition, perdre des éléments, s'en voir ajouter, certaines de leurs composantes peuvent perdre ou gagner de l'importance, etc., ce qui peut modifier considérablement l'intégrité du contenu.

Notons que ces modifications ne surviennent pas par hasard, mais répondent à des motivations (conscientes ou inconscientes) des transmetteurs : par exemple, on pourra vouloir rendre le message plus plausible ou plus conforme aux attentes du destinataire. Dans une organisation, ces atteintes à l'exactitude, à la fidélité du message peuvent être très néfastes. L'analyse des réseaux de communication peut justement contribuer à repérer les obstacles à une transmission fidèle des messages. Elle permet, en outre, de reconnaître les communicateurs et les non-communicateurs et contribue ainsi à résoudre certains problèmes et à améliorer le système de communication de toute l'organisation. Par exemple, une personne qui joue naturellement un rôle de *liaison* peut très bien occuper une position (officielle) qui ne lui permet pas d'exercer toutes ses compétences de communicateur. Dans ce cas, il est utile pour l'organisation de lui confier davantage de responsabilités qui font appel à la communication.

Enfin, parce que l'organisation est un système d'éléments interdépendants, plusieurs réseaux de communication peuvent se chevaucher[4] et créer pour certains individus (les *ponts* et les *liaisons* en particulier) des problèmes de surcharge d'information (*overload*). Problème fréquent dans les organisations, la surcharge d'information se produit lorsqu'un individu reçoit trop d'information, trop de messages par rapport à sa capacité de les traiter. Non seulement il devient alors inefficace, mais il peut également perdre toute motivation. L'analyse des réseaux permettra de détecter les chevauchements et de localiser les individus surchargés.

---

4. À partir des seuls éléments présentés dans le schéma type du réseau de communication présenté plus haut, on pourrait très bien créer d'autres groupes, d'autres réseaux.

Une des solutions au problème de la surcharge d'information consistera à recourir à un « sélectionneur » (*gatekeeper*). Les sélectionneurs sont des personnes qui, placées à des endroits stratégiques du réseau, contrôlent le flot des messages : elles sélectionnent ceux qui sont pertinents et ceux qui ne le sont pas, font poursuivre leur chemin aux premiers, alors qu'elles stoppent ou réorientent les seconds. Il est à noter que les sélectionneurs doivent pouvoir traiter un vaste flot d'information (au risque de souffrir eux-mêmes de surcharge...). Précisons enfin qu'il n'existe pas de poste officiel désigné sous le nom de sélectionneur; il s'agit là d'un rôle, au même titre que celui de liaison ou de pont. Les secrétaires et les adjoints feront souvent office de sélectionneur.

Maintenant que nous avons examiné les principales caractéristiques des réseaux de communication et compris l'importance de les étudier à l'intérieur de l'organisation, nous présenterons les deux types de réseaux qui s'y trouvent : le formel et l'informel.

Le réseau de communication formel

Lorsque les messages suivent une trajectoire tracée par l'autorité hiérarchique ou lorsqu'ils suivent le flux du travail, on dit qu'ils circulent à travers le réseau de communication formel. L'organigramme d'une organisation est sans doute la représentation la plus fidèle du réseau de communication formel. Les communications y sont officielles, planifiées et prévisibles. Les messages y circulent tant de haut en bas et de bas en haut (selon la ligne hiérarchique) qu'horizontalement (selon le flux du travail). Examinons brièvement ces trois types de communication formelle.

La communication formelle *vers le bas* désigne les messages que les supérieurs envoient à leurs subordonnés : principalement des messages de production et de maintien, ayant rapport avec la discipline, les orientations, les buts et les politiques de l'organisation. C'est ce type de communication que les chercheurs étudient le plus souvent quand ils s'intéressent aux réseaux formels. Les études démontrent d'ailleurs que la communication formelle vers le bas est, en grande partie, cause de problèmes ou, du moins, d'insatisfaction.

En effet, les supérieurs ont souvent recours à des médias (lettres, mémos, brochures, etc.) pour communiquer avec leurs subordonnés, ce qui a pour effet de créer une surcharge d'information chez ces derniers : au bout d'un certain temps, ils ne tiennent plus compte de ces messages (ils ne les lisent même pas). Il en résulte que, bien qu'ils reçoivent quantité d'ordres et d'instructions, les subordonnés ne sont pas très bien informés en ce qui concerne l'organisation en général. De plus, ils considèrent que leurs supérieurs (immédiats ou non) ne sont pas les meilleures sources d'information (Davis, 1972; Goldhaber, 1986).

La communication formelle *vers le haut* désigne les messages que les subordonnés envoient à leurs supérieurs : questions, suggestions, rétroaction. Plutôt que de décrire ce qui se passe, les études sur ce type de communication traitent surtout de ce qui devrait être, de la nécessité de messages vers le haut, des façons de favoriser ce type de communication. Par ailleurs, d'autres recherches (notamment celles de Davis, 1972, et de Goldhaber, 1986) tendent à démontrer que l'absence de ce genre de messages vient du fait que les subordonnés sont intimidés par les supérieurs (du moins ceux de haut niveau) et que, somme toute, ils préfèrent recevoir de l'information plutôt que d'en donner.

La communication *horizontale* désigne les messages échangés entre les employés de même niveau hiérarchique dans l'organisation; elle naît de raisons liées au travail : coordination des tâches, résolution de problèmes, partage d'information. Tout comme c'était le cas de la communication vers le haut, on observe peu de communication horizontale[5]. Goldhaber (1986) et Smith *et al.* (1972) voient trois principales raisons à ce phénomène : la compétition entre les employés, la spécialisation des tâches et le manque d'encouragement venant de la direction pour aller dans ce sens.

---

5. En fait, on ne sait trop si la communication formelle horizontale existe ou non. Gerard Goldhaber (1986), par exemple, avoue que peu d'études ont été faites sur ce type de communication.

Ainsi, un employé qui possède de l'information ou quelque savoir (qui pourrait être utile à ses collègues) peut ne pas vouloir le partager pour préserver son expertise, le caractère spécial de ses attributions et posséder un atout face à ses pairs.

Par ailleurs, le fait que certaines tâches soient très spécialisées (spécialisation ne résultant pas nécessairement d'un savoir particulier, mais de la structure même de l'organisation) peut avoir comme conséquence que les employés n'ont tout simplement rien à se dire en ce qui a trait au travail.

Enfin, les cadres n'encouragent pas vraiment la communication horizontale, de crainte que leurs subordonnés ne soient surchargés d'informations inutiles. Il semblerait également que, ce faisant, les supérieurs évitent de voir leur autorité remise en question.

Au terme de cet exposé sur les types de communication dans un réseau formel, force nous est de reconnaître que, dans la pratique, ce dernier désigne presque exclusivement la communication vers le bas. La communication vers le haut et la communication horizontale y existent sans doute, mais surtout en théorie. En fait, les messages qui circulent vers le haut de l'organisation et horizontalement le font davantage par des réseaux de communication informels.

Le réseau de communication informel

Les messages qui passent en dehors du réseau de communication formel, qui le contournent et, parfois, le court-circuitent, circulent à travers le réseau de communication que l'on dit informel. Les communications y sont spontanees, non officielles et, tour à tour, horizontales, verticales ou diagonales. Généralement, toutefois, le réseau informel peut être visualisé comme une grappe (*cluster*).

Les réseaux informels se créent à partir de perceptions, de sentiments et d'intérêts communs. En outre, les individus qui communiquent entre eux de façon informelle le font pour des raisons d'ordre personnel, pour atteindre leurs propres buts et pour combler ce qu'ils considèrent comme des déficiences du réseau de communication formel. Cela peut entraîner des conséquences aussi avantageuses que néfastes pour l'organisation. Ainsi, lorsque le réseau informel se fait le véhicule de la rumeur (particulièrement des fausses rumeurs) ses effets peuvent être néfastes. Autrement, il semble qu'il ait des effets plutôt bénéfiques. Examinons ce type de communication de plus près.

D'une part, 40 % des messages informels sont de nature personnelle et sociale. Ils vont du simple « Comment allez-vous? » aux confidences les plus intimes et sont bénéfiques tant aux individus (les êtres humains ont évidemment besoin d'avoir des relations entre eux... même au travail) qu'au système (toute personne dont le moral est bon est plus efficace au travail).

D'autre part, plus de la moitié des messages informels (60 %) sont directement reliés au travail (Conrath, 1973). Comme le dit Henry Mintzberg (1982), « il est à peu près impossible à un système totalement régulé de fonctionner, sauf par le recours à la communication informelle. Il est tout simplement impossible à une organisation humaine de fonctionner comme une machine. [...] Il est remarquable de voir à quel point il est difficile d'expliquer par écrit et de façon compréhensible une tâche aussi simple [allusion à la façon de monter un jouet] alors qu'on peut se la faire expliquer sans problème par une personne qui la connaît et qui est juste à côté ».

Il semble d'ailleurs que les messages qui circulent de façon informelle voyagent rapidement, contiennent beaucoup d'information, dont la nature est exacte et les sources sont fiables (Davis, 1972; Goldhaber, 1986; Mintzberg, 1982). Aussi, les cadres ont-il recours aux réseaux informels pour obtenir la majeure partie de leur information (Mintzberg, 1973, 1975, 1982). Ils les préfèrent aux réseaux formels et vont même jusqu'à les instaurer. En effet, les messages informels contiennent, outre des données concrètes de première main, des informations intangibles qui dépassent le factuel et sont très riches en signification.

Que les effets du réseau de communication informel soient bons ou mauvais, les membres de l'organisation (en particulier ceux de haut niveau) doivent apprendre à *vivre avec*. En effet, il se crée des réseaux de communication informels dans la majorité des organisations un tant soit peu complexes. Toutefois, il ne faut pas considérer le réseau formel et le réseau informel de façon trop séparée ni les opposer trop radicalement. Il convient plutôt de voir entre eux, comme d'ailleurs entre tous les éléments de l'organisation, des relations d'interdépendance. D'un côté, le réseau formel conditionne le réseau informel : ce dernier se constitue souvent à partir des lignes de force du réseau formel. De l'autre, le réseau informel a une grande influence sur le réseau formel, sur son fonctionnement réel. Nous arrivons ainsi au dernier concept de notre définition.

partie 5)

L'équilibre : l'importance du climat et de la culture

La communication organisationnelle est donc un processus de création et d'échange de messages à travers un réseau d'éléments interdépendants, processus qui vise à combler les besoins de l'organisation. Comme nous l'avons déjà dit, les besoins primordiaux de l'organisation sont, d'une part, l'atteinte des objectifs qu'elle s'est fixés (vendre des autos, offrir des soins hospitaliers, réaliser des profits par telle et telle activité), de l'autre, l'atteinte de l'équilibre avec l'environnement interne et externe. Les éléments de l'environnement externe sont les clients de l'organisation, ses fournisseurs, ses concurrents, le milieu économique, politique et social. L'environnement interne, lui, correspond à l'atmosphère générale qui règne dans l'organisation, à l'ensemble des conditions capables d'agir sur les membres de l'organisation et leurs activités.

Dans cette dernière section, nous nous concentrerons sur l'environnement interne et plus particulièrement sur les notions de climat et de culture organisationnels. Comme nous l'avons répété plusieurs fois, l'organisation, selon l'approche fonctionnaliste, est un système d'éléments interdépendants et interactifs. Cette conception de l'organisation s'imposera ici avec la force de l'évidence. En effet, nous verrons que le climat organisationnel est fonction du climat communicationnel et qu'en retour, ce dernier dépend du climat organisationnel. D'autre part, nous constaterons que la culture organisationnelle contribue à structurer les différents systèmes de communication d'une organisation, systèmes qui, à leur tour, véhiculent la culture organisationnelle.

Le climat organisationnel

Avant même de définir ce qu'est le climat d'une organisation, mentionnons que plusieurs recherches (notamment celles de O'Reilly et Roberts, 1977, de Dennis *et al.*, 1974, de DeWine et Barone, 1984) tendent à démontrer l'existence d'une relation directe entre le climat organisationnel et les performances et l'efficacité de l'organisation : meilleur est le climat, meilleures sont les performances et l'efficacité. D'où l'importance de tenter d'évaluer le climat organisationnel.

Le climat d'une organisation lui est propre. Autrement dit, on ne peut pas parler du climat des organisations, mais seulement du climat d'une organisation donnée : il y a autant de climats organisationnels que d'organisations. Par ailleurs, le climat est un objet d'étude des plus intangibles. Il est donc plus logique de définir, non pas ses caractéristiques, mais les facteurs à partir desquels il se crée.

En gros, le climat d'une organisation reflète la nature des rapports de ses membres, ainsi que celle de la relation entre leurs objectifs personnels et ceux de l'organisation même. Encore une fois, l'équation est simple : si les rapports des membres de l'organisation sont amicaux et si leurs objectifs personnels sont en concordance avec ceux de l'organisation, le climat sera bon; si les rapports sont plutôt hostiles et si l'écart entre les objectifs personnels et les objectifs organisationnels est trop grand, le climat sera plutôt mauvais.

À partir d'une série d'études sur le climat de diverses organisations, Litwin et Stringer (1968) en sont arrivés à déterminer de façon plus précise les dimensions du climat organisationnel. Selon ces auteurs, le climat dépend de trois éléments :

–   la nature des responsabilités des membres de l'organisa-
    tion et leur degré d'autonomie;

–   la clarté des standards de qualité du travail qui leur sont
    imposés;

–   la reconnaissance accordée à leur travail et le soutien
    qu'on leur donne.

Il est clair que la communication a un rôle à jouer dans la
création d'un bon climat. En effet, c'est par la communication que les membres peuvent interagir, apprendre et faire
connaître les objectifs de l'organisation, déléguer des tâches
ou faire savoir qu'ils veulent davantage de responsabilités, se
concerter pour établir les standards de qualité du travail à
accomplir, apporter du soutien et manifester de la reconnaissance. En fait, lorsqu'on parle de climat organisationnel on
entend souvent climat communicationnel.

Le climat : une question de satisfaction au travail

En 1977, Osmo Wiio a effectué une recherche auprès de
trente organisations afin de vérifier si l'augmentation du taux
de communication (autrement dit, l'augmentation du nombre de messages échangés) améliorerait le climat organisationnel. Or, il a constaté l'effet contraire. Il en a conclu qu'à
mesure que les communications s'intensifient dans une
organisation, les employés connaissent davantage leur organisation, mais s'attendent alors à participer davantage à la
vie organisationnelle et en particulier aux processus de prise
de décision; lorsque ces attentes ne sont pas satisfaites
(ce qui a été le cas dans les organisations étudiées), les
employés sont déçus, insatisfaits, et le climat se détériore.
Notons que d'autres chercheurs en sont arrivés aux mêmes
conclusions (notamment Katzel *et al.* qui, en 1977, ont étudié
103 organisations).

Il semble donc que l'établissement d'un bon climat organisationnel-communicationnel ne dépende pas que de l'augmentation ni même de la qualité des communications. Encore
faut-il que ces améliorations tiennent leurs promesses : faire
des membres de l'organisation des employés satisfaits au

travail[6]. L'intérêt des chercheurs pour le climat organisationnel-communicationnel débouche donc sur des études qui visent, premièrement, à évaluer le degré de satisfaction des employés dans leur travail, deuxièmement, à trouver des moyens qui permettront aux employés d'atteindre un degré maximum de satisfaction et, troisièmement, à développer des façons de faire qui les inciteront à atteindre leurs objectifs personnels tout en continuant de contribuer à l'atteinte des objectifs de l'organisation[7].

Le climat et la culture d'une organisation sont étroitement liés. En effet, si le climat vient de la satisfaction ou de l'insatisfaction des employés au regard de leurs attentes, la culture organisationnelle — qui est le système de valeurs et de croyances partagé par les membres de l'organisation — détermine, en grande partie, la nature de ces attentes.

La culture organisationnelle

Deux organisations peuvent être de taille et de structure tout à fait semblables, exercer une activité similaire et pourtant produire une impression différente. C'est que, justement, leur *culture* est différente. La culture organisationnelle est ce phénomène qui fera, par exemple, qu'un cadre passant de la compagnie Apple à la compagnie IBM serait très mal vu si, à sa première réunion, il se présentait en jeans (pratique courante chez Apple) plutôt qu'en veston-cravate (tenue informellement de rigueur chez IBM).

Selon G. Kreps (1984), la culture d'une organisation se développe à partir des principes fondamentaux de l'organisation,

---

6. L'idée selon laquelle la satisfaction des employés au travail constitue une condition nécessaire pour créer un bon climat organisationnel-communicationnel n'est ni étonnante ni nouvelle. On aura sans doute compris que c'est le concept de satisfaction au travail qui sous-tend les facteurs (responsabilité, autonomie, standard de qualité du travail, reconnaissance et soutien) dont dépend un bon climat organisationnel. Par ailleurs, rappelons-nous que ce concept était cher aux tenants de l'École des relations humaines.

7. C'est l'École des ressources humaines (proche parente de l'École des relations humaines), représentée notamment par Maslow, McGregor, Likert, Blake, Mouton et Herzberg, qui a effectué des recherches en ce sens.

de son histoire et de ses légendes. Les principes sont transmis, l'histoire et les histoires sont racontées, d'une génération d'employés à l'autre[8], par delà même les frontières de l'organisation, au moyen des réseaux de communication tant formels (réunions de groupe, publicité, slogans, présentations publiques) qu'informels (conversations, racontars). Au cours de ce processus, l'organisation se crée une identité qui permet à ses membres (aussi bien qu'à plusieurs non-membres, des clients par exemple) d'interpréter son fonctionnement et ses activités présentes et de prévoir ses orientations futures. La vie de cette organisation est dès lors perçue et racontée par les membres et les non-membres de façon à correspondre à cette identité.

Il est relativement difficile pour les chercheurs de déterminer la culture d'une organisation. Barnett et Goldhaber (1984) ont, toutefois, fait un effort en ce sens en établissant une série de questions à poser aux employés d'une organisation — questions dont les réponses permettent sans doute de tracer une esquisse de la culture d'une organisation. Ces questions concernent d'abord les orientations générales de l'organisation, sa mission. Elles portent ensuite sur des faits plus particuliers dont on aurait entendu parler ou dont on aurait été témoin. Qui en sont les héros et les anti-héros? Ce qu'ils ont fait. Pourquoi ils sont ainsi désignés? Les questions touchent également la symbolique de l'organisation, à savoir l'importance des symboles, des rituels et des cérémonies de l'organisation. Elles ont enfin pour objet les histoires et légendes de l'organisation, plus précisément pourquoi certains faits sont devenus célèbres.

La connaissance de la culture d'une organisation se révèle importante pour comprendre son fonctionnement, pour saisir notamment son système de communication. En effet, la culture organisationnelle fournit aux membres de l'organisation un code leur permettant de comprendre et d'interpréter la réalité organisationnelle. Il est clair qu'elle influence nettement,

---

8. Il est évident que pour avoir une culture, une organisation devra avoir un passé, c'est-à-dire que sa fondation devra remonter relativement loin dans le temps.

à la fois la façon dont sont établies les règles communication-nelles (celles-ci découlent directement d'un *savoir-vivre* organisationnel), le contenu, le type et la fonction des messages échangés (dans une certaine mesure, une bonne partie des messages est créée et échangée pour maintenir et perpétuer l'identité de l'organisation) et la structure des réseaux formels et informels.

En retour, la communication se révèle vitale pour la culture : c'est essentiellement parce qu'elle est communiquée (dans et au-delà de l'organisation) que la culture organisationnelle se perpétue.

RAPPEL

Dans ce chapitre, nous avons vu que les principes du fonctionnalisme et de la théorie des systèmes impliquent une conception particulière de l'organisation (elle est un système) et de la communication organisationnelle (elle est un processus de création et d'échange de messages qui permet à l'organisation de combler ses besoins).

Il s'agit d'un processus régi par des règles formelles et informelles. Des problèmes peuvent surgir si les règles tacites (informelles) des membres de l'organisation ne sont pas toutes orientées dans le même sens.

Par ailleurs, nous avons pu constater que les fonctions que remplit la communication au profit de l'organisation sont *actualisées* par les messages qui y circulent. Plus particulièrement, ces messages circulent à travers des réseaux de communication qui suivent la structure formelle (réseaux formels) de l'organisation ou qui se développent de façon relativement autonome par rapport à cette structure (réseaux informels).

Enfin, partant du fait que l'équilibre est un état que l'organisation a besoin d'atteindre, nous avons vu brière-ment comment l'établissement d'un (bon) climat et le développement d'une culture partagée par la majorité des membres de l'organisation contribuent à combler ces besoins.

LA COMMUNICATION ORGANISATIONNELLE SELON L'APPROCHE INTERPRÉTATIVE

INTRODUCTION

Au début de cette troisième partie, nous avons opposé l'approche interprétative à l'approche fonctionnaliste. Bien que les deux approches s'excluent effectivement sur certains points, elles se complètent et vont même jusqu'à s'accorder sur certains autres. Par exemple, l'interaction (soit entre les éléments qui constituent l'organisation, ses *constituants*, soit entre l'organisation et son environnement) est une notion présente dans les deux approches et même aussi importante dans l'une que dans l'autre.

Toutefois, alors que selon l'approche fonctionnaliste l'organisation est un système constitué d'éléments interdépendants, selon l'approche interprétative, elle est plutôt le fruit de l'interaction de personnes motivées par leurs propres objectifs. Même si les deux approches considèrent que l'environnement agit sur l'organisation, c'est l'approche interprétative qui le concevra comme une source de significations par lesquelles les membres de l'organisation donnent un sens à leurs actions.

Par cette rapide comparaison avec l'approche fonctionnaliste, on aura déjà vu s'esquisser les caractéristiques de l'approche interprétative. Gardons, toutefois, pour la conclusion de la troisième partie (qui suivra immédiatement le présent chapitre) l'exposé plus précis des différences et ressemblances entre les deux approches et penchons-nous, pour le moment, sur une description de l'approche interprétative.

Ce chapitre est divisé en trois sections. Dans la première, nous présenterons l'approche interprétative comme un cadre général de références théoriques. Contrairement à ce qui se produit avec l'approche fonctionnaliste (et plus particulièrement avec la théorie des systèmes), l'approche interprétative ne fournit pas de théorie de l'organisation, mais plutôt une façon d'envisager les interactions qui créent l'organisation et, par là même, une façon d'analyser la communication. C'est ce dont nous traiterons brièvement dans la deuxième section. Enfin, la troisième section sera consacrée à la communication organisationnelle selon cette approche. Nous verrons notamment jusqu'à quel point ce sont les processus communicationnels qui créent les réalités de l'organisation.

Dans cette perspective, nous présenterons les réflexions de deux auteurs sur l'importance des processus communicationnels tant pour le développement de la culture organisationnelle que pour la réalisation des rôles du directeur d'entreprise.

LE CADRE DE RÉFÉRENCES THÉORIQUES

Partie
I

Là où les fonctionnalistes parlent de constituants du système et d'influence de l'environnement sur le système, les tenants de l'approche interprétative parlent d'individus et de sources de significations pour les individus. En effet, l'approche interprétative s'intéresse au domaine des réalités subjectives; elle conçoit l'être non comme *objet* de la connaissance, mais bien comme *sujet* de la connaissance.

Courant de pensée qui traverse l'ensemble des sciences sociales, l'approche interprétative s'appuie sur un certain nombre de principes et de théories[1] dont les origines remontent à l'idéalisme allemand (particulièrement à l'idéalisme d'Emmanuel Kant) — théorie philosophique selon laquelle la réalité sociale existe dans l'esprit, dans la pensée et non dans les faits concrets.

À l'instar des fonctionnalistes, les tenants de l'approche interprétative s'intéressent à l'ordre social et cherchent à déterminer les raisons de son existence. À cette fin, ils font, eux aussi, un parallèle entre organismes biologiques et organismes humains et sociaux, mais pour rejeter la validité de cette comparaison. En effet, si les organismes biologiques réagissent, l'être humain, lui, agit. Selon M. Schutz (1964) « le caractère distinctif de l'action est précisément d'être déterminée par un projet qui la précède dans le temps » (p. 11).

L'individu a d'abord une intention, à partir de laquelle il conçoit une action (lui permettant précisément de mener son

---

1. Entre autres, l'ethnométhodologie, la théorie actionniste, l'interactionnisme symbolique et la phénoménologie.

projet à terme); il réalisera ensuite cette action en se comportant de telle ou telle manière. Le comportement de l'être humain diffère de celui de l'organisme biologique en ce qu'il est fonction d'une intention : son comportement a une signification pour lui — signification construite au moment même où il conçoit l'action à entreprendre[2].

De fait, bien qu'un comportement puisse être observé et décrit de l'extérieur, la signification accordée à ce comportement par celui qui agit ainsi n'est pas aussi évidente. À moins que l'on puisse percer la conscience d'un individu — ce à quoi on pourrait peut-être arriver en l'interrogeant sur ses intentions — on ne pourra connaître la signification de son comportement. On ne saurait donc se baser uniquement sur la manifestation que constitue le comportement de quelqu'un pour comprendre et interpréter son action.

Par ailleurs, même si une personne répète le même comportement dans des situations différentes, cela ne veut pas dire qu'elle lui donne une seule et même signification. En effet, elle attribue une signification à son comportement non seulement en fonction de ses intentions, mais aussi à partir de la façon dont elle définit la situation dans laquelle il s'insère. Par ailleurs, lorsqu'il interagit, l'individu prête des significations aux comportements des autres et se comporte vis-à-vis d'eux en fonction de celles-ci.

Bref, selon l'approche interprétative, l'être humain ne peut être étudié comme un organisme biologique : son comportement n'est pas l'équivalent d'une réaction, mais le résultat à la fois de la signification qu'il donne à ce comportement, de la signification qu'il attribue à la situation et, enfin, de la signification qu'il prête aux comportements des autres individus avec lesquels il devra inévitablement interagir pour mener à terme son projet, son intention.

---

2. Le comportement n'est effectivement pas l'action, mais bien un moyen qui permet d'agir. L'action, elle, est pensée; selon un idéalisme extrême, on pourrait même dire qu'elle reste dans le domaine de l'esprit. On peut toutefois concevoir l'action comme la réunion d'un comportement et de la signification que l'acteur y attache.

La société consiste donc en un ensemble d'individus dont on ne peut interpréter ni encore moins prédire les comportements. On peut alors se demander comment subsiste l'ordre social. Dans l'approche interprétative, on ne nie pas l'existence d'une dynamique sociale qui tend vers l'équilibre et le maintient par des contraintes sur les individus; on rejette toutefois l'idée selon laquelle cette dynamique évolue indépendamment de la volonté des individus : ceux-ci acceptent les contraintes parce qu'elles sont signifiantes pour eux. Ce que l'on nomme dynamique sociale et ordre social sont en fait des réalités construites par les êtres humains. « L'ordre social dépend des actes coopératifs des gens qui soutiennent une même version de la vérité. » (Silverman, 1970, p. 117)

Ainsi, les membres d'une société apprennent d'abord qu'il existe différents rôles associés à certaines attentes, c'est-à-dire qui commandent certains comportements. Ils prennent également connaissance des significations attribuées à ces divers rôles et aux comportements qu'ils entraînent[3]. Un individu accepte de jouer un rôle donné parce que ce rôle correspond, en partie tout au moins, à la définition qu'il a de lui-même. Or, en acceptant ce rôle, il *annonce* aux autres la façon dont il se comportera. Dès lors, pour obtenir l'approbation générale, il devra répondre aux attentes des autres, se conformer à son rôle. Un médecin, par exemple, sait comment il doit se comporter en tant que médecin; il agit de telle façon parce que son rôle correspond à une partie de sa définition de lui-même, mais également parce qu'il sait que ses patients (entre autres) ont certaines attentes vis-à-vis de ce rôle. Il en va de même pour le patient, qui sait comment il doit se conduire face au médecin et qui agit donc en conséquence : ce rôle correspond à une partie de sa définition de lui-même, et le comportement qu'il dicte répond par ailleurs aux attentes du médecin.

---

3. Les significations sont construites par les membres des sociétés précédentes et transmises d'une génération à l'autre, l'origine de ce processus pouvant correspondre à l'origine même de la société, alors que plusieurs personnes auraient accordé (par hasard) une même signification aux mêmes réalités.

Par ce jeu d'attentes réciproques et, qui plus est, d'attentes comblées, les individus confirment le bien-fondé de leurs comportements. C'est par la répétition de ce type d'inter-actions et par la continuelle confirmation des comportements que les rôles s'institutionnalisent, deviennent des normes. L'ordre social n'existe pas par lui-même, il est créé et entre-tenu par les êtres humains.

Voilà, de façon schématique, comment les tenants de l'approche interprétative en arrivent à démontrer l'existence de l'ordre social et, plus particulièrement, le fait qu'il « n'a d'autre réalité qu'humaine » (Silverman, 1970, p. 118). Or, une fois cela fait, ils mettent en question la nature même de cet ordre social et soulignent sa précarité. N'oublions pas que le centre d'intérêt des tenants de l'approche interprétative est l'ensemble des significations attachées aux comportements : si le comportement est manifeste, l'intention qui le motive, autrement dit, sa signification ne l'est pas. Les rôles — même les plus institutionnalisés — que les individus acceptent ou choisissent de jouer, suggèrent bien un ensemble de signi-fications, mais ne les déterminent pas.

Un individu peut se conformer à un rôle, adopter un compor-tement et répondre ainsi aux attentes d'un autre individu; cela ne garantit pas pour autant que l'un et l'autre attachent à ce comportement la même signification. Prenons le cas de la relation de pouvoir : deux individus se comportent de fa-çon prévisible l'un pour l'autre — l'un, par exemple, donne des ordres, l'autre les accepte et agit en conséquence — et chacun s'attend à ce que l'autre agisse *comme il se doit*. Par contre, ces deux individus n'accordent pas nécessairement la même signification aux comportements : le dominant peut considérer son rôle comme l'actualisation de son esprit de leadership et, par conséquent, définir la situation où il domine comme normale, naturelle et le comportement du dominé comme logique; pour le dominé, la situation peut être synonyme de contrainte, il peut considérer son propre comportement comme de la lâcheté et celui du dominant comme de la mégalomanie. En fonction des significations qu'il accorde à la fois à son comportement, au comportement du dominant et à la situation, on peut supposer avec justesse que le dominé ne considère pas sa réalité comme équilibrée. Et pourtant, s'il continue de se comporter en tant que dominé, la situation persistera et sera perçue (surtout par le dominant, mais aussi bien par des observateurs qui ignoreraient les significations réelles) comme un produit de l'ordre social.

Il existe évidemment d'autres types d'interactions où les participants, tout en se conformant à leur rôle, n'en partagent pas la signification, ce qui n'instaure pas pour autant de relation de pouvoir. Par exemple, ce qui est un moyen pour quelqu'un peut constituer une fin pour un autre. Ainsi, lors d'un conflit de travail, syndicat et patronat peuvent en venir à une entente, sans vraiment s'accorder sur la définition de cette entente : le patronat peut y voir un ensemble de compromis minimaux, nécessaires pour que la production ne cesse pas; le syndicat peut considérer cette entente comme un acquis permettant la mise au jour de problèmes plus fondamentaux et débouchant éventuellement sur d'autres négociations. Chacune des deux parties adopte effectivement un comportement — l'entente — qui répond à la signification qu'elle lui accorde (on accepte les conclusions de l'accord parce qu'on veut s'entendre avec l'autre partie), mais aussi aux attentes de l'autre partie (on s'attend à ce que l'autre accepte les conclusions de l'accord). Toutefois, alors que pour le patronat, cette entente signifie également *règlement des problèmes les plus pressants qui pourraient faire obstacle à la production*, pour le syndicat l'entente veut également dire *ouverture de la part du patronat pour amorcer d'autres négociations sur d'autres points plus importants*. Il est fort possible que cette divergence dans la signification, suscite plus tard des problèmes qui modifieront alors l'ordre nouvellement établi.

En résumé donc, les réflexions des tenants de l'approche interprétative sur le comportement humain et sur la société nous amènent à concevoir ce que l'on nomme *dynamique sociale, équilibre social* ou *ordre social* comme des réalités construites par les interactions des êtres humains. En même temps toutefois, elles nous démontrent que cet équilibre peut être précaire. En effet, les significations profondes et subjectives attachées aux comportements, aux rôles et aux situations ne correspondent pas toujours à ce que semblent être ces comportements, rôles et situations.

Les conclusions à tirer de ces considérations sont assez claires : pour comprendre et interpréter une situation, un comportement donné, il faut analyser la signification qui lui est attachée par chacune des parties en présence. De fait, la connaissance des différentes significations accordées à une même situation donne des indications importantes sur la façon dont elle est née, sur les raisons de sa persistance et sur les circonstances qui pourraient la modifier.

Examinons maintenant ce qu'il en est de l'organisation observée selon l'approche interprétative.

LA RÉALITÉ ORGANISATIONNELLE

Partie 2

Dans la perspective interprétative, l'organisation est définie comme un ensemble structuré de personnes qui ont différents intérêts, différentes urgences, différents besoins et différents objectifs. À l'instar de la réalité sociale, la réalité organisationnelle est donc constituée d'individus différents et se fait le reflet de leurs interactions.

Souvent ces interactions prennent la forme de *négociations*, par lesquelles diverses personnes s'entendent pour poursuivre un objectif commun et coordonner leurs activités distinctes dans ce but. L'assujettissement des intérêts individuels à l'intérêt du groupe reste toutefois momentané, les participants n'abandonnant jamais complètement leurs propres objectifs. Ainsi, un supérieur et un subordonné peuvent s'entendre sur le comportement que ce dernier doit adopter, soit, par exemple, de vendre des chaussures. Toutefois, alors que pour le supérieur le fait que le subordonné se comporte conformément à ses attentes est une fin en soi (selon le supérieur, le subordonné doit vendre des chaussures, parce que c'est pour qu'il exerce cette fonction qu'on lui verse un salaire), pour le subordonné il ne s'agit là que d'un moyen pour atteindre un autre but qui lui est propre (il se conforme à ce rôle de vendeur, alors qu'il est diplômé en comptabilité, parce que, pour lui, c'est le seul moyen d'entrer dans cette organisation où il aspire au poste de directeur financier).

Il se peut également que des groupes d'individus (des sous-ensembles de l'organisation) aient effectivement les mêmes buts, intérêts et priorités. Leur comportement répond alors de façon directe à la fois à leurs propres motivations et aux attentes des autres (en fait une telle harmonie d'interaction est très rare). Il se peut enfin que des interactions correspondent à de véritables relations de pouvoir.

Quels que soient le type de comportements ou les rôles qu'adoptent les membres d'une organisation, la façon dont ils sont vécus, maintenus ou modifiés dépend de la signification que leur accordent les différentes parties en cause. Ce sont, en fin de compte, ces significations qui déterminent la stabilité et l'équilibre ou bien le conflit et le changement dans une organisation. On peut penser que certains changements sont provoqués indépendamment de la volonté des individus, c'est-à-dire par l'apport d'éléments externes (de l'environnement); or, tel n'est pas le cas : ce sont plutôt les individus eux-mêmes qui interprètent ces éléments de façon à ce qu'ils puissent effectivement apporter des changements dans l'organisation.

Les chercheurs qui s'intéressent à l'organisation et qui ont opté pour l'approche interprétative visent à comprendre et à expliquer non pas l'organisation comme une entité, mais bien la réalité organisationnelle telle qu'elle est construite par les membres de l'organisation. Plus particulièrement, ils cherchent à comprendre les différentes situations (problématiques ou non), les différents rôles et comportements (choisis, acceptés ou imposés) en les dépassant, en dévoilant les intentions et les motivations qui leur sont attachées, bref, en mettant au jour leur signification sous-jacente[4].

---

4. Notons qu'à l'intérieur même de l'approche interprétative, il existe deux courants de recherche : l'un que l'on nomme *naturaliste*, l'autre appelé *critique*. Alors que les chercheurs du courant naturaliste observent et font des constats, ceux du courant critique remettent en cause les phénomènes dont ils constatent l'existence.

Partie 3

LA COMMUNICATION COMME PROCESSUS DE CONSTRUCTION DE LA RÉALITÉ ORGANISATIONNELLE

Pour les tenants de l'approche interprétative, la communication est l'essence même de l'organisation. En effet, les significations divergentes, convergentes, manifestes ou sous-jacentes qui construisent la réalité organisationnelle ne peuvent être produites que par la communication. Dans cette perspective, l'étude des processus communicationnels qui se produisent dans l'organisation constitue le moyen d'accéder à la réalité organisationnelle telle qu'elle a été construite par les membres de l'organisation.

De fait, lorsqu'on étudie la communication dans l'organisation selon cette approche, on cherche à déterminer non seulement quelle réalité organisationnelle les membres ont édifiée, mais aussi comment ils l'ont construite. À cette fin, on analyse évidemment les messages qui circulent dans l'organisation. Or, à l'instar des comportements sociaux, les messages manifestes ne livrent pas leur signification du premier coup. Plutôt que d'être le reflet exact de la signification, le message est conçu par l'approche interprétative comme un indice, un symptôme de sa signification. Cela ne revient pas à dire que les messages comme matière tangible n'ont que peu d'importance. Au contraire, nous verrons dans la section suivante comment certains types de messages, que l'on pourrait de prime abord considérer comme sans signification particulière dans une organisation, sont justement pleins de sens.

Pour procéder à l'étude de la communication organisationnelle, les chercheurs utilisent souvent une méthode d'observation dite *participante* : pendant un certain temps, ils participent vraiment à la vie d'une organisation; ils y font, pour ainsi dire, un stage d'immersion. Ainsi, ils se familiarisent avec les règles, les rôles, les attentes, etc. propres à l'organisation et, surtout, ils peuvent constater *de visu* ce qui s'y passe et tenir compte du contexte dans leur interprétation. De façon générale, les chercheurs étudient une organisation donnée en partant d'un ensemble d'hypothèses qu'ils confirmeront, infirmeront ou reformuleront, avant de les vérifier ensuite dans d'autres organisations.

Il est clair que par ce type de méthode, ce n'est pas la communication organisationnelle que l'on examine, mais bien les processus communicationnels propres à *une* organisation donnée; on ne cherche pas tant à généraliser des résultats (objectif propre à la recherche scientifique) qu'à comprendre des données et des situations particulières. Cela n'est d'ailleurs pas étonnant puisque le point de départ de l'approche interprétative consiste à affirmer que la réalité (sociale ou, en ce qui nous concerne, organisationnelle) est construite par des significations subjectives (donc particulières).

Dans les pages qui suivent, nous présenterons deux études qui illustreront la manière dont les processus communicationnels créent la réalité organisationnelle. En même temps, ces études serviront d'exemples du type de recherche que l'on peut faire en approche interprétative.

Portant sur des réalités organisationnelles bien différentes, ces deux études ont été réalisées au moyen de démarches opposées. La première, menée par Ernest G. Bormann (1983), porte sur cette réalité organisationnelle que constitue la *culture* organisationnelle. Bormann cherche à déterminer quels types d'activités de communication contribuent à la créer. La seconde, réalisée par Nick Trujillo (1983), analyse les activités de communication d'un directeur d'entreprise. En observant de près ces activités, Trujillo cherche à découvrir quels aspects de la réalité elles contribuent à construire. D'un côté, on part d'une réalité et on examine quelles activités de communication la construisent; de l'autre, on part des activités de communication et on examine quelles réalités elles construisent.

La culture organisationnelle

Dans *Symbolic Convergence: Organizational Communication and Culture*, E. G. Bormann (1983) s'intéresse à la culture organisationnelle et la conçoit comme un ensemble de règles, normes, et croyances partagées par les membres d'une organisation et maintenues et reproduites par les processus communicationnels. C'est d'ailleurs la définition usuelle de la culture organisationnelle. Or, pour Bormann, cette culture est également quelque chose de beaucoup moins tangible, soit une conscience de groupe.

En fait, le partage d'une même conscience est la condition nécessaire au développement, au maintien et à la reproduction des règles, des normes et des croyances communes aux membres d'une organisation[5]. Cette conscience de groupe est d'ailleurs elle-même précédée et facilitée par l'expérience de la *convergence symbolique* qui, lorsqu'elle se produit, a nécessairement lieu au cours d'une activité de communication. La convergence symbolique est, en effet, ce phénomène par lequel deux (ou plusieurs) subjectivités tendent l'une vers l'autre jusqu'à se chevaucher.

On qualifie cette convergence de *symbolique* parce qu'elle touche justement cette caractéristique humaine qui consiste à interpréter les objets, les situations et les actions en leur donnant valeur de symbole. Ainsi, lorsque deux individus convergent symboliquement, ils ont une même compréhension du monde qui les entoure. Dans ce contexte, précisons-le, la compréhension est plus qu'une simple capacité intellectuelle. La convergence symbolique, en effet, ne se limite pas à la convergence des esprits; elle porte également sur l'expérience d'un même sentiment ou d'une même émotion, sur la capacité d'un même engagement.

Dans son article, Bormann soutient que si l'on arrive à saisir les types de convergence symbolique qui existent dans une organisation, on pourra comprendre les cultures qui y sont présentes et, en conséquence, la nature des conflits (ou de l'harmonie des relations), la cause de l'absence (ou de la présence) de motivation chez les membres de l'organisation, bref, on pourra en arriver à déterminer les facteurs qui font qu'une certaine qualité de vie règne dans l'organisation.

---

5. Notons que Bormann entend par *culture organisationnelle* autant la culture d'une organisation dans son ensemble qu'une série de sous-cultures plus ou moins différentes qui se développent au sein de petits groupes de membres de cette organisation.

Mais comment évaluer quelque chose d'aussi abstrait que la convergence symbolique? Selon Bormann, certaines activités de communication la favorisent particulièrement. L'auteur consacre d'ailleurs le reste de son article à la présentation de ces activités de communication et à l'explication de leur fonctionnement.

Le « partage de fantaisies »

L'activité communicationnelle de base durant laquelle se produit la convergence symbolique est le « partage de fantaisies » (*sharing of fantasies*).

On vit un partage de fantaisies quand on est absorbé par un roman, un film, bref, une histoire; à ce moment, on partage la fantaisie de l'auteur de l'histoire, c'est-à-dire que l'on vit littéralement l'histoire à mesure qu'elle est racontée. Voyons-en un exemple dans le domaine des organisations, avant de donner une définition formelle de ce concept.

Dans un contexte organisationnel, le partage de fantaisies se produira, par exemple, lorsque, au cours d'une réunion formelle, un des participants ira chercher dans son imagination et requerra l'imagination des autres pour leur faire comprendre un événement, un fait très concret (il utilisera un langage imagé, personnifiera des choses inanimées ou fera un jeu de mots); parce qu'ils seront émotivement et intellectuellement pris par le langage (la métaphore ou le symbole présenté), les participants *comprendront* effectivement l'événement ou le fait en question : ils partageront dès lors la même fantaisie.

L'expression générique *partage de fantaisies* décrit une série d'activités communicationnelles qui fonctionnent toutes de façon semblable : d'abord, l'objet de la communication ou, si l'on veut, le message, porte sur un événement, un individu, un objet, etc. qui se situe hors de l'expérience immédiate des participants (hors de l'*ici-maintenant* des participants); ensuite, quel que soit l'objet du message (objet, événement, etc.), il est personnifié ou, du moins, on lui prête vie : ainsi, on qualifiera d'*humeurs* les aléas du système informatique (un surnom pourrait également lui être donné, ce qui renforcerait la personnification)[6]. Enfin, les participants partagent effectivement une fantaisie lorsqu'ils (et parce qu'ils) éprouvent une même émotion, une même attitude, un même sentiment envers le *personnage* : ils partagent à ce moment une même compréhension de la réalité.

Les types de fantaisies

Selon Bormann, le partage de fantaisies (et, partant, la convergence symbolique) se manifeste dans une organisation, notamment, par l'échange de plaisanteries pour initiés (*inside jokes*), par la circulation de mythes et de légendes à propos de membres ou de situations propres à l'organisation, par le fait que ces histoires ont une même forme narrative[7] et aussi par l'élaboration de projets futurs (« ce serait bien si on faisait telle et telle chose »).

Lorsqu'un certain nombre de membres de l'organisation ont partagé les mêmes fantaisies, ils en viennent à avoir une vision d'ensemble à la fois de leur groupe et de leur organisation au complet, ce que Bormann nomme une vision « rhétorique » (*rhetorical vision*); Bormann appelle d'ailleurs ce groupe une communauté « rhétorique » (*rhetorical community*). La vision rhétorique se manifeste souvent par le fait que les membres de la communauté rhétorique utilisent une analogie maîtresse pour désigner l'organisation, une sorte de slogan, d'étiquette.

Enfin, Bormann parle de *saga organisationnelle* pour décrire l'ensemble harmonieux des diverses communautés et visions rhétoriques de l'organisation.

---

6. Selon plusieurs théoriciens (Berger, 1973; Insko et Scholper, 1972; Smith, 1982) cités par Bormann, l'être humain comprend le monde qui l'entoure (il lui attribue des significations) en prêtant vie aux situations dont il fait l'expérience, en les expliquant comme s'il s'agissait de personnes qui prennent des décisions et agissent.

7. Elles sont toutes racontées de la même façon. Par exemple, on présente d'abord le méchant, puis le bon; on les fait se rencontrer; c'est d'abord le méchant qui gagne, mais, finalement, par son intelligence, c'est le bon qui l'emporte.

Application

Notons, pour conclure, que Bormann a pu tester ses idées sur la convergence symbolique en examinant l'évolution de quelques organisations observées depuis leur formation (il s'agissait d'organisations fictives constituées de ses étudiants). Il a pu constater que dans certaines organisations, plusieurs petits groupes se forment, chacun en vertu du partage de fantaisies qui lui est propre, et qu'ils peuvent effectivement entrer en conflit parce qu'ils n'ont pas la même vision rhétorique de l'organisation.

Par ailleurs, dans d'autres organisations, il existe une véritable saga organisationnelle : les diverses communautés rhétoriques partagent une vision relativement uniforme de l'organisation, une conscience de groupe. Bormann explique l'harmonie du deuxième type d'organisation par un double phénomène.

D'une part, certaines personnes sont elles-mêmes sensibles au fait qu'il faille communiquer aux membres de l'organisation une vision d'ensemble de cette organisation et, de fait, la communiquent par un partage de fantaisies avec eux. D'autre part, cette vision d'ensemble est intégrée par la majorité des membres de l'organisation parce que ceux qui la communiquent ont une influence (symbolique) sur eux.

Bormann en conclut que ces personnes bien particulières qui sont en mesure de communiquer efficacement une vision d'ensemble de l'organisation et qui, par conséquent, favorisent le développement d'une conscience de groupe, sont les membres de la haute direction. En effet, au cours de son observation, Bormann a pu voir que, même s'ils développent une structure informelle très importante, les membres de l'organisation restent toujours attachés au symbole que représente pour eux la structure formelle.

Dès lors, Bormann considère que parmi les tâches les plus importantes de la haute direction, on devrait en retrouver certaines qui soient de nature rhétorique, à savoir développer et maintenir l'identité de l'organisation en faisant d'elle quelque chose de vivant, en en faisant *toute une histoire*.

Les performances du directeur d'entreprise

Dans « *Performing* » *Mintzberg's Roles : The Nature of Managerial Communication*, Nick Trujillo (1983) traite des activités symboliques du directeur d'entreprise. Il y démontre comment, tout en exécutant les tâches qui lui sont propres en vertu de sa position dans la hiérarchie organisationnelle, le directeur participe à la construction de la réalité organisationnelle.

À cette fin, Trujillo nous fait part de son interprétation des activités d'un directeur d'entreprise, Lou Polito (nom fictif utilisé dans l'article), directeur de Lou Polito Dodge, dont il observera le comportement durant un certain temps (Trujillo participera à la vie organisationnelle de Lou Polito durant une trentaine d'heures).

Avant-propos : les rôles et les performances

Se basant sur une recherche de Henry Mintzberg (1973) intitulée *The Nature of Managerial Work*, Trujillo décrit d'abord brièvement les trois rôles que remplissent, de façon générale, les directeurs d'entreprise :

– Le rôle interpersonnel : Ce rôle, directement relié au statut et à l'autorité de la position du directeur, comprend des activités associées au développement des relations interpersonnelles avec les employés, au maintien d'un réseau de relations avec l'extérieur de l'organisation, ainsi qu'à l'établissement d'un climat propice à la motivation des subordonnés.

– Le rôle informationnel : Ce rôle comprend les activités de transmission et de réception d'informations sur le fonctionnement de l'organisation; il comporte également des fonctions de porte-parole de l'organisation.

– Le rôle décisionnel : Ce rôle comprend toutes les activités qui ont trait aux décisions importantes que doit prendre l'organisation, ainsi que les activités qui font appel aux capacités d'entrepreneur (élaboration de stratégies) et de négociateur du directeur.

Pour sa part, Trujillo conçoit ces rôles comme des *performances*; tout au long de son article, il utilisera ce terme pour désigner chacun des trois ensembles d'activités du directeur. Il emploie ce concept, d'une part, pour souligner l'aspect théâtral du rôle de directeur (performance d'acteur). En effet, Trujillo considère que les membres d'une organisation agissent selon les conventions qui y règnent et qu'ils adoptent divers rôles (collègue, membre d'un comité, expert) en fonction des gens avec qui ils se trouvent et du lieu où ils les côtoient.

D'autre part, le concept de performance s'applique à tous les aspects communicationnels du rôle de directeur. En effet, les gens n'agissent pas seulement lorsqu'ils exécutent des tâches concrètes, mais aussi lorsqu'ils communiquent. Trujillo veut donc examiner, d'abord, par quelles activités communicationnelles le directeur *performe* ses trois rôles et, ensuite, quels aspects de la réalité organisationnelle sont créés par ces activités.

> L'idée de performance communicationnelle tire son origine d'un concept central de la théorie des *actes de langage* (John L. Austin, 1962), celui des *énoncés performatifs*. Un énoncé performatif a comme effet de réaliser l'acte dont il fait état. Par exemple, la phrase « Je vous promets d'y être » constitue bel et bien l'acte de promettre : rien d'autre qu'un énoncé pourrait faire que se réalise l'acte de promettre. Cela n'est pas le cas avec des énoncés tels « J'écris » ou « Je mange une pomme »; écrire ou manger correspondent à des actions indépendantes de l'énoncé que l'on pourrait faire à leur propos. Quelqu'un qui mange ou qui écrit n'a pas besoin de le dire, alors que celui qui promet ne peut le faire autrement que par la parole; c'est seulement par ce moyen qu'il réalise l'acte de promettre.

Enfin, Trujillo considère le concept de performance plus approprié que celui de rôle. Ce dernier est relativement abstrait et statique, alors que la performance se réalise toujours par une interaction (elle met en cause d'autres participants), elle est toujours attachée à un lieu ou à un contexte particulier et a, de ce fait, un caractère épisodique (elle peut être isolée). Bref, la performance est liée au côté réel et concret de la vie organisationnelle du directeur.

Passons maintenant aux observations de Trujillo sur les trois types de performances[8] du directeur d'entreprise.

Les performances interpersonnelles

La notion de performance interpersonnelle se rapporte aux activités de communication à travers lesquelles les membres de l'organisation se reconnaissent mutuellement; c'est elle qui définit le type de relations qui les unira. Dans le cas de l'étude de Trujillo, la performance interpersonnelle porte précisément sur les types de relations que le directeur entretient avec ses subordonnés. Pour expliquer comment cette performance se réalise, il nous faut d'abord faire appel au concept de *métacommunication.*

> Selon certains théoriciens, notamment Bateson (1971) et Watzlavick (1972), les messages échangés entre les participants d'une communication comportent un aspect *contenu* et un aspect *relation.* L'aspect contenu correspond à l'information que véhicule le message, alors que l'aspect relation correspond à un commentaire sur la relation entre les participants. Ce commentaire peut se manifester uniquement par le ton de la voix ou, dans d'autres cas, se faire très explicite. C'est ce commentaire qui constitue la *métacommunication,* sorte de communication sur la communication.

Étant donné que les performances interpersonnelles sont des processus qui permettent au directeur et à ses employés de définir le type de relations qui existe entre eux, ce sont donc surtout les aspects métacommunicationnels de leurs activités de communication qu'examine Trujillo.

Les messages métacommunicationnels peuvent être très explicites, avons-nous dit. Ainsi, Trujillo souligne que les employés et le directeur définissent parfois de façon non

---

8. Il est à noter que les trois performances décrites peuvent se produire simultanément; ce n'est que pour les fins de la démonstration que nous les distinguons. Par ailleurs, les activités de communication qui seront présentées ici servent uniquement d'illustrations. Bien d'autres activités peuvent donner lieu à des performances interpersonnelles, informationnelles et décisionnelles.

équivoque leurs relations formelles afin d'éviter un conflit. C'est ce qui se produit, par exemple, lorsque, au terme d'une interaction patron/subordonné qui a donné lieu à une négociation serrée et où l'employé a finalement dû accepter d'accomplir quelque tâche inhabituelle, l'échange se conclut par une phrase du genre « D'accord, c'est vous le patron ». Par cette phrase, l'employé fait une référence directe à la position hiérarchique du patron et, par le fait même, à sa propre position de subalterne. Ce type de performance interpersonnelle contribue à construire l'aspect *structure formelle* de la réalité organisationnelle.

Par ailleurs, Trujillo décrit également un type de performance interpersonnelle où la relation qui unit le directeur et ses employés, en plus d'être définie de façon implicite, se trouve aussi très différente de la relation formelle. Au cours de son observation, l'auteur est témoin de quelques parties de plaisir, durant lesquelles le directeur et ses employés se rappellent un événement drôle auquel ils ont participé, le revivent (notamment en imitant le comportement des autres participants) et se moquent les uns des autres, etc. Durant ces récréations qui ponctuent le rythme du travail, le directeur et les employés sont provisoirement sur un pied d'égalité. Ils se reconnaissent mutuellement, non plus comme directeur et employés, non plus comme des membres d'une organisation, mais bien comme des individus qui font momentanément la fête ensemble.

Selon Trujillo, les performances interpersonnelles (quel que soit le type de relations, formelles ou informelles, qu'elles soulignent) contribuent à créer la sociabilité de l'organisation : un climat, en quelque sorte, qui favorise des relations de travail souples, relativement harmonieuses, où l'on se tient à égale distance des conflits et des excès de familiarité.

Les performances informationnelles

Les performances informationnelles se rapportent aux activités communicationnelles dans lesquelles le directeur transmet de l'information.

De façon générale, lorsque le directeur d'entreprise transmet de l'information à ses employés, il réduit pour eux une part de l'incertitude inhérente à la vie organisationnelle. De plus, il les prédispose à agir en conséquence. Il arrivera, toutefois, que le directeur ne fasse pas que prédisposer ses employés; le fait de transmettre une information pourra lui servir de moyen de pression pour les faire agir. C'est précisément ce qui s'est produit dans l'organisation qu'étudiait Trujillo.

Le directeur reçoit une note du siège social de la compagnie Dodge selon laquelle une hausse du taux d'intérêt à l'achat de voitures entrera en vigueur dans les jours suivants. Au moment de transmettre cette information au directeur des finances de l'organisation, il la transforme en directive, en demandant de faire en sorte que toute la comptabilité soit en ordre avant que le nouveau taux soit en vigueur.

En même temps qu'il transmet une information à ses employés, le directeur leur explique (implicitement) pourquoi il leur demande d'exécuter telle et telle tâche; il justifie ses ordres. En outre, puisqu'il est le seul à pouvoir leur transmettre certaines informations, il se pose comme source capitale de renseignements : il fait savoir à ses employés que s'il possède ces informations, c'est qu'il est quelqu'un d'important.

De façon générale, lorsqu'il transmet de l'information aux employés, le directeur leur fournit un ensemble de significations (le contenu de l'information, des justifications, des explications) qui permettent aux membres de l'organisation (y compris le directeur) de comprendre et d'expliquer leur propre comportement (pourquoi chacun fait ce qu'il fait) et le comportement des autres (pourquoi les autres agissent ainsi). En réalisant des performances informationnelles, le directeur d'entreprise contribue donc à créer un système de connaissances et de significations auquel les membres de l'organisation peuvent se référer pour faire de l'organisation une réalité intelligible.

Les performances décisionnelles

Les performances décisionnelles concernent les activités de communication durant lesquelles le directeur prend des décisions.

Trujillo note d'abord que les processus de décision qu'il a observés chez Lou Polito comprennent les cinq phases habituelles : on reconnaît qu'une action doit être entreprise, on envisage différentes actions possibles, on examine l'impact que pourrait avoir chaque action, on évalue chacun de ces impacts, on choisit l'action à entreprendre.

Durant la scène que Trujillo décrit (le directeur et deux assistants se sont réunis pour prendre une décision à propos d'une augmentation de salaire pour certains employés), le directeur utilise grosso modo deux formes de communication successives. D'abord, il pose des questions à ses assistants. Il ne s'agit toutefois pas de questions qui demandent des réponses, mais qui appellent plutôt des confirmations, des questions du genre « Ainsi, vous proposez 10 %? », des questions qui attendent des explications ou des justifications. Après quoi, le directeur clarifie et simplifie la nature de la décision à prendre et, en fin de compte, réduit le nombre d'options à envisager à deux. Dès lors, pour les assistants, il n'y a plus que deux actions à examiner et à évaluer.

Quelles que soient les formes communicationnelles que le directeur choisisse — la question ou le sommaire — durant le processus de décision, elles contribuent à construire une forme de rationalité organisationnelle. Il s'agit non pas d'une rationalité qui permet au directeur de découvrir *la* solution par l'exercice d'une logique universelle, mais d'une rationalité qui, compte tenu des contingences organisationnelles, fait apparaître les données utilisées durant le processus comme pouvant être jugées, raisonnées, justifiées. Bref, les performances décisionnelles font de la réalité organisationnelle une construction rationnelle.

Trujillo conclut son article en soulignant l'importance de concevoir et d'analyser les activités organisationnelles (en particulier celles des supérieurs) en tant que performances. En effet, lorsqu'on étudie les performances, ce sont avant tout des activités communicationnelles que l'on étudie et, surtout, des activités contextualisées.

Trop souvent, selon l'auteur, les études dites de la communication organisationnelle se limitent à la description des

fonctions des membres de l'organisation sans vraiment traiter d'aspects communicationnels. D'ailleurs, Trujillo déplore
le fait qu'en se concentrant sur la description des fonctions
et des tâches les chercheurs oublient les significations qui y
sont attachées et qui contribuent à construire la réalité
organisationnelle.

RAPPEL

Dans ce chapitre, nous avons vu que les tenants de l'approche interprétative considèrent que les êtres humains
agissent, à la différence des organismes biologiques qui
réagissent. Ce qui distingue le comportement de l'être
humain est le fait qu'il attribue des significations à ses
gestes. Partant, la société n'est pas une structure autonome, mais une réalité construite par les individus.
Quant à l'ordre social, il existe parce que les individus
décident, par convention, d'attribuer à peu près les
mêmes significations aux mêmes réalités et de se conformer à des rôles, d'adopter certains comportements
institutionnalisés. Or, les significations profondes attachées à ces comportements restent subjectives et peuvent
tout aussi bien converger que diverger.

Ces réflexions démontrent l'importance de bien connaître
les significations subjectives, individuelles attachées aux
comportements et aux situations afin d'être en mesure
de les interpréter. Par ailleurs, cette problématique
fournit un cadre à l'analyse de l'organisation et de la
communication.

En effet, l'organisation est une réalité construite par ses
membres, par leurs interactions. Dans cette perspective,
la communication est un processus par lequel les indivi
dus produisent des significations qui, à leur tour,
construisent la réalité organisationnelle. L'étude de la
communication est alors l'étude des processus de construction de la réalité organisationnelle et des significations ainsi produites.

Afin d'illustrer ce qui précède, nous avons présenté deux
études de la communication organisationnelle selon
l'approche interprétative. Dans un cas, l'auteur cherchait

à définir les activités de communication particulières qui contribuent à créer la culture organisationnelle; dans l'autre, à déterminer quels aspects de la réalité organisationnelle sont construits par les activités de communication du directeur d'entreprise.

CONCLUSION

Les deux conceptions de la communication organisationnelle que nous avons présentées sont différentes parce
qu'elles s'appuient sur des principes de base différents. Et ce
qui distingue fondamentalement ces deux approches est sans
doute leur conception respective de l'être humain.

Selon l'approche fonctionnaliste, l'être humain adopte des
comportements dont les conséquences sont souvent contrai-
res ou du moins différentes de celles qu'il avait voulues. Cette
affirmation suggère implicitement qu'un individu ne peut être
maître de ses actions; au contraire, un ensemble de lois
universelles régirait les comportements des individus pour
que leurs interactions composent un tout harmonieux,
notamment une société.

Selon l'approche interprétative, l'individu est un être de
volonté qui décide de vivre en harmonie avec les autres êtres
humains et qui, à cette fin, se conforme à certains rôles.

Le reste s'ensuit : pour l'approche fonctionnaliste, l'organisation, tout comme la société, a sa propre dynamique qui tend
vers l'équilibre, alors que pour l'approche interprétative, l'organisation, ainsi que la société, est une réalité construite par
les significations que lui attribuent les individus. Dans un
souci d'objectivité, les fonctionnalistes en arrivent à réifier
l'organisation, alors que par respect du sujet, les tenants de
l'approche interprétative en font quelque chose d'à peu près
immatériel.

Or, tout cela relève encore du domaine de la théorie. Dans la
pratique, et plus particulièrement lorsqu'il s'agit d'analyser
la communication au sein d'une organisation (notamment
pour évaluer des situations problématiques et éventuellement
régler des problèmes), les deux approches fournissent des

notions qui ne s'excluent pas nécessairement. Par exemple, là où l'approche fonctionnaliste propose d'analyser les réseaux de communication afin de déceler les obstacles humains qui empêcheraient la circulation des messages, l'approche interprétative recommande plutôt de chercher à comprendre le comportement de *l'individu-obstacle*, intentions qui peuvent très bien se combiner. Par ailleurs, le fait d'analyser les *fonctions* des messages n'empêche nullement d'en reconnaître les aspects *métacommunicationnels*.

Certes, le fait de choisir l'une ou l'autre conception théorique de l'organisation et de la communication organisationnelle agit inévitablement sur la façon d'aborder l'organisation et les situations de communication qui font problème. Toutefois, au cours de l'analyse, de l'évaluation d'une difficulté de communication et de la recherche de solutions, plusieurs facteurs — tels la particularité de la situation et les gens qui la vivent — sont à prendre en considération. Ces facteurs peuvent inciter le praticien (consultant) à modifier sa pratique de l'analyse de la communication organisationnelle et à remettre en question ses propres orientations théoriques. De fait, en communication organisationnelle, théorie et pratique s'influencent et se nourrissent mutuellement, faisant de cette discipline un domaine en constante évolution.

CONCLUSION GÉNÉRALE

Le champ des études en communication a des origines multiples. Ainsi, les trois domaines que nous avons étudiés proviennent d'autant de secteurs des sciences humaines et sociales : le premier, qui traitait des aspects sociaux et culturels des médias d'information et de communication, trouve son origine dans la sociologie; le deuxième, qui s'intéressait au contenu des messages des médias de masse, relève de la linguistique et des sciences du langage; le troisième, où il était question de la communication organisationnelle, s'appuie sur les théories de l'organisation et des sciences de l'administration.

Cette diversité n'est pas étonnante : la communication n'est pas un objet que l'on peut facilement dissocier des autres caractéristiques humaines. Il est logique que les chercheurs de disciplines variées en soient venus à s'interroger sur cette activité essentielle.

Par ailleurs, ce champ d'études regroupe des approches et des points de vue multiples. Ainsi, alors qu'une partie des chercheurs qui s'intéressent à la communication médiatisée examine les effets de la communication de masse, une autre partie considère plutôt le processus global de la communication médiatisée. En outre, nous avons vu que ces deux types de recherche, orientés en fonction du même postulat déterministe, s'opposent par leur perspective.

De même, tandis que pour une partie des chercheurs qui analysent le contenu des messages médiatisés, le sens est manifeste, pour une autre, il n'est que latent.

Enfin, alors que pour certains chercheurs qui réfléchissent sur la communication organisationnelle, la communication est fonctionnelle (sa fonction est de contribuer à l'atteinte des objectifs de l'organisation), pour d'autres, elle est essentielle (c'est par la communication que sont produites les significations qui construisent la réalité organisationnelle).

Nous avons vu que chacun de ces trois domaines peut être envisagé à partir de deux approches différentes dont certains aspects s'opposent tout à fait. Il est d'ailleurs intéressant de remarquer que ces approches contiennent chacune une critique plus ou moins explicite de leur vis-à-vis respectif.

Le champ des études en communication est traversé par diverses tendances, diverses orientations, divers intérêts. Cela tient, d'une part, à la nature même de la communication et, d'autre part, au fait que ce champ d'études est relativement jeune et en pleine évolution.

BIBLIOGRAPHIE

Communication de masse

ADAMS, W. et SCHREIBMAN, F. (1978). *Television Network News*, Washington; George Washington University.

BALLE, F. (1984). *Médias et société*, Paris, Montchrestien (3ᵉ édition).

BERELSON, B. (1949). « What Missing the Newspaper Means » dans *Communications Research 1948-9*, par P. Lazarsfeld et F. Stanton, New York, Harper and Bros, p. 111-129.

COHEN, S. et YOUNG, J. (1981). *The Manufacture of News : Social Problems*, Deviance and the Media, London, Constable.

DEFLEUR, M. (1964). « Occupational Roles as Portrayed on Television », *Public Opinion Quarterly*, n° 28, printemps, p. 57-74.

DHALGREN, P. (1984). *Tuning in the News : TV Journalism and the Process of Ideation*, Stockholm, University of Stockholm.

FORNATALE, P. et MILLS, J. F. (1980). *Radio in the Television Age*, Woodstock, The Overlock Press.

GLASGOW UNIVERSITY MEDIA GROUP (GUMG) (1976). *Bad News*, London, Routledge & Paul Kegan.

GLASGOW UNIVERSITY MEDIA GROUP (GUMG) (1980). *More Bad News*, London, Routledge & Paul Kegan.

GUVERITCH, M., BENNET, T., CURRAN, J. et WOOL-LACOTT, J. (1982). *Culture, Society and the Media*, London, Methuen.

BIBLIOGRAPHIE

HALL, S., CLARKE, J., CRITCHER, C., JEFFERSON, T. et ROBERTS, B. (1978). *Policing the Crisis*, New York, Holmes & Meir Publishers.

HALLORAN, J., ELLIOT, P. et MURDOCH, G. (1970). *Communications and Demonstrations*, Harmondsworth, Penguin.

HARTLEY, J. (1982). *Understanding News*, London, Methuen.

KATZ, E. et LAZARSFELD, P. (1955). *Personal Influence*, Glencoe, Free Press.

KLAPPER, J. (1960). *The Effects of Mass Communication*, New York, Free Press.

KNIGHT, G. (1982). « News and Ideology », *Canadian Journal of Communication*, 8, n° 4, p. 17-41.

KORNHAUSER, W. (1968). « The Theory of Mass Society », *International Encyclopedia of the Social Sciences*, vol. 10, p. 58-64, New York, Macmillan and Free Press.

KRAUS, S. et DAVIS, D. K. (1976). *The Effects of Mass Communication on Political Behaviors*, University Park, Pennsylvania State University Press.

KUMAR, K. (1978). Prophecy and Progress : *The Sociology of Industrial and Post-industrial Society*, London, Penguin.

LASSWELL, H. D. (1927). *Propaganda Technique in the World War*, New York, Alfred A. Knopf.

LAZARSFELD, P., BERELSON, B. et GAUDET, H. (1944). *The People's Choice*, New York, Duell, Sloan & Pearce.

LOMETTI, G. E., REEVES, B. et BYBEE, C. (1977). « Investigating the Assumptions of Uses and Gratifications Research », *Communication Research*, 4, p. 321-338.

McCOMBS, M. E. et SHAW, D. L. (1972). « The Agenda-Setting Function of Mass-Media », *Public Opinion Quaterly*, 36, p. 176-187.

McQUAIL, D. (1969). *Towards a Sociology of Mass Communication*, London, Longman.

McQUAIL, D. (1972). *Sociology of Mass Communication*, London, Longman.

McQUAIL, D. (1975). *Communication*, London, Longman.

McQUAIL, D. (1983). *Mass Communication Theory : An Introduction*, London, Sage Publications (2ᵉ édition).

NEWMAN, W. R. (1976). « Patterns of Recall Among Television News Viewers », *Television Opinion Quaterly*, 40, p. 115-123.

PIEMME, J.-M. (1978). *La télévision comme on la parle*, Paris, Fernand Nathan.

ROBINSON, M.J., (1976). « Public Affairs, Television and the Growth of Public Malaise, The Case of Selling the Pentagon », *Americain Political Science Review*, 70, p. 409-432.

SELUCKY, K. (1983). « Le journal télévisé et la crédibilité », *Working Papers in Communication*, Montréal, McGill University.

TONNIES, F. (1977). *Communauté et société. Catégories fondamentales de la sociologie pure*, Paris, Retz-C.E.P.L.

VIERECK, G. S. (1930). *Spreading Germs of Hate*, New York, Horace Liveright.

WILLIAMS, R. (1974). *Television, Technology and Cultural Form*, New York, Schocken Books.

Communication informatisée

BELL, D. (1973). *The Coming of Post-Industrial Society*, New York, Basic Books.

BRÉMOND, G. (1982). *La révolution informatique*, Paris, Hatier.

CARON, A. H. *et al.* (1988). *Adapting to the Challenge of Technology : The Case of the Home Computer*, Montréal, Université de Montréal, Département de communication.

BIBLIOGRAPHIE

DUPUY, J.-P. (1980). « Myths of the Information Society » dans *The Myths of Information: Technology and Postindustrial Culture*, par Kathleen Woodward, Madison, Wis., Coda Press.

FRIEDRICH, G. et SCHAFF, A. (1983). *Microelectronics and Society : A Report to the Club of Rome*, New York, Pergamon Press.

HUNTER, L. C. (1973). « The Heroic Theory of Invention » dans *Technology and Social Change in America*, par E.T. Layton, New York, Harper & Row. p. 25-46.

KATZMAN, N. (1974). « The Impact of Communication Technology : Some Theorical Premises and Their Implications », *Ekistics*, n° 225, p. 125-130.

KLING, R. (1980). « Social Analysis of Computing : Theoretical Perspectives in Recent Empirical Research », *Computing Survey*, n° 12, p. 61-110.

LERNER, D. (1958). *The Passing of Traditional Society : Modernizing the Middle East*, New York, The Free Press.

McLUHAN, M. (1964). *Understanding Media : The Extensions of Man*, New York, McGraw-Hill.

MOSCO, V. (1982). *Pushbutton Fantasies : Critical Perspectives on Videotex and Information Technology*, Norwood, N. J., Ablex.

NORA, S. et MINC, A. (1978). *L'informatisation de la société*, Paris, Seuil, coll. Points, n° 92.

ONG, W. J. (1967). *The Presence of the World : Some Prolegomena for Cultural and Religious History*, New Haven, Conn., Yale University Press.

RAFAELI, S. (1984). *If Computer is the Medium, What is the message ? Interactivity and its Correlates*, Stanford, Calif., Stanford University Institute for Communication Research, rapport non publié (cité dans Rogers, 1986).

RICE, R. *et al.* (1984). *The New Media : Communication, Research and Technology*, Beverly Hills, Calif., Sage Publications.

ROESSNER, D. (1985). « Forecasting the Impact of Office Automation on Clerical Employment, 1985-2000 », *Technological Forecasting and Social Change*, n° 28.

ROGERS, E. et KINKAID, L. (1981). *Communication Networks : Toward a New Paradigm for Research*, New York, The Free Press.

ROGERS, E. *et al.* (1983). *The Diffusion of Home Computer*, Stanford, Calif., Stanford University, Institute for Communication Research. Rapport.

ROGERS, E. (1986). *Communication Technology*, New York, The Free Press.

SCHILLER, H. I. (1981). *Who Knows : Information in the Age of the Fortune 500*, Norwood, N. J., Ablex.

SCHMOOLKLER, J. (1972). *Patents, Inventions and Economic Change: Data and Selected Essays*, Cambridge, Mass., Harvard University Press.

SERVAN-SCHREIBER, J.-J. (1967). *Le défi américain*, Paris, Denoël.

SINGLETON, L. A. (1983). *Telecommunications in the Information Age*, Cambridge, Mass., Ballinger Publishing.

SLACK, J. D. (1984a). « Surveying the Impacts of Communication Technologies » dans *Progress in Communication Science*, vol. 5., par B. Dervin et M. Voight, Norwood, N. J., Ablex., p. 73-107.

SLACK, J. D. (1984b). *Communication Technologies and Society : Conceptions of Causality and the Politics of Technological Intervention*, Norwood, N. J., Ablex.

TOFFLER, A. (1980). *La troisième vague*, Paris, Denoël.

TOURAINE, A. (1969). *La société post-industrielle*, Paris, Denoël.

WILLIAMS, R. (1975). *Television : Technology and Cultural Form*, New York, Schocken.

WILSON, K. (1988). *Technologies of Control: The New Interactive Media for the Home,* Madison, Wis., The University of Wisconsin Press.

WINNER, L. (1977). *Autonomous Technology: Technics-out-of-Control as a Theme in Political Thought,* Cambridge, Mass., Massachusetts Institute of Technology Press.

Contenu des messages médiatisés

ADAM, J.-M. (1976). *Linguistique et discours littéraire,* Paris, Larousse.

BARDIN, L. (1977). « Le texte et l'image », *Communication et langage,* n° 26, p. 98-112.

BARDIN, L. (1977). *L'analyse de contenu,* Paris, Presses universitaires de France.

BARTHES, R. (1964). « Éléments de sémiologie », *Communications,* n° 4, p. 91-135.

BARTHES, R. (1961). « Le message photographique », *Communications,* n° 1, 127-138.

BARTHES, R. (1957). *Mythologies,* Paris, Seuil.

BARTHES, R. (1964). « Rhétorique de l'image », *Communications,* n° 4, p. 40-51.

BATICLE, Y. (1977). « Le verbal, l'iconique et les signes », *Communication et langages,* n° 33, p. 20-35.

BAUDRILLARD, J. (1968). *Le système des objets,* Paris, Gallimard.

BAUDRILLARD, J. (1972). *Pour une critique de l'économie politique du signe,* Paris, Gallimard.

BAUDRILLARD, J. (1976). *L'échange symbolique et la mort,* Paris, Gallimard.

BERELSON, B. (1952). *Content Analysis in Communication Research,* Glencoe, The Free Press.

BERGER, A. A. (1984). *Signs in Contemporary Culture : An Introduction to Semiotics*, New York, Longman.

COMMUNICATIONS, 4, Recherches sémiologiques, 1964.

COMMUNICATIONS, 15, L'analyse des images, 1970.

ECO, U. (1974). *La structure absente*, Paris, Mercure de France.

ECO, U. (1965). « Towards a Semiotic Inquiry into the Television Message » dans *Communication Studies : An Introductory Reader*, par J. Corner et J. Hawthorn, 1980, London, Edward Arnold.

GAUTHIER, G. (1979). *Initiation à la sémiologie de l'image*, Paris, Ligue française de l'enseignement et de l'éducation permanente, coll. Les cahiers de l'audio-visuel (deuxième édition révisée).

GUIRAUD, P. (1971). *La sémiologie*, Paris, Presses universitaires de France, coll. Que sais-je ?, n° 1421.

HENRI, P. et MOSCOVI, S. (1968). « Problèmes de l'analyse de contenu », *Langage*, 11.

JANNE, H. (1968). *Le système social*, Bruxelles, Institut de sociologie de l'Université Libre de Bruxelles.

KRISTEVA, J. (1969). *Semiotikè: recherches pour une sémanalyse*, Paris, Seuil.

MARTIN, M. (1982). *Sémiologie de l'image et pédagogie*, Paris, Presses universitaires de France.

MORIN, V. (1966). *L'écriture de presse*, Paris, Mouton.

PIERCE, C. S. (1978). *Écrits sur le signe*, Paris, Seuil.

PORCHER, L. (1973). *Introduction à une sémiotique des images*, Paris, Didier.

SAPIR, E. (1960). « Culture, Language and Personality », *Selected Essays*, Berkeley, Calif., University of California Press.

SAUSSURE (de), F. (1969). *Cours de linguistique générale*, Paris, Payot.

SOLA POOL (de), I. (1959). *Trends in Content Analysis*, Urbana, University of Illinois Press.

TOUSSAINT, B. (1978). *Qu'est-ce que la sémiologie?*, Toulouse, Éditions Édouard Privat.

UNRUG (d'), M. C. (1974). *Analyse de contenu et acte de parole*, Paris, Éditions Universitaires.

WHORF, B. L. (1956). « Language, Thought and Reality », *Selected Writings*, Cambridge, Mass., Massachussets Institute of Technology Press.

WOOLLACOTT, J. (1982). « Messages and Meaning » dans *Culture, Society and the Media* par M. Gurevitch *et al.*, London, Methuen.

Communication organisationnelle

AUSTIN, J. L. (1962). *How Do Things with Words*, New York, Oxford University Press.

BARLUND, D. C. (1971). « A Transactional Model of Communication » dans *Speech Communication Behavior*, par L. Barker et R. Kibler, Englewood, Cliffs, N. J., Prentice-Hall.

BARNETT, G. et GOLDHABER, G. (1984). *Strategies to Improve the Organizational Culture of a Large Company*, rapport privé, (cité dans Goldhaber, 1986).

BATESON, G. (1971). *La cérémonie du Naven*, Paris, Minuit.

BERLO, D. (1960). *The Process of Communication*, New York, Holt, Rinehart & Winston.

BERGER, C. R. (1973). « Attributional Communication, Situational Involvement, Self-Esteem, and Interpersonal Attraction », *Journal of Communication*, n° 23, p. 284-335.

BORMANN, E. G. (1983). « Symbolic Convergence, Organizational Communication and Culture » dans *Communication and Organizations : An Interpretive Approach*, par L. Putnam et M. Pacanowsky, Beverly Hills, Sage, p. 99-122.

CONRAD, C. (1985). *Strategic Organizational Communication*, New York, Holt, Reinhart and Winston.

CONRATH, D. W. (1973). « Communications Environment and its Relationship to Organizational Structure » dans *Management Science*, p. 586-602.

CUSHMAN, D. et WHITING, G. (1972). « An Approach to Communication Theory, Toward Consensus on Rules », *Journal of Communication*, n° 22, p. 217-238.

DAVIS, K. (1972). *Human Behavior at Work*, New York, McGraw-Hill.

DENNIS *et al.* (1974). *Articulating the Need for an Effective Internal Communication System*, communication présentée à l'Association internationale de Communication (citée dans Goldhaber, 1986).

DEWINE, S. et BARONE, F. (1984). *Employee Communication and Role Stress : Enhancement or Sabotage of the Organizational Climate ?*, communication présentée à l'Association internationale de Communication.

FARACE, R. *et al.* (1977). *Communicating and Organizing*, Reading, Mass., Addison-Wesley Publishing.

FAYOL, H. (1979). *Administration industrielle et générale*, éd. présentée par P. Morin, Paris, Dunod. Publié à l'origine dans le « Bulletin de la société de l'industrie minérale », 1916.

FERGUSON, S. et FERGUSON, S. D. (1980). *Intercom : Readings in Organizational Communication*, Rochelle Park, N.J., Hayden Book.

GOLDHABER, G. et GERARLD, M. (1986). *Organizational Communication*, Dubuque, Iowa, Wm C. Brown.

GOLDHABER, G. *et al.* (1978). « Organizational Communication, State of the Art », *Human Communication Research*, 5.

GREENBAUM, H. (1973). *The Appraisal and Management of Organizational Communication*, communication présentée à The American Business Communication Assoc., New York.

HANEY, W. (1973). *Communication and Organizational Behavior*, Homewood, Ill., Richard D. Irwin.

INSKO, C. A. et SCHOPER, J. (1972). *Experimental Social Psychology*, New York, Academic Press.

KATZ, D. et KHAN, R. (1966). *The Social Psychology of Organizations*, New York, John Wiley & Sons.

KATZELL, R. *et al.* (1977). *A Guide to Worker Productivity Experiments in the United States 1971-1975*, New York, Work in America Institute, (cité dans Goldhaber, 1986).

KREPS, G. (1984). *Organizational Culture and Organizational Development: Promoting Flexibility in an Urban Hospital*, communication présentée à l'Association internationale de Communication (citée dans Goldhaber, 1986).

LITWIN, G. et STRINGER, P. (1968). « Climate and Motivation : An Experimental Study » dans *Organizational Climate : Exploration of a Concept* par R. Tagiuri et G. Litwin, Boston, Harvard University Press.

McPHEE, R. et TOMKINS, P. (1985). *Organizational Communication: Traditional Themes and New Directions*, Beverly Hills, Sage.

MINTZBERG, H. (1982). *Structure et dynamique des organisations*, Paris, Les Éditions d'Arc.

MINTZBERG, H. (1973). *The Nature of Managerial Work*, New York, Harper and Row.

MINTZBERG, H. (1975). *Impediments to the Use of Management of Information*, National Association of Accountants Monograph (cité dans Mintzberg, 1982).

O'REILLY, C. et ROBERTS, K. (1977). *Communication and Performance in Organizations*, communication présentée à

The Academy of Management (citée dans Goldhaber, 1986).

PACE, R. W. et BOREN, R. (1973). *The Human Transaction*, Glenview, Ill., Scott, Foresman.

PACANOWSKY, M. et TRUJILLO, N. (1983). « Organizational Communication as Cultural Performance », *Communic. Monographs*, 50.

PUTNAM, L. (1982). « Paradigm for Organizational Research : An overview and Synthesis », *Western Journal Speech of Communication*, 46.

PUTNAM, L. et PACANOWSKY, M. (1983). *Communication and Organizations : An Interpretive Approach*, Beverley Hills, Sage.

REDDING, C. (1972). *Communication within the Organization*, Lafayette, Ind., Purdue Research Foundation.

REDDING, C. et SANBORN, G. (1964). *Business and Industrial Communication*, New York, Harper and Row.

ROETHLISBERGER, F. et DICKSON, W. (1939). *Management and the Worker*, Cambridge, Mass., Harvard University Press.

SCHUTZ, A. (1964). *Collected papers*, édités par Maurice Natanson, La Haye, Martinus Nijhoff.

SILVERMAN, D. (1970). *La théorie des organisations*, Paris, Dunod.

SHIMANOFF, S. (1980). *Theory and Research*, Beverly Hills., Calif., Sage.

SMITH, M. J. (1982). *Persuasion and Human Action : A Review and Critic of Social Influence Theories*, Belmont, CA, Wadsworth.

TAYLOR, F. (1919). *Principles of Scientific Management*, New York, Harper and Row.

BIBLIOGRAPHIE

THAYER, L. (1986). *Organization – Communication : Emerging Perspective*, Norwood, N. J., Alex Publishing Corporation.

THAYER, L. (1968). *Communication and Communication Systems*, Homewood, Ill., Richard D. Irwin.

TRUJILLO, N. (1983). « "Performing" Mintzberg's Roles : The Nature of Managerial Communication » dans *Communication and Organizations : An Interpretive Approach*, par L. Putnam et M. Pacanowsky, Beverly Hills, Sage., p. 73-97.

WATZLAWICK, P. (1972). *Une logique de la communication*, Paris, Minuit.

WIIO, O. (1977). « Organizational Communication : Interfacing Systems », *Finnish Journal of Business Economics*.

INDEX

A

Analyse de contenu
définition : 120, 122, 128, 142
aspect qualitatif de l'— : 121, 136
aspect quantitatif de l'— : 121, 134-137, 187
— et analyse sémiologique : 185-186

Analyse sémiologique
subjectivité de l'— : 177-180, 183
thématiques de l'— : 141, 150-151

Ancrage (fonction d'—) : 181

Asynchronie : 78-79, 104

B

Base de données : 63-64

Besoins organisationnels : 208, 231, 236

Bureautisation : 92

C

Câble interactif (télévision par —) : 66-69

Circuit intégré : 54

Code
définition : 5
— organisationnel : 235-236
— socioculturel : 6, 171-174, 176, 182-183
(Voir aussi Système de signes, Règles communicationnelles, Socialisation, Règles sociales)

Communication
— bidirectionnelle : 5, 15, 77
canal de — : 6

effets généraux de la — : 8, 9
éléments essentiels de la — : 8
étude de la — : 9-11
— formelle : 227-229
— horizontale : 196, 228-229
— informelle : 229-231
— unidirectionnelle : 5, 15, 40, 76, 196
— verticale : 196, 227-230

Communication de masse
caractéristiques de la — : 9, 15, 18, 44, 81-82, 107
étude de la — : 16, 20, 29, 31, 32-33, 35-37, 44, 80-82,
107-108, 178-179

Communication informatisée
caractéristiques de la — : 15, 75-80, 104-105, 107
— comme processus : 76
étude de la — : 16, 51-52, 82-84, 101-104, 107-108
— par rapport à la communication de masse : 75-80

Communication médiatisée
définition : 15
contrôle de la — : 79-80
étude de la — : 16, 75-80, 104

Communication organisationnelle
définition : 215, 236
émergence du concept de — : 192, 201, 202
étude de la — : 10, 247-248, 261-262

Commutation : 166, 181-182

Comportement
modèles de — et médias : 38
— humain : 27, 30-31, 196, 199, 208, 212, 241-245, 259,
261
— organisationnel : 212-213, 245-246, 256-257

Connotateur : 176

Connotation
définition : 169
— du signe iconique : 170-171, 174-175, 180

Conscience de groupe : 249, 252

Convergence symbolique : 249-250

Corpus d'analyse : 130

Courrier électronique : 60

Culture organisationnelle : 248, 249

D

Dénotation : 168

Déqualification : 93

Destinataire
définition : 4
— de la communication de masse : 5, 19, 185
— de la communication médiatisée : 75-80
— du message publicitaire : 179

Destinateur
définition : 4
— de la communication de masse : 5, 19, 185, 186
— de la communication médiatisée : 75-80
— du message publicitaire : 179

Document : 129

E

Échantillon : 130, 131

Environnement
interaction du système avec l'— : 209-211
— organisationnel : 191, 212, 214, 220, 223, 231, 239, 240, 246

G

Groupes sociaux : 30-31

H

Homéostasie : 208

Hypothèse : 131

I

Icône : 158

Image publicitaire
caractéristiques de l'— : 174
connotations de l'— : 174-177, 183

Indice : 158

Individualisation : 77-78, 104

Industrialisation : *voir Révolution industrielle*

Influence personnelle : 32, 85, 89-90

Influence sociale (théorie de l'—) : 31, 32

Information
    accès à l'— : 94, 99
    objectivité de l'— médiatisée : 42
    surcharge d'— : 226, 227, 229

Innovateur : 85, 88

Innovation
    définition : 84
    diffusion des innovations : 84-86

Intention de communiquer : 7, 8

Interaction
    — dans la communication informatisée : 75-78, 104
    — des éléments de la société : *voir Interdépendance*
    — des éléments du système : *voir Interdépendance*
    — interactions humaines : 243-244, 245

Interdépendance
    — des éléments de la société : 208
    — des éléments de l'organisation : 213, 231, 239
    — des éléments du système : 209-211, 214
    — des réseaux de communication : 231

Isolé : 224, 225

L

Leader d'opinion : 32, 85-86
Liaison : 224, 225, 226

M

Magnétoscope : 71-72

Masse : 19

Masse critique : 87

Médias d'information : 9

Médias de masse : 9
    apparition des — : 21
    impact des nouvelles technologies sur les — : 98-99

Message
   définition : 5
   analyse des messages : 111-112, 220, 247
   conditions de production du — : 124-127, 128, 142, 186
   contenu du — : 117, 185
   contexte du — : 121, 123-124
   — dans la communication informatisée : 82
   forme du — : 117, 187
   interprétation du — : 124-127, 128-129, 142
   signification du — : 5

Message médiatisé (caractéristiques du —) : 10, 1112, 186

Messages organisationnels
   modifications des — : 226
   types de — : 220-223, 227, 230

Messages publicitaires (caractéristiques des —) : 178, 179-181

Métacommunication : 255

Micro-électronique : 53-55

Micro-ordinateur (diffusion et adoption du —) : 89-92
   (Voir aussi Ordinateur)

Microprocesseur : 55

Modalité : 136, 218-219

Modèle : 16

Modem : 59

Monopole de savoir : 95

Monosémie : 160

N

Nouvelles technologies
   définition : 49, 52, 55
   — comme agent de transformation sociale : 50-51
   contexte d'émergence des — : 100, 102-104
   contexte d'utilisation des — : 99-104

O

Objectifs organisationnels : 213, 232

Opinion (formation de l'—) : 31

Ordinateur
— comme technologie d'information : 7
— comme instrument de communication : 58-60
conférence par — : 60-64
fonctionnement de l'— : 56-58

Ordre social : 208-209, 240, 242-244, 259, 261

Organigramme : 192, 227

Organisation
définition : 191, 245
— comme structure formelle : 192, 197
— comme structure informelle : 197, 201
modèle « classique » de l'— : 192, 193-197
modèle « relations humaines » de l'— : 192, 197-201
théories des organisations : 192, 193, 200, 239

P

Paradigme : 165

Partage de fantaisies : 250-252

Performance : 253-255, 258

Permutation : 166, 181-182

Polysémie : 160-162, 167, 182
— et connotation : 169

Pont : 224, 226

Postulat déterministe : 100-101, 108

Pouvoir (représentation du — et médias) : 42-44

Pouvoir de décision (impact des nouvelles technologies sur le —) : 96-98

Processus communicationnel : 76, 215-216, 236, 240, 247, 248, 258, 259
fonctionnement du — : 225

Produit médiatisé : 42

Propagande (influence de la —) : 28, 118

Publicité
fonction de la — : 174, 180
influence de la — : 28

R

Réalité
— individuelle : 240
— sociale : 39-41

Règles
— communicationnelles : 217-219
— sociales : 37-38

Référent : 152
— et signe : 154, 155

Réinvention : 88-89, 90

Relation médias de masse-individus : 45, 82
— directe : 28-29
— indirecte : 30

Relation nouvelles technologies-individus : 82

Relation nouvelles technologies-société : 102, 104, 107, 108

Relations formelles : 197, 198, 199

Réseau de communication
définition : 224, 235, 236
— formel : 227, 229
— informel : 229, 231

Réseau informatique : 58-66

Révolution industrielle : 21-27, 107

Rôle
— organisationnel : 253-254
— social : 242-245

S

Savoir (impact des nouvelles technologies sur le —) : 94-95

Sélectionneur : 227

Sémiologie : 147, 149-150, 182

Sens
définition : 111, 187, 188
sens connotés : 168
— dénoté : 168
production du — : 111, 128, 162, 166-167, 186

Signe
  définition : 152, 167, 182
  — arbitraire : 154, 156-157
  — contexte (extratextuel) du — : 168, 169
  — et référent : 154-155
  fonction du — : 152, 164
  — motivé : 157
  rapport entre les signes : 162-165, 166, 167-168, 183
  sens du — : 162, 165-166, 167, 182
  types de signes : 147
  valeur du — : 161, 167

Signifiant : 153, 167, 182

Signification
  définition : 159, 167, 182
  rapport entre valeur et — : 161-162

Signifié : 153, 167, 182

Socialisation : 37

Société
  — de l'information : 50-51, 93, 107
  — de masse : 26, 28, 30
  — industrielle : 21-27, 50, 93
  — préindustrielle : 21, 25

Stéréotypes : 180
  représentation des — et médias : 38

Structure organisationnelle
  — formelle : 252, 255-256
  — informelle : 252

Structure de classes (impacts des nouvelles technologies
  sur la —) : 92-93

Symbole : 159, 180

Syntagme : 165-166

Système
  — de signes : 147-150, 157
  — fermé : 209, 210
  fonctionnement des systèmes : 210, 211
  — ouvert : 209-210, 211, 214

T

Taylorisme : 194, 195

Texte : 122

Thème
— comme unité d'analyse : 133, 134-135
orientation du — : 138-140
pondération des thèmes : 136-137

Transistor : 53-54

Tube à vide : 53

U

Unité d'analyse : 132, 142

Utilisation (concept d'—) : 86-88, 90-92

V

Vidéodisque : 73-74

Vidéotex (système de —) : 69-71

Vie privée (impact des nouvelles technologies sur la —) : 95-96

Achevé d'imprimer en mai 1994
sur les presses de l'imprimerie
Ateliers graphiques Marc Veilleux Inc.
à Cap-Saint-Ignace